Die Risikoverteilung und die Bedenkenhinweispflicht im Bauvertrag

Schriften zum Deutschen und Internationalen Bau-, Umwelt- und Energierecht

Herausgegeben von Axel Wirth

Band 22

PETER LANG

Grete Langjahr

Die Risikoverteilung und die Bedenkenhinweispflicht im Bauvertrag

PETER LANG

Bibliografische Information der Deutschen Nationalbibliothek
Die Deutsche Nationalbibliothek verzeichnet diese Publikation in der Deutschen Nationalbibliografie; detaillierte bibliografische Daten sind im Internet über http://dnb.d-nb.de abrufbar.

Zugl.: Konstanz, Univ., Diss., 2017

D 352
ISSN 2197-0556
ISBN 978-3-631-74780-3 (Print)
E-ISBN 978-3-631-78084-8 (E-PDF)
E-ISBN 978-3-631-78085-5 (EPUB)
E-ISBN 978-3-631-78086-2 (MOBI)
DOI 10.3726/b15238

Peter Lang – Berlin · Bern · Bruxelles · New York · Oxford · Warszawa · Wien

Diese Publikation wurde begutachtet.

www.peterlang.com

Vorwort

Die vorliegende Arbeit wurde im August 2016 abgeschlossen und im Wintersemester 2016/2017 dem Fachbereich Rechtswissenschaft der Universität Konstanz als Dissertation vorgelegt. Neuere Literatur und Rechtsprechung wurden von mir – soweit möglich – bis August 2017 berücksichtigt.

Mein besonderer Dank gilt meinem Doktorvater Herrn Prof. Dr. Jochen Glöckner für die motivierende und fördernde Betreuung meiner Arbeit. Die Assistenzzeit an seinem Lehrstuhl wird mir stets in bester Erinnerung bleiben.

Mein Dank gilt auch Herrn Prof. Dr. Matthias Armgardt, der das Zweitgutachten erstellt hat.

Bedanken möchte ich mich auch bei meinem Kollegen und Mentor Herrn Dr. Olrik Vogel, der mir mit seinem fachlichen und persönlichen Rat zur Seite gestanden ist.

Von Herzen danke ich meinen Eltern Ursula und Gerhard Langjahr, welche mich während meines Studiums und meiner Promotion immer unterstützt haben und ohne die die Erstellung dieser Arbeit nicht möglich gewesen wäre. Bedanken möchte ich mich auch bei meinem Lieblingsbruder.

Am tiefsten danke ich jedoch meinem Mann Florian Fitz, der mich während meiner Promotion begleitet, mir immer Mut zugesprochen und mir stets mit Rat und Tat zur Seite gestanden hat. Ohne ihn wäre diese Arbeit nicht entstanden.

München, 21.12.2017 *Grete Langjahr*

Inhaltsübersicht

Inhaltsverzeichnis

Einleitung

Der Bauvertrag ist als Risikovertrag par excellence einzuordnen, da er von einem Spannungsverhältnis zwischen Planung und Realität geprägt ist. Der Unternehmer schuldet auf der vertragsrechtlichen Ebene die Herstellung eines Werkes, welches zum Zeitpunkt des Vertragsabschlusses noch nicht existent ist. Hierin erschöpft sich die Leistungspflicht des Unternehmers im Rahmen eines Bauvertrages jedoch grundsätzlich nicht, da der Unternehmer darüber hinaus verpflichtet ist, einen bestimmten Erfolg zu erzielen. Den Parteien steht es im Rahmen ihrer Vertragsfreiheit grundsätzlich frei, den geschuldeten Werkerfolg selbstständig zu bestimmen. Im Gegenzug muss der Besteller die (vereinbarte) Vergütung entrichten.

Diese Erfolgsbezogenheit eines Bauvertrages führt zu der Frage, was geschieht, wenn der Unternehmer die vertraglich zwischen den Parteien vereinbarte Leistung erbringt, mit dieser der geschuldete Werkerfolg jedoch nicht erreicht werden kann. Hat der Unternehmer in dieser Situation ein mangelhaftes Werk errichtet oder ist ein Werkmangel zu verneinen, da der Besteller alle vertraglich vorgesehenen Leistungen erbracht hat und darüber hinaus keine weiteren Leistungen schuldet?

Im Rahmen der vorliegenden Arbeit soll untersucht werden, ob der Unternehmer in dieser Situation verpflichtet ist, die für den Bauerfolg notwendigen Leistungen zusätzlich zu erbringen, obwohl diese nicht vertraglich vereinbart und bepreist wurden und ob er in dieser Situation für diese (erforderlichen) Leistungen eine zusätzliche Vergütung vom Besteller verlangen kann. Es geht um die Frage, welcher Partei das werkvertragliche Erfolgsrisiko aufzuerlegen ist und ob Ausnahmen von der strikten und uneingeschränkten Erfolgshaftung des Werkunternehmers bestehen.

Diesen für den Bauvertrag essenziellen Fragen soll im Rahmen der nachfolgenden Arbeit nachgegangen werden.

Zunächst wird die vertragliche Einordnung des Bauvertrages und seine typischen Risiken aufgezeigt. Sodann ist zu prüfen, welche Leistung der Unternehmer zu welchem Preis schuldet. Des Weiteren ist zu untersuchen, ob die Möglichkeit besteht, dass sich der Unternehmer auf der Leistungsebene von seiner uneingeschränkten Erfolgshaftung freizeichnen kann, indem er den Besteller auf seine Bedenken hinweist, oder ob der Unternehmer für den geschuldeten Erfolg vollumfänglich einstehen muss.

Ist ersteres der Fall, ist weiter zu untersuchen, ob der Besteller auf der Vergütungsebene eine Kompensation für etwaige Leistungen verlangen kann, welche er möglicherweise auf der Leistungsebene erbringen muss und welche im zwischen den Parteien geschlossenen Vertrag nicht bepreist waren.

1. Teil: Einführung

I. Grundlagen und Strukturen des Bauvertrages und die sich hieraus ergebenden Schwierigkeiten der Zuordnung der vertraglichen Risiken

1. Grundform des Bauvertrages

Der Bauvertrag regelt das Vertragsverhältnis zwischen einem Besteller und einem Unternehmer.[1] Der Grundtyp des Bauvertrages ist ein Vertrag zwischen einem Besteller, der die Bauleistung im eigenen Namen vergibt, und einem Unternehmer, der diese Bauleistung als (Allein-)Unternehmer im Rahmen seines Betriebes ausführt.[2]

In seiner Grundform verpflichtet sich der Unternehmer gegenüber dem Besteller zur Herstellung und Verschaffung des versprochenen individuellen Bauwerkes, mithin zur Herstellung eines bestimmten Arbeitsergebnisses (Erfolges),[3] welches zum Zeitpunkt des Vertragsabschlusses noch nicht existiert. Maßgeblich ist insoweit die Erfolgsbezogenheit (praestare), die den Werkvertrag von anderen Vertragstypen abgrenzt, die auf die Verschaffung von Vermögenswerten (dare) oder auf die Entfaltung von Tätigkeiten (facere) gerichtet sind. Der Bauvertrag ist daher als klassischer Werkvertrag (§§ 631 ff. BGB) einzuordnen,[4] da der Unternehmer das vereinbarte Ergebnis der Bauarbeiten, mithin einen bestimmten Erfolg und nicht eine vom Erfolg unabhängige Arbeitsleistung schuldet.[5] Der Unternehmer muss eine noch nicht vorhandene individuelle Sache herstellen oder eine bereits bestehende Sache verändern. Er muss bei der Errichtung eines Bauwerkes, um den werkvertraglich geschuldeten Erfolg bewirken zu können, schöpferisch tätig werden. Diese Erfolgsbezogenheit stellt das wesentliche Merkmal eines Werkvertrages dar und bildet im deutschen Recht das entscheidende Abgrenzungskriterium zwischen einem Dienst- und einem Werkvertrag.[6]

---

1 Zur Vereinheitlichung verwendet die vorliegende Arbeit die der Terminologie des § 631 BGB entnommenen Begriffsbezeichnungen „Besteller“ und „Unternehmer“ (dazu sogl.) und nicht die der VOB entstammenden Begriffe „Auftraggeber“ und „Auftragnehmer“.

2 Kleine-Möller/Merl/Glöckner/*Kleine-Möller*, § 2 Rn. 3.

3 Palandt/*Sprau*, Einf. v. § 631 BGB Rn. 1.

4 *Locher* Rn. 14, 23 ff.; Heiermann/Riedl/Rusam/*Kuffer*, B § 1 Rn. 2; *Werner* in: Werner/Pastor Rn. 1225; *Kniffka* in: Kniffka, Einf. v. § 631 BGB Rn. 3.

5 Kleine-Möller/Merl/Glöckner/*Krug*, § 2 Rn. 3; Vgl. Teil 2.

6 Mot II 456; 471; *Haerendel*, S. 14; MüKoBGB/*Busche*, § 631 BGB Rn. 1; Staudinger/*Peters/Jacoby*, Vorbem zu §§ 631 ff. BGB Rn. 26; Erman/*Schwenker*, Vor § 631 BGB Rn. 8.

Der Besteller schuldet demgegenüber bei einem Bauvertrag die Abnahme des (mangelfreien) Werks und die Entrichtung der (vereinbarten) Vergütung.[7] Von diesem „Grundbauvertrag" ausgehend, haben sich viele besondere Arten von Bauverträgen[8] entwickelt, auf welche im Rahmen dieser Arbeit jedoch nicht näher eingegangen werden soll.

2. Rechtsgrundlagen des Bauvertrages

Da der Bauvertrag vom Gesetzgeber (noch) nicht als eigenständiger Vertragstypus normiert wurde,[9] sind seine Rechtsgrundlagen an verschiedenen Stellen in unterschiedlichen Gesetzen und Verordnungen geregelt. Sie finden sich zunächst in den Vorschriften des Bürgerlichen Gesetzbuches. Zum einen wurden sie im allgemeinen Vertragsrecht (BGB-AT, Schuldrecht-AT) normiert. Zum anderen finden sie sich in den werkvertraglichen Vorschriften der §§ 631 ff. BGB.

Die werkvertraglichen Bestimmungen des Bürgerlichen Gesetzbuches können dem Wesen des Bauvertrages jedoch nur im begrenzten Umfang gerecht werden, da diese Vorschriften auf eine Vielzahl von unterschiedlichen Werkverträgen zugeschnitten sind und den besonderen Anforderungen des Bauvertrages als komplexem Langzeitvertrag[10] daher nur eingeschränkt Rechnung tragen können. Bei der Errichtung eines Bauwerkes geht es in der Regel um die Herstellung eines noch nicht bestehenden Unikats über einen längeren Zeitraum, welches eine verstärkte Koordination der Vertragsleistungen untereinander und eine erhöhte Kooperation der Vertragsparteien miteinander erfordert, als dies bei anderen „einfachen"

7 PWW/*Halfmeier*/*Leupertz*, § 631 BGB Rn. 34; MüKoBGB/*Busche*, § 631 BGB Rn. 117.

8 Beispielsweise der Architektenvertrag, Verträge mit Sonderfachleuten, der Haupt-(General)unternehmervertrag und der Baubetreuungs- und Bauträgervertrag.

9 Trotz gegenteiliger Forderungen, vgl. *Kraus*, ZfBR 2001, 513. Zwar wurde bereits im Jahr 1909 das Gesetz über die Sicherung der Bauforderungen (RGBl. I S. 449) erlassen. Im Jahr 1993 hat es durch das Bauhandwerksicherungsgesetz (BGBl. I 1993, S. 509) eine weitere baurechtlich orientierte Gesetzesinitiative gegeben. Durch das im Jahr 2000 in Kraft getretene Gesetz zur Beschleunigung fälliger Zahlungen (BGBl. I. 2000, S. 330) sollten die Zahlungen an beauftragte Bauunternehmer beschleunigt werden und damit deren Liquidität gewährleisten. Das Gesetz zur Modernisierung des Schuldrechts (BGBl. I 2001, S. 3138) veränderte zwar das Werkvertragsrecht grundlegend, berücksichtige aber die Besonderheiten des Bauvertrages nicht. Weitere Initiativen (beispielsweise die Empfehlungen des 3. Deutschen Baugerichtstages) wurden vom Gesetzgeber bisher nicht in Gesetzesform gegossen. Das Bundesministerium der Justiz und für Verbraucherschutz hat zur Schaffung eines Gesetzes zur Reform des Bauvertragsrechts und zur Änderung der kaufrechtlichen Mängelhaftung einen Referentenentwurf vorgelegt. Seit dem 11.03.2016 (BR-Drs. 123/16) liegt auch ein Gesetzesentwurf vor, welcher zahlreiche Regelungen im Bereich des privaten Baurechts normiert.

10 Vgl. 1. Teil I. 8. a).

Werkverträgen geboten ist.[11] Seit jeher gab es Kritik, dass das Werkvertragsrecht der §§ 631 ff. BGB den speziellen baurechtlichen Fragen nicht hinreichend gerecht wird. Nur in wenigen werkvertraglichen Regelungen des Bürgerlichen Gesetzbuches wurden gesonderte Vorschriften, welche die tatsächliche und rechtliche Komplexität des Bauvertrages berücksichtigen, normiert.[12]

Der Gesetzgeber war zwar nicht gänzlich untätig, sondern nahm seit den 1990er Jahren einzelne baubezogene Vorschriften in das BGB auf. Vieles blieb aber Stückwerk, manches wurde auch wieder mangels Tauglichkeit und praktischer Relevanz aufgehoben oder angepasst. Politisch erhielten die Bemühungen um ein Bauvertragsrecht neuen Schub durch den Koalitionsvertrag der Großen Koalition (2013), der als Ziel indes hervorhob, den Verbraucherschutz bei Bau- und Dienstleistungen für Bauherren und Immobilieneigentümer insbesondere im Bauvertragsrecht ausbauen zu wollen. Eröffnet wurde das nunmehr abgeschlossenen Gesetzgebungsverfahren durch den Referentenentwurf vom September 2015 (nachfolgend: Referentenentwurf). Nächster wesentlicher Schritt war der Gesetzentwurf der Bundesregierung vom März 2016, der nach Einhaltung einiger Verfahrensschritte im Mai 2016 in das Gesetzgebungsverfahren eingebracht wurde. Auf die Beschlussempfehlung und den Bericht des Ausschusses für Recht und Verbraucherschutz vom 08.03.2017 hin folgten noch bis Ende März 2017 die notwendige Zustimmung von Bundestag und Bundesrat. Ein Bauvertrag unterliegt dem alten Recht, wenn sich Angebot und Annahme vor dem 01.01.2018 feststellen lassen. Das je anwendbare alte oder neue Recht gilt für den Vertrag insgesamt, also nicht nur für seine Begründung, sondern auch seine Durchführung und Beendigung. Die Legaldefinition des Bauvertrages ist in § 650a Abs. 1 Satz 1 BGB n.F. geregelt. Hiernach ist ein Bauvertrag ein Vertrag über die Herstellung, die Wiederherstellung, die Beseitigung oder den Umbau eines Bauwerks, einer Außenanlage oder eines Teils davon. Ein Vertrag über die Instandhaltung eines Bauwerks ist nach § 650a Abs. 2 BGB n.F. ein Bauvertrag, wenn das Werk für die Konstruktion, den Bestand oder den bestimmungsgemäßen Gebrauch von wesentlicher Bedeutung ist. Diese Vorschrift mit der Definition des Bauvertrag in Abgrenzung zum „normalen" Werkvertrag ist die „Tür", durch die man gehen muss, um die §§ 650b-h BGB n.F. anzuwenden (vgl. § 650a Abs. 1 Satz 2 BGB n.F.). Für den Unternehmer, der nicht Partei eines Bauvertrags ist, gelten nur die §§ 631–650 BGB n.F. Diese Vorschriften gelten auch für den Unternehmer, der Partei eines Bauvertrags ist; „ergänzend" (§ 650a Abs. 1 Satz 2 BGB n.F.) bestimmen sich seine Rechte und Pflichten nach den §§ 650b–650h BGB. Für Verbraucherbauverträge gelten „ergänzend" (§ 650i Abs. 3 BGB n.F.) zu den §§ 631–650 BGB n.F. die §§ 650i Abs. 2, 650j–650o BGB n.F. Liegt ein Architekten- und Ingenieurvertrag oder ein Bauträgervertrag vor, ist anhand der in den Untertiteln 2 und 3 enthaltenen

11 *Leupertz*, BauR 2010, 273.

12 Hervorzuheben sind die Vorschriften des § 632a BGB, des § 648 BGB und des § 648a BGB.

Verweisungen/Ausschlüsse zu prüfen, welche Vorschriften aus den §§ 631 ff. BGB gelten und welche nicht.

Um den Besonderheiten des Bauvertrages Rechnung zu tragen, wurden daher weitere Vorschriften außerhalb des Bürgerlichen Gesetzbuches, wie die Vergabe- und Vertragsordnung für Bauleistungen (VOB) erlassen. Die VOB/A betrifft hierbei die Vergabe von Aufträgen durch die öffentliche Hand, während die VOB/B die Rechtsbeziehungen zwischen dem Bauherr und dem Unternehmer regelt.

3. Der Bauvertrag als VOB/B-Vertrag

Da das Bürgerliche Gesetzbuch die Probleme des Bauvertragsrechts auf Grund von dessen Komplexität und Struktur nur eingeschränkt lösen kann, haben die Vorschriften der Vergabe- und Vertragsordnung für Bauleistungen Teil B (VOB/B) in diesem Bereich eine herausragende Bedeutung. Die VOB/B wurde vom Deutschen Vergabe- und Vertragsausschuss bereits im Jahr 1926 geschaffen und mit den Jahren angepasst und modifiziert. Sie wurde vom Reichsverdingungsausschuss in den Jahren 1921–1926 ausgearbeitet. Im Jahr 1952 wurde sie durch den Deutschen Verdingungsausschuss für Bauleistungen neu gefasst und in den folgenden Jahrzehnten überarbeitet und angepasst. Die aktuelle Ausgabe der VOB/B stammt aus dem Jahr 2012. Die Regelungen der VOB/B waren ursprünglich lediglich für das öffentliche Submissionswesen gedacht. Sie haben jedoch für das Bauvertragsrecht eine überragende Bedeutung erlangt, da sie oftmals Bestandteil der Verträge zwischen privaten Bestellern und Unternehmen und Unternehmen untereinander sind.

Die VOB/B[13] ist ein vorformuliertes Klauselwerk, welches die Vertragsparteien vereinbaren können, um so für den Bauvertrag, die Vorschriften des Werkvertragsrechts zu ergänzen oder in bestimmten Teilen zu modifizieren, um die bauvertragstypischen Probleme sachgerechter lösen zu können.[14] Da es sich bei den Vorschriften der VOB/B um Allgemeine Geschäftsbedingungen handelt, findet

---

13 Der Aufbau der VOB/B folgt dem Ablauf des Bauvorhabens von der Festlegung der beiderseitigen Leistungen über die Ausführungsphase mit eventuellen Störungen der Ausführung, der Kündigung des Vertrages, der Abnahme, der Gewährleistung, dem Abrechnungssystem bis hin zur Erledigung von etwaigen Streitigkeiten zwischen den Vertragsparteien.

14 Vergleiche die Sonderregelung für Leistungsverzögerungen in § 5 Abs. 4 VOB/B, der Schadensersatzanspruch für Fälle der Behinderung nach § 6 Abs. 6 VOB/B, die zusätzlichen Sonderregelungen für die Abnahme in § 12 VOB/B, die Regelungen der Mängelansprüche vor Abnahme in § 4 Abs. 7 VOB/B, nach Abnahme in § 13 VOB/B, das Anordnungsrecht des Auftraggebers nach § 1 Abs. 4 VOB/B, die kürzere Verjährungsfrist für Mängelansprüche bei Bauwerken von 4 Jahren gemäß § 13 Abs. 4 VOB/B, die Unterbrechung der Verjährung für Mängelansprüche durch schriftliche Mängelrüge des Auftraggebers, § 13 Abs. 5 Nr. 1 VOB/B, die Fälligkeitsvoraussetzungen der prüfbaren Rechnung, § 14 VOB/B, der Prüfung der Schlussrechnung, § 16 Abs. 3 Nr. 1 VOB/B, das weitergehende Recht auf Abschlagszahlungen, § 16 Abs. 1 VOB/B, die Einrede der vorbehaltlosen Annahme der Schlusszahlung, § 16

regelmäßig eine Inhaltskontrolle zulasten des Verwenders statt. Der dies (für den kaufmännischen Geschäftsverkehr) verhindernde Privilegierungstatbestand des § 310 Abs. 1 Satz 3 BGB verlangt, dass die VOB/B „ohne inhaltliche Abweichungen insgesamt einbezogen ist", und hat praktisch kaum Bedeutung. Fast immer finden sich inhaltliche Abweichungen, die oft auch geboten sind, weil sonst der Verwender mit Wirkung gegen sich gesetzesfremde, für ihn nachteilige Klauseln zementieren würde. Der daher regelmäßig gebotenen Inhaltskontrolle haben zahlreiche Klauseln nicht standgehalten. Jenseits solcher Klärungen durch die Rechtsprechung des BGH bestehen überdies in vielerlei Hinsicht Zweifel an weiteren, auch zentralen Klauseln, vor allem was deren Transparenz und Systematik angeht.[15]

Haben die Vertragspartner die VOB/B nicht (wirksam) vereinbart, so beurteilt sich der Vertrag nach den Vorschriften des Bürgerlichen Gesetzbuches. Wie bereits dargelegt, handelt es sich bei einem Bauvertrag um einen Werkvertrag,[16] so dass der Vertrag insbesondere nach den Normen des BGB-Werkvertragsrechts bewertet wird.[17]

Wurde die VOB/B zwischen den Parteien wirksam vereinbart, ist zu differenzieren: Erfüllen die Bestimmungen der VOB/B einen Tatbestand des allgemeinen Vertrags- und Werkvertragsrechts, so findet die entsprechende VOB/B Norm Anwendung, mit der Konsequenz, dass die entsprechende BGB-Regelung verdrängt wird und auf diesen Sachverhalt nicht anwendbar ist. Ergänzen die Regelungen der VOB/B die Bestimmungen des Bürgerlichen Gesetzbuches, so sind diese Vorschriften neben der VOB/B anwendbar.

Daneben gibt es auch Regelungskomplexe, welche nicht durch die VOB/B geregelt werden,[18] hier gelten ausschließlich die Normen des Bürgerlichen Gesetzbuches.

4. Zustandekommen des Bauvertrages

a) Allgemeines: Der Inhalt des Bauvertrages

Der Bauvertrag kommt wie alle Verträge durch Angebot und Annahme der wesentlichen Vertragsbestandteile (essentialia negotii) zustande.[19] Ein wirksamer Vertragsschluss setzt auch beim Bauvertrag nicht nur die inhaltliche Übereinstimmung der

---

Abs. 3 Nr. 2 VOB/B, die Sonderregelung zur Verzinsung von Werklohnforderungen im Verzugsfalle, § 16 Abs. 5 Nr. 3 und 4 VOB/B.

15 Vgl. Kniffka, BauR 2012, 411, an den besonders wichtigen Klauseln, die „Nachträge" regeln.

16 Vgl. 1. Teil I. 1.

17 Ingenstau/Korbion/*Vygen*, Einleitung Rn. 4.

18 Beispielsweise: Verjährungsfrist für Vergütungsansprüche nach §§ 195 ff. BGB, Anfechtung von Willenserklärungen nach §§ 119 ff. BGB, Nichtigkeit von Verträgen nach §§ 134, 138 BGB, Vertragsauslegung nach §§ 133, 157 BGB, Treu und Glauben nach § 242 BGB, Schadensersatz wegen Verschuldens bei Vertragsverhandlungen nach §§ 311 Abs. 2, 241 Abs. 2, 280 BGB.

19 PWW/*Halfmeier/Leupertz*, § 631 BGB Rn. 3; Erman/*Schwenker*, § 631 BGB Rn. 2; Palandt/*Sprau*, § 631 BGB Rn. 1.

Willenserklärungen der Vertragsparteien voraus, sondern erfordert darüber hinaus auch, dass die Einigung nach den vom Gesetzgeber verlangten allgemeinen Regeln (§§ 145 ff. BGB) erfolgen muss.[20]

Inhaltlich kann der Bauvertrag frei gestaltet werden und unterliegt keinen zwingenden Bestimmungen, welche die Vertragsparteien beachten müssen, damit der Vertrag wirksam zustande kommt.[21] Die vertragliche Gestaltungsfreiheit der Parteien findet lediglich in den Vorschriften der §§ 134, 138 BGB ihre Grenzen.[22]

b) (Notwendiger) Inhalt des Bauvertrages bei Abschluss des Vertrages

Der typische Bauvertrag ist dadurch gekennzeichnet, dass der Besteller einen nicht in seine Arbeitsorganisation eingegliederten, selbstständigen Unternehmer mit der Erbringung einer bestimmten Leistung beauftragt.[23] Der Unternehmer wird durch den Bauvertrag zur Herstellung des versprochenen individuellen Bauwerkes verpflichtet, der Besteller zur Entrichtung der (vereinbarten) Vergütung.

Die lange Dauer der Ausführung und die im Rahmen der Vertragsabwicklung möglicherweise auftretenden Schwierigkeiten, den Leistungsumfang konkret zu bestimmen, machen es in der Praxis (wirtschaftlich) oftmals unmöglich, bereits zum Zeitpunkt des Vertragsabschlusses die Rechte und Pflichten der Vertragsparteien abschließend festzulegen.[24] Die Vertragsparteien müssen sich bei Abschluss des Bauvertrages jedoch über die wesentlichen Merkmale der Herstellungspflicht des Unternehmers, insbesondere über Art, Umfang und Ort der Bauausführung geeinigt haben.[25] Für die Wirksamkeit des Bauvertrages ist es hingegen nicht zwingend erforderlich, dass der komplette Vertragsgegenstand bei Abschluss des Vertrages abschließend bestimmt wurde. Eine Leistungsbeschreibung, welche noch Lücken und Unvollständigkeiten enthält, bedarf jedoch während der Bauerrichtungsphase der weiteren Ausgestaltung und Konkretisierung durch den Besteller und den Unternehmer. Eine lückenhafte Leistungsbeschreibung liegt dann vor, wenn das vertraglich vereinbarte Leistungssoll nicht alle erforderlichen Arbeiten berücksichtigt, welche notwendig sind, um das Werk zu errichten bzw. herzustellen. Zu wessen Lasten die Lückenhaftigkeit der Leistungsbeschreibung geht, ist durch Auslegung des Vertrages zu ermitteln.

---

20 Kleine-Möller/Merl/Glöckner/*Eichberger*, § 9 Rn. 19; *Kniffka* in: Kniffka/Koeble, 5. Teil Rn. 2 ff.; Palandt/*Sprau*, § 631 BGB Rn. 1.

21 MüKoBGB/*Busche*, § 631 BGB Rn. 52; Glöckner/von Berg/*Waldner*, vor zu §§ 145–163 BGB Rn. 2 ff.

22 PWW/*Halfmeier/Leupertz*, § 631 BGB Rn. 11 ff.; MüKoBGB/*Busche*, § 631 BGB Rn. 53 ff.

23 *Bolz* in: Jahrbuch Baurecht 2011, S. 107, 119.

24 *Jensen*, S. 32 f.; *Bolz* in: Jahrbuch Baurecht 2011, S. 107, 120.

25 Kleine-Möller/Merl/Glöckner/*Eichberger*, § 9 Rn. 40.

Bauverträge werden deshalb als „notwendig unvollständige Langzeitverträge mit Rahmencharakter“[26] bezeichnet. Dieses von Anfang an bestehende Dilemma der Bestimmung des Leistungsumfanges eines Bauvertrages und die sich hieraus ergebenden Haftungszuordnungsprobleme lassen die Frage aufkommen, welcher Vertragspartei die Risiken einer unzureichenden und mangelhaften Vertragsgestaltung aufzuerlegen sind, und wer für etwaige Fehler während der Vertragsdurchführungsphase einzustehen hat.

5. Die Leistungsverpflichtungen der Vertragsparteien

a) Hauptleistungspflichten der Vertragsparteien

Mit dem Vertragsabschluss übernehmen der Unternehmer und der Besteller Hauptleistungspflichten, welche in einem wechselseitigen Austauschverhältnis zueinander stehen.[27] Der Unternehmer verspricht die Herstellung eines Werkes und der Besteller die Abnahme des (mangelfreien) Werks und die Entrichtung der (vereinbarten) Vergütung.

Die vom Unternehmer gemäß § 631 BGB geschuldete Herstellung des versprochenen Werkes umfasst die Entfaltung einer bestimmten Tätigkeit und den daraus resultierenden Erfolg, der über die Tätigkeit als solche hinausgeht. Die vom Unternehmer geschuldete Hauptleistung besteht jedoch nicht nur in der Herstellung des Werkes als solchem. Es zählt zu seinen Hauptpflichten, dass er das Werk frei von Sach- und Rechtsmängeln herstellt.

Der Unternehmer ist hinsichtlich des zu erstellenden Werkes vorleistungspflichtig.[28] Er muss das Bauwerk mangelfrei herstellen und kann erst nach der Abnahme des Werkes[29] die geschuldete Vergütung vom Besteller fordern.[30]

Die Vergütung, welche der Besteller entrichten muss, kann ausdrücklich vereinbart worden sein, nach Maßgabe des § 632 Abs. 1 BGB aber auch als stillschweigend vereinbart gelten.

b) Weitere Pflichten und Obliegenheiten der Vertragsparteien während der Vertragsdurchführungsphase

Für den Unternehmer ergeben sich im Rahmen des zwischen ihm und dem Besteller geschlossenen Bauvertrages weitere Pflichten. Diese werden in

---

26 *Jensen*, S. 42.

27 Kleine-Möller/Merl/Glöckner/*Krug*, § 2 Rn. 11.

28 PWW/*Halfmeier/Leupertz*, § 641 BGB Rn. 1; Kniffka/*Jansen/von Rintelen*, § 631 BGB Rn. 312.

29 Durch das Gesetz zur Beschleunigung fälliger Zahlungen (BGBl. 2000, S. 330) ist ein Anspruch auf Abschlagszahlungen normiert worden. Durch diesen Anspruch des Unternehmers wurde das Vorleistungsrisiko gemindert.

30 Kniffka/*Pause/Vogel*, § 641 BGB Rn. 1; MüKoBGB/*Busche*, § 641 BGB Rn. 3.

Nebenleistungspflichten und Nebenpflichten unterteilt und haben ihren Ursprung in dem aus Treu und Glauben resultierenden Grundsatz, den anderen Vertragspartner vor Schäden zu bewahren und auf ihn und seine Rechtsgüter Rücksicht zu nehmen.[31] Diese Pflichten haben im Werkvertragsrecht, vor allem im Rahmen von Bauverträgen, eine besondere Bedeutung, da die Vertragsabwicklung auf Grund der zeitlichen Streckung der Ausführungsphase häufig mit Unwägbarkeiten verbunden ist und die Parteien über einen längeren Zeitraum kooperativ zusammenarbeiten müssen, um den geschuldeten Erfolg zu erreichen.[32] Die Vertragsparteien sind verpflichtet, alles zu tun, was den Werkerfolg herbeiführt und alles zu unterlassen, was diesen verhindern oder gefährden könnte.[33]

Nebenpflichten, welche den Unternehmer treffen, sind hierbei in erster Linie Aufklärungs- und Beratungspflichten, sowie die Pflicht zur Sicherung, Fürsorge, Obhut und Verwahrung des Werkes.[34]

In den Bereich der reinen Nebenpflichten fallen aber nicht solche Pflichten, die vom Unternehmer zu erbringen sind, um überhaupt das Werk mangelfrei herstellen zu können.[35] Diese Pflichten werden als Nebenleistungspflichten bezeichnet und sind im Bauvertragsrecht besonders ausgeprägt.

Demgegenüber treffen den Besteller in der Regel „lediglich“ Mitwirkungsobliegenheiten, welche zu einer Entschädigungspflicht gemäß § 642 BGB führen können.[36]

6. Unterschiede eines Bauvertrages zu einem klassischen Werkvertrag

Wie bereits dargelegt,[37] ist der Bauvertrag als Werkvertrag (§§ 631 ff. BGB) einzuordnen, da der Unternehmer das vereinbarte Ergebnis der Bauarbeiten, mithin einen bestimmten Erfolg und nicht eine vom Erfolg unabhängige Arbeitsleistung schuldet.[38]

Der Bauvertrag lässt sich jedoch nicht als klassischer Werkvertrag einordnen, da er gegenüber „normalen“ Werkverträgen Besonderheiten aufweist. Der Grundsatz der alleinigen Planungsverantwortung des Werkunternehmers wird bei einem Bauvertrag oftmals durchbrochen, da die eigentlich bestehende Planungsfreiheit des Werkunternehmers von Vorgaben und Anordnungen des Bestellers sowie Vorleistungen anderer Unternehmer eingeschränkt wird. Im Regelfall verbleibt dem Unternehmer allein die

31 MüKoBGB/*Busche*, § 631 BGB Rn. 74.
32 MüKoBGB/*Busche*, § 631 BGB Rn. 74; *Fuchs*, NZBau 2004, 65, 67; BGH, Urteil vom 28.10.1999 – VII ZR 393/98, NJW 2000, 807.
33 Vgl. BGH, Urteil vom 28.10.1999 – VII ZR 393/98, NJW 2000, 807.
34 MüKoBGB/*Busche*, § 631 BGB Rn. 74.
35 MüKoBGB/*Busche*, § 631 BGB Rn. 74.
36 Glöckner/von Berg/*Vogelheim*, § 631 BGB Rn. 139.
37 Vgl. 1. Teil I. 1.
38 Kleine-Möller/Merl/Glöckner/*Krug*, § 2 Rn. 3.

„Detailplanung", während der Besteller häufig weite Bereiche der Gesamtplanung des Werks übernimmt.

Bei einem Bauvertrag führt der Unternehmer in der Regel seine Leistung nicht in seiner eigenen Werkstatt, sondern auf einem fremden Grundstück aus.[39] Darüber hinaus wird die Herstellung des individuellen Vorhabens durch eine hohe technische und logistische Komplexität geprägt. Auf einer Baustelle werden in der Regel verschiedene Unternehmer, welche unterschiedlich Gewerke erbringen, gleichzeitig tätig und müssen miteinander koordiniert werden.[40] Dies kann oftmals zu Problemen führen, da vertraglich vereinbarte Ausführungsfristen nicht eingehalten werden und die zu erbringenden Leistungen nicht ineinander greifen, obwohl dies für die mangelfreie Herstellung des Bauwerkes unabdingbar ist.

7. Die werkvertraglichen Regelungen im Bürgerlichen Gesetzbuch

Der Werkvertrag ist im Vertragsgefüge des Bürgerlichen Gesetzbuches von herausragender Bedeutung.[41] Der Anwendungsbereich des Werkvertragsrechts erstreckt sich von einfachen handwerklichen Verträgen wie zum Beispiel dem Herstellen oder Ändern eines Kleidungsstückes, dem Besohlen von Schuhen, dem Malen eines Portraits sowie Schreiner- oder Malerarbeiten bis hin zu komplexen Langzeitverträgen wie die Errichtung von Industrieanlagen, Gebäuden und Verkehrseinrichtungen wie Flughäfen oder Bahnhöfen.[42]

Auf Grund dieser Vielzahl möglicher Vertragsgestaltungen sind die Vorschriften des Werkvertragsrechts im Bürgerlichen Gesetzbuch abstrakt gehalten und können die Besonderheiten jedes „einzelnen Werkvertrages" nicht gesondert erfassen. Dennoch berücksichtigt der Gesetzgeber in einzelnen Vorschriften zum Werkvertragsrecht typische Strukturmerkmale des Bauvertrages, wie die zeitliche Streckung des Bauvorhabens sowie das Erfordernis der Kooperation der Vertragsparteien miteinander.[43]

a) Ursprüngliche Konzeption des Werkvertragsrechts im Bürgerlichen Gesetzbuch

Das Werkvertragsrecht wurde von den „Vätern" des Bürgerlichen Gesetzbuches ursprünglich auf einfache Werkverträge mit handwerklichem Charakter[44] zugeschnitten. Diese Verträge haben sich in einem einmaligen, punktuellen Leistungsaustausch

---

39 *Bolz* in: Jahrbuch Baurecht 2011, S. 107, 120.

40 *Bolz* in: Jahrbuch Baurecht 2011, S. 107, 120.

41 Vgl. *Weyers,* AcP 182 (1982), 60, 61 f.

42 Vgl. MüKoBGB/*Busche,* § 631 BGB Rn. 2; Staudinger/*Peters/Jacoby,* Vorbem zu § 631 BGB Rn. 2.

43 Beispielsweise die freie Kündigung in § 649 BGB, die Sonderregelungen für die unzureichende Mitwirkung des Bestellers in §§ 642 ff. BGB.

44 Mot. II, S. 470, 506 f.

erschöpft.[45] Der typische Werkunternehmer erbrachte aus Sicht des historischen Gesetzgebers eine einfache handwerkliche Leistung überschaubaren Umfangs gegen Entgelt.[46]

Bei diesen „einfachen“ Austauschverträgen steht der Austausch der Leistungen zum Zeitpunkt der Abnahme und nicht die Herstellung des Werkes als solche im Mittelpunkt. Die zur Herstellung des Werkes erforderlichen Arbeiten stellen „lediglich begleitende, wenngleich zum Inhalt der Leistungspflicht und zur Eigenart des Vertrages gehörende Handlungen dar“.[47] Aus diesem Grund ist das vom Unternehmer zu tragende Herstellungsrisiko bei „einfachen“ Werkverträgen gering und kann von diesem ohne weiteres übernommen werden.

Der Werkunternehmer ist bei diesen „einfachen“ Werkverträgen in der Regel sowohl für die Planung, als auch die Ausführung der Leistung verantwortlich und muss auf Grund dieser Einheit für Planungsfehler ebenso wie für Ausführungsfehler einstehen und ist daher im Rahmen seiner Mängelhaftung verpflichtet, etwaige Fehler auf eigene Kosten zu beseitigen.[48] Er schuldet gegenüber dem Besteller das Erreichen des vertraglich geschuldeten Erfolges zum Zeitpunkt der Abnahme und muss die hierfür erforderlichen Leistungen auf seine Kosten erbringen. Dadurch, dass sowohl die Planung als auch die Ausführung vom Unternehmer selbst übernommen wurde, erscheint eine derartige Risikoverteilung nicht unbillig, sondern nur sachgerecht.

b) Die Trennung von Planung und Ausführung im Rahmen des Bauvertrages und die Folgen

Das Bild des Unternehmers, welcher das Werk plant und ausführt, prägt auch heute noch das im Bürgerlichen Gesetzbuch normierte Werkvertragsrecht.[49] Dies hat zur Konsequenz, dass der Unternehmer im Rahmen seiner Gewährleistungspflicht so behandelt wird, als würde er sowohl das Werk planen als auch ausführen.

Die Einheit von Planung und Ausführung entspricht jedoch vor allem bei Bauverträgen nicht der Realität.[50] In der Praxis plant der Besteller (durch einen Architekten) das herzustellende Bauwerk und der Unternehmer setzt diese ihm durch den Besteller vorgegebene Planung um, wobei in der Regel die Art und Weise der Detailplanung und Detailausführung beim Unternehmer verbleibt.[51] Es ist grundsätzlich Sache des Unternehmers, wie er den vertraglich geschuldeten Erfolg herbeiführt.[52]

---

45 *Nicklisch*, JZ 1984, 757.

46 Vgl. *Peters*, NZBau, 2008, 609; Staudinger/*Peters/Jacoby*, Vorbem zu §§ 631 ff. BGB Rn. 5; Glöckner/von Berg/*Vogelheim*, § 631 BGB Rn. 2.

47 *Endemann*, § 175, WS. 1099; *Nicklisch*, JZ 1984, 757, 759.

48 Vgl. *Peters*, NZBau 2008, 609.

49 Staudinger/*Peters/Jacoby*, Vorbem zu §§ 631 ff. BGB Rn. 5.

50 *Peters*, NZBau 2008, 609.

51 Vgl. *Peters*, NZBau 2008, 609.

52 Kniffka/*Pause/Vogel*, Stand 12.01.2015, § 645 BGB Rn. 11.

Er behält die Kontrolle über die tatsächliche Ausführung des Werkes, vor allem in Bezug auf die verwendeten Mittel, den Ablauf der Errichtung des Werkes und die Zeit der Ausführung.

Die Trennung von Planung und Ausführung im Rahmen von Bauverträgen lässt die Frage aufkommen, was geschieht, wenn die Planung des Bestellers fehlerhaft und daher die darauf basierende Ausführung des Unternehmers mangelhaft ist. Es ist zu untersuchen, ob der Unternehmer in dieser Situation für die mangelhafte Bauausführung einstehen muss, obwohl der Fehler in der Sphäre des Bestellers begründet liegt und er diesen möglicherweise überhaupt nicht erkennen konnte. Die Zuordnung des Haftungsrisikos und die hieraus resultierenden Folgen in diesen sog. „Delta-Fällen", in welchen die Planvorgaben des Bestellers mangelhaft sind, der Unternehmer dies jedoch nicht erkennen konnte, sind weder in der Rechtsprechung noch der Literatur abschließend geklärt.

Es stellt sich daher die Frage, ob der Unternehmer auch in der Konstellation, dass er in der fehlerhaften Planvorgaben des Bestellers nicht erkennen konnte, uneingeschränkt für den Eintritt des werkvertraglichen Erfolges haften muss, oder ob auf Grund der Trennung von Planung und Ausführung die strenge Erfolgshaftung des Unternehmers gelockert werden kann, mit der Folge, dass der Besteller das Risiko einer mangelhaften Planung selbst trägt, also für seine eigenen Fehler und die hierauf aufbauenden Mängel des Unternehmers einstehen muss.

Die Fälle in denen die mangelhafte Planung vom Besteller stammt, regelt das Bürgerliche Gesetzbuch nicht ausdrücklich.[53] Etwaige Regelung finden sich auch nicht in den Vorschriften zum neuen Bauvertragsrecht. Die Norm des § 633 BGB hilft in diesem Fall nicht weiter. Sie ist nur einschlägig, wenn die Planung und die darauf basierende Ausführung vom Unternehmer übernommen wurden.[54]

Es ist daher zu prüfen, ob sich der Unternehmer in der Konstellation, dass die mangelhaften Planvorgaben vom Besteller stammen, auf die Vorschrift des § 645 BGB berufen kann.[55]

8. Wesentliche Strukturelemente eines Bauvertrages

Um den von den Vertragsparteien geschuldeten Leistungsumfang, sowie die Risikoverteilung im Rahmen des Bauvertrages bestimmen zu können, müssen in einem ersten Schritt zunächst die typischen Strukturmerkmale des Bauvertrages dargestellt werden.

a) Die Einordnung des Bauvertrages als Vertrag mit Langzeitcharakter

Bei Verträgen über größere Bauleistungen, wie den Bau von Flughäfen, Bahnhöfen, U-Bahnen oder Hochhäusern, aber selbst bei „kleinen" Werkverträgen wie der

53 *Peters*, NZBau 2008, 609.
54 Vgl. *Peters*, NZBau 2008, 609.
55 Vgl. 3. Teil II. 1.

Errichtung eines Einfamilienhauses kann sich die Planung, die Durchführung und die Abwicklung des Vertrages je nach Komplexität des Vorhabens über mehrere Monate, wenn nicht sogar über Jahre erstrecken. Bei Abschluss des Vertrages binden sich die Parteien in der Regel über einen längeren Zeitraum und gehen das Risiko ein, dass sich während der Herstellungsphase die ursprünglichen Annahmen und Bedürfnisse, welche das Werk erfüllen soll, ändern.

Bei Bauverträgen spielt daher das Zeitmoment während der Herstellungsphase eine wichtige Rolle.

Diese zeitliche Streckung des Erfüllungsstadiums auf der Leistungsebene zeichnet den Bauvertrag aus.[56] Die Hauptleistungspflichten des Bestellers (Abnahme und Vergütung der Bauleistung) und des Unternehmers (mangelfreie Herstellung des geschuldeten Werkes zum Fälligkeitszeitpunkt) stellen zwar einen einmaligen Leistungsaustausch dar, hierin erschöpft sich der klassische Bauvertrag jedoch nicht. Der Werkerstellungsprozess, welcher im Vorfeld der Abnahme steht, ist für die Beteiligten von wirtschaftlich entscheidender Bedeutung, da während dieser Phase der Grundstein zum späteren Erfolg gelegt wird und sich die Risiken, welche einem Bauvertrag innewohnen in der Regel während dieser Zeit verwirklichen.

Der Bauvertrag ist als Langzeitvertrag folglich kein klassischer Austauschvertrag, welcher sich in einem punktuellen Austausch von Leistung und Gegenleistung erschöpft. Ebenso wenig handelt es sich bei einem Bauvertrag um ein klassisches Dauerschuldverhältnis, da der Bauvertrag nicht dadurch geprägt ist, dass er auf einen gleichbleibenden Leistungsaustausch über einen längeren Zeitraum gerichtet ist. Bei einem Bauvertrag handelt es sich um einen komplexen Werkvertrag mit Langzeitcharakter, welcher zwischen dem punktuellen Austauschvertrag und dem Dauerschuldverhältnis eingeordnet werden muss.[57] Derartig komplexe Langzeitverträge haben weder speziell im Werkvertragsrecht noch allgemein im Bürgerlichen Gesetzbuch hinreichend Beachtung gefunden.[58] Diese gesetzliche Lücke führt zu zahlreichen Problemen, welche zunächst auf Grundlage der vertraglichen Vereinbarungen zwischen den Parteien gelöst werden müssen. Die Vereinbarungen zwischen den Parteien sind in der Praxis jedoch oftmals unvollständig, auslegungsbedürftig und können zur konkreten Problemlösung nur eingeschränkt herangezogen werden.

Obwohl der Bauvertrag kein Dauerschuldverhältnis ist, ist ihm mit den klassischen[59] Dauerschuldverhältnissen gemein, dass beide über einen längeren Zeitraum hinweg bestehen. Diese Gemeinsamkeit kann jedoch nicht dazu führen, den Bauvertrag rechtlich als Dauerschuldverhältnis einzuordnen. Bei einem Bauvertrag geht es nicht um den ständig wiederkehrenden Austausch derselben Leistung über

56 *Glöckner*, BauR 1998, 669.
57 Vgl. *Nicklisch*, JZ 1984, 757.
58 *Nicklisch*, JZ 1984, 757.
59 Zu den klassischen Dauerschuldverhältnissen zählen beispielsweise der Mietvertrag, der Pachtvertrag, der Leihvertrag und der Arbeitsvertrag.

einen längeren Zeitraum,[60] sondern um die Herstellung eines Bauwerkes, welche einen längeren Zeitraum beansprucht.[61] Bauverträge sind als Langzeitverträge somit zwar den Dauerschuldverhältnissen ähnlich, können jedoch selbst nicht als solche qualifiziert werden,[62] da sie auf den einmaligen Leistungsaustausch beschränkt bleiben, während für Dauerschuldverhältnisse gerade der dauernde bzw. fortlaufende Leistungsaustausch typisch ist. Für den Bauvertrag können daher die Rechtsfolgen, welche sich bei einem mangelhaften Dauerschuldverhältnis ergeben, grundsätzlich nicht herangezogen werden, da diese auf Schuldverhältnisse, welche wiederkehrende einzelne Leistungen zum Gegenstand haben, zugeschnitten sind.

Da der Werkvertrag auf den geschuldeten Erfolg ausgerichtet ist, werden die Arbeiten des Unternehmers während der Ausführungsphase lediglich als Vorstufen für den Leistungsaustausch zum Zeitpunkt der Fälligkeit bzw. der Abnahme des Werkes angesehen.[63]

Dies hat einerseits zur Folge, dass der Unternehmer während der Herstellungsphase frei entscheiden kann, mit welchen Mitteln und in welcher Art und Weise er den Erfolg herbeiführen will. Der Besteller kann in diesem Stadium grundsätzlich nicht in die Herstellungsfreiheit des Unternehmers eingreifen. Es kommt im Rahmen des Werkvertragsrechts nämlich auf den Leistungsaustausch zum Zeitpunkt der Abnahme an. Die Herstellungsphase, welche sich über einen längeren Zeitraum erstrecken kann, spielt rechtlich gesehen eine untergeordnete Rolle. Der Unternehmer schuldet zum Abnahmezeitpunkt die vertraglich vereinbarte Leistung, in welcher Art und Weise er diese erbringt, ist grundsätzlich irrelevant. Es kommt allein auf den Eintritt des geschuldeten Werkerfolges zum Fälligkeitszeitpunkt, bei einem Bauvertrag ist dies in der Regel der Abnahmezeitpunkt, an. Erst wenn der Erfolg nicht eingetreten ist, können dem Besteller grundsätzlich die werkvertraglichen Mängelansprüche zustehen.[64] Im Leistungserstellungszeitraum stehen dem Besteller nach der gesetzlichen Konzeption dagegen nur geringe Einwirkungsmöglichkeiten zur Verfügung, da der Unternehmer über die Art und Weise seiner Leistungserbringung die Kontrolle behält und der Besteller in die „Ausführungsfreiheit" des Unternehmers nicht eingreifen darf.[65]

Während der Herstellungsphase können sich andererseits jedoch zahlreiche Risiken verwirklichen, welche bei Vertragsschluss noch nicht absehbar waren und deren Ursprung vor allem im Langzeitcharakter des Bauvertrages begründet liegt. So können bauausführende Unternehmen insolvent werden und hierdurch für eine Verzögerung der Durchführung der Arbeiten sorgen oder sich die technischen Anforderungen,

---

60 MüKoBGB/*Geier*, § 314 BGB Rn. 6.

61 *Nicklisch*, S. 18.

62 *Nicklisch*, JZ 1984, 757; 758.

63 Messerschmidt/Voit/*Voit*, A Rn. 4.

64 Streitig, vgl. MüKoBGB/*Busche*, § 634 BGB Rn. 3; Bamberger/Roth/*Voit*, § 634 BGB Rn. 3 f.; Kniffka/*Krause-Allenstein*, § 634 BGB Rn. 8 ff.; Palandt/*Sprau*, vor § 633 BGB Rn. 6; *Sienz*, BauR 2002, 181, 184; *Vorwerk*, BauR 2003, 1, 8.

65 *Kirberger*, BauR 2011, 311.

welche das Bauwerk zum Abnahmezeitpunkt erfüllen muss, verändern. Es können sich aber auch Risiken aus der Sphäre des Bestellers verwirklichen. Zum Zeitpunkt des Abschlusses des Vertrages wagen die Vertragsparteien eine Zukunftsprognose über die Bedürfnisse, welche das Werk erfüllen soll. Im Laufe der Herstellungsphase können sich diese Bedürfnisse und mithin der Verwendungszweck des Werkes für den Besteller jedoch verändern, mit der Folge, dass das Werk für den Besteller möglicherweise unbrauchbar ist.

Es stellt sich daher die Frage nach der Verteilung der Risiken im Rahmen von komplexen Langzeitverträgen. Es ist zu untersuchen, ob der Unternehmer während der Durchführungsphase des Vertrages stets das volle Herstellungsrisiko trägt, oder ob er seine Haftung einschränken oder sogar auf null reduzieren kann. Es geht vor allem um die Frage, ob dem Unternehmer bei komplexen Langzeitverträgen das Herstellungsrisiko auch aufgebürdet werden kann, wenn die Vertragswidrigkeit aus der Sphäre des Bestellers oder anderer Unternehmer stammt, oder ob er auch in diesen Fällen verschuldensunabhängig für den Werkerfolg einstehen muss.

b) Die Einordnung des Bauvertrages als Rahmenvertrag

Die Einzelheiten der zu erbringenden Leistungen stehen bei komplexen Langzeitverträgen zum Zeitpunkt des Vertragsschlusses oftmals noch nicht abschließend fest. Sie müssen während der Bauausführungsphase von den Parteien näher bestimmt und konkretisiert werden. Dies hat zur Folge, dass die Planung bei komplexen Langzeitverträgen zum Zeitpunkt des Vertragsabschlusses oftmals nur einen Rahmencharakter darstellen kann.[66]

Diese vertragliche Offenheit hat ihren Grund zum einem in dem Langzeitcharakter des Bauvertrages, zum anderen in der Tatsache, dass es sich bei Bauprojekten in der Regel um individuelle Einzelanfertigungen handelt, welche nicht serienmäßig produziert werden und es daher auch aus wirtschaftlichen Gesichtspunkten nicht möglich ist, jeden einzelnen Arbeitsschritt vor Vertragsschluss zu planen. Bei Bauverträgen wird die Detailplanung unter Berücksichtigung der speziellen Wünsche des Kunden, der örtlichen Gegebenheiten und des neuesten Standes der Technik realisiert und muss daher individuell angepasst werden.[67] Ein weiterer Grund für den Rahmencharakter des Bauvertrages ist, dass die Herstellungsverpflichtung des Unternehmers auf Grund von Vorgaben oder Anweisungen des Bestellers oftmals erst während der Bauausführungsphase konkretisiert werden kann.[68] Angesichts der Offenheit der vertraglichen Ausgestaltung sind daher mit der Herstellung eines Bauwerkes weit mehr Risiken verbunden, als mit der Durchführung eines „einfachen" Werkvertrages. Dies erfordert eine differenzierte Risikoverteilung zwischen

66 Vgl. *Nicklisch/Weick* in: Nicklisch/Weick, Einl. Rn. 3.
67 *Nicklisch/Weick* in: Nicklisch/Weick, Einl. Rn. 3.
68 *Nicklisch/Weick* in: Nicklisch/Weick, Einl. Rn. 1.

den Parteien, um vor allem das vom Unternehmer zu tragende Herstellungsrisiko zu begrenzen.

c) Die Einordnung des Bauvertrages als „Kooperationsvertrag"

Weder der BGB-Bauvertrag noch der VOB-Bauvertrag sind auf Änderungen des Herstellungsumfanges während der Vertragsausführungsphase und einer damit möglicherweise einhergehenden Vergütungsanpassung eingerichtet.[69] Die Komplexität des Bauens und der zwangsläufig vorgegebene zeitliche Ablauf eines Bauvorhabens erfordern daher ein kooperatives Zusammenwirken zwischen den Vertragsparteien und den übrigen an der Herstellung des Werkes beteiligten Dritten, um auftretende Spannungen und Schwierigkeiten während der Ausführungsphase abmildern und vermeiden zu können. Kooperation bedeutet hierbei das Zusammenwirken der Vertragsparteien zur Erreichung des Vertragszwecks. Der Besteller muss dem Unternehmer umsetzbare Vorgaben für die Bauausführung machen, er muss ihm die hierfür notwendigen Informationen liefern, Entscheidungen treffen und er muss die in seine Einflusssphäre fallenden tatsächlichen und rechtlichen Voraussetzungen für die Herstellung des Bauwerks schaffen.[70] Voraussetzung der Kooperation ist die Anerkennung der Verschiedenheit der an dem Kooperationsverhältnis Beteiligten und deren unterschiedliche Interessenlage.[71] Dem Kooperationscharakter des Bauvertrages wird durch die Informations-, Beratungs- und Mitwirkungspflichten der am Bau Beteiligten Rechnung getragen. Die Kooperationspflichten der Bauvertragsparteien sind Ausdruck einer gesteigerten Treuepflicht, welche ihre Grundlage in § 242 BGB hat.[72]

Im Rahmen des Bauvertrages kommt dem Kooperationscharakter auf Grund seiner Struktur als komplexem Langzeitvertrag mit Rahmencharakter eine entscheidende Bedeutung zu. Die Rechtsprechung geht von einer selbstständigen Kooperationspflicht der Parteien aus.[73] Die Vertragsparteien müssen intensiv und vertrauensvoll miteinander arbeiten, um den gewünschten Erfolg überhaupt verwirklichen zu können.[74] Aus dem Kooperationsgedanken folgt daher die Verpflichtung der Parteien, den anderen Vertragspartner auf mögliche Fehlerquellen hinzuweisen, damit dieser gegebenenfalls Dritten gegenüber mitteilen kann, wenn Gefahren für das Gelingen des Werkes drohen oder bereits bestehen.[75] Das Kooperationserfordernis gilt in allen Phasen der Bauplanung und Bauausführung und soll das Spannungsverhältnis zwischen Plan und Realität abmildern.[76]

---

69 *Wirth* in: Jahrbuch Baurecht 2002, 87, 93 f.
70 *Leupertz*, ESWiD Band 98, S. 47, 48.
71 *Schwarze*, S. 8.
72 *Fuchs*, NZBau 2004, 65, 67.
73 BGH, Urteil vom 23.05.1996 – VII ZR 245/94, NJW 1996, 2158.
74 Vgl. BGH, Urteil vom 28.10.1999 – VII ZR 393/98, NJW 2000, 807.
75 Vgl. Kniffka/*Jansen/van Rintelen*, § 631 BGB Rn. 694.
76 *Fuchs*, NZBau 2004, 65, 67.

Ausprägungen der Kooperation der Beteiligten zeigen sich in Regelungen, welche die wechselseitige Information der Beteiligten vorschreiben (§ 241 Abs. 2 BGB)[77] oder in der Prüfungs- und Hinweispflicht des Bauunternehmers.

9. Die Risiken eines Bauvertrages

Jedem Vertrag wohnt ein typisches Risiko inne, welches sich im Rahmen der Vertragsdurchführung verwirklichen kann. Der Begriff des Risikos hat keinen definierten juristischen Inhalt.[78] Der Bauvertrag wird durch das „Baurisiko" geprägt, dieses umfasst sowohl das Verwendungsrisiko als auch das Erfolgsrisiko.

a) Verwendungsrisiko

Das Verwendungsrisiko befasst sich mit der Verwirklichung des vom Besteller mit dem Werk beabsichtigten Verwendungszweckes. Das Verwendungsrisiko ist grundsätzlich allein vom Besteller zu tragen.[79]

b) Erfolgsrisiko

Die Zuordnung des Erfolgsrisikos bestimmt, welcher der Vertragsparteien die Verantwortung für die Mangelhaftigkeit des Werkes zukommt.[80] Im Einzelnen geht es um die Frage, welcher Vertragspartei das Risiko aufgebürdet wird, welches eintreten kann, wenn die tatsächlichen Umstände der Bauausführung von den bei Vertragsschluss angenommenen Umständen abweichen und dadurch der Eintritt des geschuldeten Erfolges erschwert oder die Werkherstellung beeinträchtigt wird.

Das bauvertragliche Erfolgsrisiko tritt in zwei Ausprägungen auf. Es ist zwischen dem Leistungsrisiko und dem Vergütungsrisiko zu differenzieren:

aa) Leistungsrisiko

Wer Träger des Leistungsrisikos ist, gibt Antwort auf die Frage, ob die erbrachte Leistung vom Unternehmer nachgebessert oder noch einmal erbracht werden muss, wenn die tatsächlichen Umstände der Bauausführung von den zwischen den Parteien vereinbarten Umständen abweichen.

bb) Vergütungsrisiko

Unabhängig hiervon ist zu untersuchen, ob dem Unternehmer in dieser Situation eine zusätzliche Vergütung zusteht, wenn sich das Leistungsrisiko verwirklicht und er verpflichtet ist, seine bereits erbrachte Leistung nachzubessern oder noch einmal

---

77 Staudinger/*Peters/Jacoby*, § 631 BGB Rn. 66.
78 Kleine-Möller/Merl/Glöckner/*Kleine-Möller*, § 12 Rn. 357.
79 *Nicklisch/Weick* in: Nicklisch/Weick, Einl §§ 4–13 Rn. 3.
80 *Rehbein*, S. 14 ff.

zu erbringen. Das Vergütungsrisiko ist das der Leistungsgefahr korrespondierende Risiko. Wer Träger der Vergütungsgefahr ist, auf dessen Kosten geht das Risiko, dass die vertraglichen Vereinbarungen der Parteien unvollständig sind und der geschuldete Werkerfolg mit diesen nicht erreicht werden kann.

II. Der Mangelbegriff des Werkvertragsrechts

Bei einem Werkvertrag richtet sich die Mängelhaftung des Unternehmers nach den Bestimmungen der §§ 631, 633 BGB und bei Vereinbarung der VOB/B nach den Regelungen der §§ 4 Abs. 8, 13 VOB/B.

Nach diesen Vorschriften hat der Unternehmer das geschuldete Werk herzustellen (§ 631 BGB) und es dem Besteller frei von Sach- und Rechtsmängeln zu verschaffen (§ 633 Abs. 1 BGB). In der Vorschrift des § 631 BGB wird die Hauptleistungspflicht des Unternehmers umschrieben und durch die Regelung des § 633 BGB ergänzt und konkretisiert.

1. Das Vorliegen eines Sachmangels

Ein Sachmangel liegt dann vor, wenn die erbrachte Bauleistung (Ist-Leistung) von der vertraglich geschuldeten Beschaffenheit (Soll-Leistung) abweicht.[81]

Die Soll-Beschaffenheit ergibt sich nach § 633 Abs. 2 Satz 1 BGB in erster Linie aus der Parteivereinbarung. Ob die im Gesetz genannten Stufen Parteivereinbarung, nach dem Vertrag vorausgesetzte Verwendung und die übliche Beschaffenheit in einem Exklusivitätsverhältnis zueinander stehen oder sich gegenseitig ergänzen, um den versprochenen Werkerfolg sicherzustellen, ist umstritten.[82] Zunächst maßgebend sind alle Beschaffenheitsangaben, welche von den Parteien vertraglich festgelegt wurden.[83] Unter dem Begriff der Beschaffenheit versteht man, die dem Werk anhaftenden Eigenschaften einschließlich der äußeren Umstände, denen das Werk zwangsläufig unterliegt, sowie alle Faktoren, die sich auf die Verwendung des Werkes einschließlich seines Wertes auswirken können.[84] Zur Vereinbarung der Beschaffenheit ist ein besonderer Einstandswille des Unternehmers nicht erforderlich.[85] Fehlt es an einer ausdrücklichen Vereinbarung des Sollzustandes, so ist nach § 633 Abs. 2 Satz 2 Nr. 1 zunächst der vertraglich vorausgesetzte Gebrauch für seine Bestimmung maßgebend. Einseitige Vorstellungen des Bestellers, welche

81 MüKoBGB/*Busche*, § 633 BGB Rn. 3; Palandt/*Sprau*, § 633 BGB Rn. 5; Messerschmidt/Voit/*Drossart*, § 633 BGB Rn. 11.

82 Vgl. Glöckner/Berg/Rehbein, § 633 BGB Rn. 10 ff.; *Bolz*, Jahrbuch Baurecht 2011, S. 107, 117; zur Kritik an der Umsetzung der Richtlinie; *Sienz* in: FS Thode, S. 627, 637 ff.; *Thode*, NZBau 2002, 297, 304.

83 BeckOK BGB/*Voit*, Stand 01.02.2015, § 633 BGB Rn. 4; Messerschmidt/Voit/*Drossart*, § 633 BGB Rn. 11; *Kniffka* in: Kniffka/Koeble, 6. Teil Rn. 16.

84 Palandt/*Sprau*, § 633 BGB Rn. 5; BeckOK BGB/*Voit*, Stand 01.02.2015, § 633 BGB Rn. 4.

85 a.A. Lucenti, NJW 2008, 962, 964.

vom Unternehmer nicht erkannt wurden, bleiben bei der Bestimmung des Sollzustandes außer Betracht.[86] Kann aus dem vertraglich vorausgesetzten Gebrauch der Sollzustand nicht oder nicht vollständig bestimmt werden, so ist nach § 633 Abs. 2 Satz 2 Nr. 2 auf überindividuelle Erwartungen zurückzugreifen.[87] Dabei stehen zwei Anforderungen kumulativ nebeneinander: Die Eignung für die gewöhnliche Verwendung und die Einhaltung einer Beschaffenheit, die bei Werken der gleichen Art üblich ist und die der Besteller nach der Art des Werks erwarten kann.

Die Ist-Beschaffenheit bestimmt sich nach dem vom Unternehmer tatsächlich errichteten Zustand des Bauwerkes.[88]

Bezüglich der Definition der Sollbeschaffenheit ist auf den Zeitpunkt des Abschlusses des Vertrages abzustellen,[89] während für die Bestimmung der Ist-Beschaffenheit der Zustand des Werkes zum Zeitpunkt des Gefahrüberganges, in der Regel der Abnahme, maßgeblich ist.[90]

Wurde die geschuldete Leistung vom Unternehmer mangelhaft erbracht, greifen die Mängelrechte (§§ 633 ff. BGB) des Bestellers grundsätzlich unabhängig davon ein, auf welcher Ursache der Mangel beruht. Sowohl die Vorschrift des § 633 Abs. 3 BGB, als auch die Regelungen des § 13 Abs. 1 VOB/B stellen nicht darauf ab, worauf die Verfehlung der Sachmängelfreiheit zurückzuführen ist.[91] Ein Verschulden des Unternehmers an der Mangelhaftigkeit der Werkleistung wird, abgesehen von etwaigen Schadensersatzansprüchen des Bestellers, gerade nicht vorausgesetzt.

Für die Frage, ob ein Mangel des Bauwerkes vorliegt, ist es unerheblich, dass die erbrachte Bauausführung möglicherweise wirtschaftlich und technisch besser ist, als die vereinbarte Ausführung.[92] Ein Mangel liegt auch dann vor, wenn eine Abweichung von der vereinbarten Beschaffenheit nicht zu einer Beeinträchtigung des Werts oder der Gebrauchstauglichkeit des Werks führt.[93] Ebenso spielt es keine Rolle, ob der Fehler wesentlich oder unwesentlich ist.[94] Ist das Werk mangelbehaftet, so führt die

---

86 Glöckner/von Berg/*Rehbein*, § 633 BGB Rn. 55; MüKo-BGB/*Busche*, § 633 BGB Rn. 28; Palandt/*Sprau*, § 633 BGB Rn. 7; Staudinger/*Peters/Jacoby*, § 633 BGB Rn. 184.

87 BeckOK BGB/Voit, Stand 01.02.2015, § 633 BGB Rn. 4.

88 Vgl. MüKoBGB/*Busche*, § 633 BGB Rn. 7; Palandt/*Sprau*, § 633 BGB Rn. 5.

89 Einseitige oder übereinstimmende Änderungen während der Vertragserfüllungsphase sind für die Definition der Soll-Beschaffenheit zu berücksichtigen.

90 Palandt/*Sprau*, § 633 BGB Rn. 3, 5; MüKoBGB/*Busche*, § 633 BGB Rn. 7; OLG Stuttgart, Urteil vom 08.12.2010 – 4 U 67/10, NZBau 2011, 297.

91 *Motzke*, BauR 2011, 153, 158; Palandt/*Sprau*, § 633 BGB Rn. 4.

92 BGH, Urteil vom 07.03.2002 – VII ZR 1/00, BauR 2002, 1536; Messerschmidt/Voit/*Drossart*, § 633 BGB Rn. 12; *Popescu*, NZBau 2009, 692.

93 BGH, Beschluss vom 30.07.2015 – VII ZR 70/14.

94 Messerschmidt/Voit/*Drossart*, § 633 BGB Rn. 13; Es kann jedoch unter dem Blickwinkel von Treu und Glauben geboten sein, einen Mangel zu verneinen, wenn der Fehler so geringfügig ist, dass er unter keinem Gesichtspunkt Beachtung finden kann: vgl. Bamberger/Roth/*Voit*, § 633 BGB Rn. 5; MüKoBGB/*Busche*, § 633 BGB Rn. 9; *Glöckner*, BauR 2009, 302, 311.

werkvertragliche Erfolgshaftung grundsätzlich zur Mängelbeseitigungspflicht des Unternehmers, unabhängig davon, ob die Ursache des Mangels in der Sphäre des Bestellers[95] oder des Unternehmers begründet liegt. Wirkt sich eine Abweichung von der vereinbarten Beschaffenheit nicht oder nur in geringem Maße nachteilig aus, kann dies möglicherweise dazu führen, dass dem Anspruch des Beststellers auf Mangelbeseitigung der Einwand entgegensteht, der Mängelbeseitigungsaufwand sei unverhältnismäßig. Am Vorliegen eines Mangels ändert dies jedoch nichts.[96]

2. Der zweigliedrige Mangelbegriff im alten Schuldrecht

Dem alten Schuldrecht lag ein zweigliedriger Mangelbegriff zu Grunde (§ 633 BGB a.F.).[97] Ein Mangel konnte zum einen durch das Fehlen einer zugesicherten Eigenschaft begründet werden[98] und zum anderen durch einen Fehler, welcher den Wert oder die Tauglichkeit zu dem gewöhnlichen oder nach dem Vertrag vorausgesetzten Gebrauch aufhob oder minderte.[99]

Eine Eigenschaft i.S.v. § 633 Abs. 1 BGB a.F. war zugesichert, wenn sie der Unternehmer erbringen musste, unabhängig davon, ob ihr Fehlen sich auf die Funktion oder den Wert der Leistung nachteilig ausgewirkt hat.[100] Sie erforderte ein nach außen erkennbares besonderes Interesse des Bestellers an der Einhaltung der betreffenden Eigenschaften und die ausdrückliche Zusage des Unternehmers zur unbedingten Einhaltung der gewünschten Eigenschaften.[101]

Unter Fehler wurde jede ungünstige Abweichung der Eigenschaften der Leistung von der vertraglich vereinbarten oder üblicherweise zu erwartenden Beschaffenheit verstanden.[102]

Beide Mängeltatbestände des § 633 BGB a.F. stellten die Beschaffenheit des Werkes und damit den subjektiven Mangelbegriff in den Mittelpunkt, indem sie an die zugesicherte Eigenschaft sowie die Verwendungseignung anknüpften.

---

95 Dieser muss sich gegebenenfalls ein Mitverschulden zurechnen lassen; vgl. BGH, Urteil vom 10.02.2011 – VII ZR 8/10, NZBau 2011, 360; BGH, Urteil vom 15.05.2013 – VII ZR 257/11, NZBau 2013, 519; BGH, Urteil vom 20.06.2013 – VII ZR 4/12, NJW 2013, 3442; *Engbers*, NZBau 2013, 618.

96 BGH, Beschluss vom 30.07.2015 – VII ZR 70/14.

97 Vgl. Kleine-Möller/Merl/Glöckner/*Merl*, § 15 Rn. 25; *Glöckner*, BauR 2009, 302; *Mundt*, NZBau 2003, 73, 74.

98 Staudinger(1994)/*Peters*, § 633 BGB Rn. 15–22; *Mundt*, NZBau 2003, 73, 74; *Glöckner*, BauR 2009, 302; *Lucenti*, NJW 2008, 962.

99 Staudinger(1994)/*Peters*, § 633 BGB Rn. 23–33; *Mundt*, NZBau 2003, 73, 74; *Glöckner*, BauR 2009, 302; *Lucenti*, NJW 2008, 962.

100 Kleine-Möller/Merl/Glöckner/*Merl*, § 15 Rn. 25; *Mundt*, NZBau 2003, 73, 74; *Bolz*, Jahrbuch Baurecht 2011, S. 107, 113.

101 *Lucenti*, NJW 2008, 962.

102 Kleine-Möller/Merl/Glöckner/*Merl*, § 15 Rn. 25; *Mundt*, NZBau 2003, 73, 74; *Bolz* in: Jahrbuch Baurecht 2011, S. 107, 113.

Bereits zum alten Schuldrecht hat der Bundesgerichtshof[103] entschieden, dass für die Beurteilung der Mangelfreiheit in erster Linie die ausdrückliche Beschaffenheitsvereinbarung, welche die Parteien miteinander getroffen haben, maßgeblich sei und bei Fehlen einer ausdrücklichen Abrede auf den vertraglich vorausgesetzten Gebrauch, das heißt auf den vom Besteller beabsichtigten und dem Unternehmer bekannten Gebrauch abzustellen sei, sowie hilfsweise auf den nach Art des Werkes üblichen Gebrauch der funktionstauglichen und zweckentsprechenden Leistung.

Eine Leistung war nach der ständigen Rechtsprechung des Bundesgerichtshofs[104] somit nur dann vertragsgerecht, wenn der Unternehmer einen Werkerfolg herbeigeführt hat, der die Beschaffenheit aufweist, die für den vertraglich vorausgesetzten oder gewöhnlichen Gebrauch geeignet war. Hatten die Vertragsparteien den Verwendungszweck vertraglich vereinbart, war der vereinbarte Gebrauch für die Beurteilung der Mangelfreiheit der Leistung maßgeblich. Entsprach die erbrachte Werkleistung des Unternehmers nicht diesen Anforderungen war sie nicht vertragsgerecht, auch dann nicht, wenn die anerkannten Regeln der Technik eingehalten wurden.

3. Der Mangelbegriff im neuen Schuldrecht: Begriffsbestimmung und Stufenverhältnis des § 633 Abs. 2 BGB

Nach der Vorschrift des § 633 Abs. 1 BGB n.F. hat der Unternehmer dem Besteller das geschuldete Werk frei von Sach- und Rechtsmängeln zu verschaffen.

Der Begriff des Sachmangels wird in der Regelung des § 633 Abs. 2 BGB definiert, wobei der Gesetzgeber den Mangelbegriff „negativ“ umschrieben hat. Nach dieser Norm ist das Werk frei von Sachmängeln, wenn es die vereinbarte Beschaffenheit hat (§ 633 Abs. 2 S. 1 BGB). Soweit die Beschaffenheit nicht vereinbart wurde, ist das Werk frei von Sachmängeln, wenn es sich für die nach dem Vertrag vorausgesetzte (§ 633 Abs. 2 S. 2 Nr. 1 BGB), sonst für die gewöhnliche Verwendung eignet und eine Beschaffenheit aufweist, die bei Werken der gleichen Art üblich ist und die der Besteller nach Art des Werkes erwarten kann (§ 633 Abs. 2 S. 2 Nr. 2 BGB).

Die Vorschrift des § 633 Abs. 2 BGB ist in einem Stufenverhältnis aufgebaut, mit der Konsequenz, dass sich die drei Tatbestandsvarianten nach dem Wortlaut des Gesetzes grundsätzlich gegenseitig ausschließen würden.[105] Ob ein Werk mangelhaft errichtet

---

103 BGH, Urteil vom 22.10.1970 – VII ZR 90/68, NJW 1971, 92; BGH, Urteil vom 17.05.1984 – VII ZR 169/82, NJW 1984, 2457; BGH, Urteil vom 16.07.1998 – VII ZR 350/96, NJW 1998, 3707; BGH, Urteil vom 09.07.2002 - X ZR 242/99, NZBau 2002, 611.

104 BGH, Urteil vom 22.10.1970 – VII ZR 90/68, NJW 1971, 92; BGH, Urteil vom 17.05.1984 – VII ZR 169/82, NJW 1984, 2457; BGH, Urteil vom 16.07.1998 – VII ZR 350/96, NJW 1998, 3707; BGH, Urteil vom 09.07.2002 - X ZR 242/99, NZBau 2002, 611.

105 *Bolz*, Jahrbuch Baurecht 2011, S. 107, 117; zur Kritik an der Umsetzung der Richtlinie; *Sienz* in: FS Thode, S. 627, 637 ff.; *Thode*, NZBau 2002, 297, 304.

wurde, richtet sich hiernach in erster Linie (1. Stufe) nach den Vereinbarungen der Parteien. Auf die vertraglich vorausgesetzte Beschaffenheit kommt es nach der Gesetzessystematik nur an (alternativ), wenn eine Beschaffenheitsvereinbarung fehlt (2. Stufe). Die gewöhnliche Verwendungseignung und die übliche Beschaffenheit spielen erst eine Rolle, wenn die beiden anderen Alternativen nicht vorliegen (3. Stufe).

Setzt man das vom Gesetzgeber vorgesehene Stufenverhältnis konsequent um, würde dies zu Wertungswidersprüchen mit zentralen Grundsätzen des Werkvertragsrechts führen. Der Wortlaut dieser Norm könnte nämlich die Annahme begründen, dass der Gesetzgeber dem funktionalen Mangelbegriff des Werkvertragsrechts den Boden entziehen wollte.[106] Durch die Neuregelung der Vorschrift des § 633 Abs. 2 BGB würde bei der Frage, ob das Werk mangelhaft errichtet wurde, die Funktionstauglichkeit eines Werkes erst auf der zweiten Stufe des Mangelbegriffs geprüft werden. Der bisher elementare Gesichtspunkt der Funktionalität des Werkes dürfte nach dem Wortlaut der Neuregelung der Vorschrift des § 633 Abs. 2 S. 1 BGB für die Feststellung der Mangelhaftigkeit des Bauwerkes bei einer funktionsuntauglichen Beschaffenheitsvereinbarung keine Rolle mehr spielen. Denn nach dem Wortlaut des § 633 Abs. 2 BGB schließt die mangelfreie Herstellung eines Werkes auf der ersten Stufe einen Mangel, welcher erst auf der zweiten Stufe eintritt, aus.

Zweifelhaft ist daher, ob man von einer Mangelfreiheit des Werks sprechen kann, wenn dieses zwar die vereinbarte Beschaffenheit aufweist, diese aber entweder die Funktion des Werks nicht ermöglicht oder hinter dem üblichen Standard zurückbleibt. Ob sich aus der Gesetzessystematik eine Einschränkung der Funktionalitätshaftung des Werkunternehmers ableiten lässt, erscheint daher auf den zweiten Blick somit fraglich. Dieser Frage soll in Kapitel 2 Ziffer II. 3. nachgegangen werden.

Zunächst ist anhand des geschuldeten Leistungsumfangs, welchen die Vertragsparteien miteinander vereinbart haben, zu ermitteln, welche Leistung der Unternehmer schuldet und in einem zweiten Schritt zu untersuchen, ob das Bauwerk einen Sachmangel aufweist. Die Bestimmung des Leistungsumfanges eines Bauvertrages ist untrennbar verknüpft mit der Mängelhaftung des Werkunternehmers und der hieraus resultierenden Risikoverteilung zwischen den Vertragsparteien.

106 Vgl. *Glöckner*, BauR 2009, 302, 309.

2. Teil: Der vertraglich geschuldete Werkerfolg des Unternehmers im Rahmen eines Bauvertrages

I. Der geschuldete Leistungsumfanges des Bauunternehmers und die Erfolgserwartung des Bestellers

1. Das Grundproblem der Bestimmung des vertraglich geschuldeten Leistungsumfanges der Parteien

Die Ermittlung, welche Leistungen der Bauunternehmer zur Herstellung des versprochenen Werkes schuldet und welche Vergütung der Besteller für die erbrachten Leistungen des Unternehmers entrichten muss, stellt eines der Kernprobleme des privaten Bauvertragsrechts dar.[107] Die Antwort auf diese zentrale Frage ist auf Grund der Struktur des Bauvertrages als komplexem Werkvertrag mit Langzeitcharakter schwierig und zum größten Teil in Literatur und Rechtsprechung ungeklärt und umstritten.

a) Die Differenzierung zwischen den Vorgaben des Bestellers und der Erfolgsverpflichtung des Unternehmers

Fraglich ist, ob bei der Bestimmung des geschuldeten Leistungsumfanges zwischen den vertraglichen Vorgaben des Bestellers auf der einen Seite und dem werkvertraglich geschuldeten Erfolg auf der anderen Seite differenziert werden muss.[108] Es geht um die Frage, welche Folgen es nach sich zieht, wenn die Vorgaben des Bestellers in Gestalt eines Leistungsverzeichnisses einerseits und seine schutzwürdigen Erwartungen betreffend den Leistungserfolg auseinander fallen.

Die Vorgaben des Bestellers sind die durch den Bauvertrag nach Bauinhalt näher bestimmte Leistungen des Bauunternehmers, welche dieser erbringen muss, um nach den Vorstellungen der Parteien den durch die Leistungsbeschreibung definierten vertraglich geschuldeten Erfolg zu erreichen.[109]

Nach § 631 BGB verpflichtet sich der Bauunternehmer „durch den Vertrag" zur Herstellung des versprochenen Bauwerkes. Er muss nach dieser Vorschrift somit alle Leistungen erbringen, welche für die Herstellung des Werkes notwendig sind.

---

107 *Leupertz* in: FS Kapellmann, S. 253; *Leupertz*, BauR 2010, 273.

108 *Motzke*, NZBau 2002, 641, 642.

109 Kapellmann/Messerschmidt/*Kapellmann*, § 2 VOB/B Rn. 26; *Kapellmann/Schiffers* Band 1, Rn. 4, 100, 700, 721.

Das Bauwerk muss die vertraglich vereinbarte Beschaffenheit haben und für die vertraglich vorausgesetzte, sonst für die übliche Verwendung geeignet sein.[110]

Auf der Leistungsebene ist zwischen den vertraglichen Vereinbarungen der Parteien und der Erfolgsverpflichtung des Unternehmers daher nicht zu differenzieren. Dies bringt § 633 Abs. 2 Satz 1 BGB unmissverständlich zum Ausdruck. Nach werkvertragsrechtlichen Grundsätzen schuldet der Bauunternehmer somit nicht nur die Herstellung der vertraglich vereinbarten Bestellervorgaben, sondern er ist aufgrund der dem Werkvertragsrecht immanenten Erfolgshaftung stets auch verpflichtet, den Bauerfolg herbeizuführen.[111] Im Hinblick auf die durch § 633 Abs. 2 BGB konkretisierte Erfolgsverpflichtung stellt sich die Frage, ob Funktionen, welche das Werk entweder nach dem Vertrag oder gewöhnlich erfüllen sollen, unabhängig von den womöglich detaillierten Vereinbarungen der Beschaffenheit durch die Parteien im Einzelnen zu gewährleisten sind. Sollte diese Frage bejaht werden, ist darüber hinaus zu untersuchen, ob auf der Vergütungsebene zwischen den vertraglichen Vereinbarungen und der Erfolgsverpflichtung des Unternehmers zu trennen ist, da sich die Vergütung des Werkunternehmers an der konkreten vertraglichen Bestimmung der Parteien orientiert und in der Regel nicht darüber hinausgeht.

b) Die Erfolgsverpflichtung des Werkunternehmers

Nach werkvertragsrechtlichen Grundsätzen schuldet der Bauunternehmer nicht nur die (mangelfreie) Herstellung der vertraglich vereinbarten Bestellervorgaben, sondern er ist aufgrund der dem Bauvertragsrecht immanenten Erfolgshaftung darüber hinaus auch verpflichtet, den (vertraglich) geschuldeten Bauerfolg herbeizuführen.[112] Der vom Unternehmer geschuldete Erfolg besteht abstrakt in der mangelfreien (§ 633 BGB) und rechtzeitigen (§§ 271, 286 BGB) Herstellung des vereinbarten Werkes. Der Unternehmer muss zum vereinbarten Zeitpunkt ein Werk (einen Erfolg) erschaffen haben, welches(r) bei Vertragsschluss noch nicht vorhanden war. Diese Erfolgsbezogenheit ist für den Werkvertrag kennzeichnend und bestimmt entscheidend den vom Unternehmer geschuldeten Leistungsumfang.

Im Folgenden ist daher zu untersuchen, ob der Unternehmer grundsätzlich auch verpflichtet ist, solche Leistungen zu erbringen, welche er bei der Erstellung des Leistungsverzeichnisses nicht berücksichtigt hat, wenn diese für das Erreichen des geschuldeten Erfolges unabdingbar sind. Er kann sich in diesen Fällen nicht auf eine wirtschaftliche Unmöglichkeit nach § 275 Abs. 2 BGB berufen, da die werkvertragstypische Erfolgshaftung bereits „in der Natur des Schuldverhältnisses" berücksichtigt werden muss. Eine entsprechende Regelung findet sich in § 635 Abs. 3 BGB, welcher

---

110 Messerschmidt/Voit/*Leupertz*, K Rn. 8.

111 Vgl. 1 Teil I. 6. a).

112 Vgl. PWW/*Halfmeier/Leupertz*, § 631 BGB Rn. 1; MüKoBGB/*Busche*, § 631 BGB Rn. 1; Kniffka/*Jansen/von Rintelen*, § 631 BGB Rn. 162 ff.; Staudinger/*Peters/Jacoby*, § 631 BGB Rn. 2 ff.

nach seinem Wortlaut jedoch lediglich die Fälle nach dem Gefahrübergang erfasst. Das Bauwerk ist daher mangelhaft, wenn der geschuldete Erfolg nicht eingetreten ist.

Der Bauvertrag, als Ausprägung eines Werkvertrages,[113] erschöpft sich daher nicht im reinen Austausch der vertraglich vereinbarten Leistung und der hierfür bestimmten Gegenleistung. Vielmehr steht bei einem Bauvertrag die Erfolgsverpflichtung des Unternehmers im Vordergrund. Charakteristisch für die Erfolgsbezogenheit des Bauvertrages ist die schöpferische Leistung des Unternehmers während der Bauausführungsphase. Der Unternehmer muss ein Werk errichten, welches bei Abschluss des zwischen den Parteien geschlossenen Vertrages noch nicht in natura vorhanden war, sondern von dem es lediglich Ideen bzw. möglicherweise schon Planvorgaben gab.

Durch die Erfolgsbezogenheit unterscheidet sich der Werkvertrag von anderen Vertragstypen, bei denen allein das „Tätigsein" als solches geschuldet wird.[114] Fraglich in diesem Zusammenhang ist, ob die Funktionstauglichkeit des Bauwerkes stets als Teil der Erfolgsverpflichtung des Werkunternehmer angesehen werden muss, oder ob der Unternehmer seiner Verpflichtung gegenüber dem Besteller auch genüge getan hat, wenn er die Vorgaben des Bestellers lediglich abarbeitet, unabhängig davon, ob durch die Vorgaben und Anweisungen des Bestellers ein funktionstaugliches Werk errichtet werden kann.

c) Die Funktionstauglichkeit des Bauwerks

Nach Ansicht des Bundesgerichtshofes soll bei der Beantwortung der Frage, worin der geschuldete Erfolg des Bauunternehmers bestehen soll, der Funktion, welche das Werk nach dem Willen der Parteien haben soll, eine entscheidende Bedeutung zu kommen und diese stets als Teil der Erfolgsverpflichtung des Unternehmers berücksichtigt werden müssen, unabhängig davon, ob sie vertraglich vereinbart war.[115]

Stellt man die Funktionstauglichkeit des Werkes in den Mittelpunkt der Beantwortung der Frage, welche Leistung der Unternehmer schuldet, sind alle Leistungen, die zum Erreichen der Funktionstauglichkeit des Bauwerks notwendig sind – auch wenn sie im Vertrag nicht ausdrücklich beschrieben und/oder vereinbart worden sind – automatisch Gegenstand der Leistungsverpflichtung des Bauunternehmers.

Im Folgenden ist daher zu untersuchen, welche Folgen sich ergeben, wenn die Parteien eine ausdrückliche Beschaffenheitsvereinbarung getroffen haben und der Unternehmer verpflichtet war, genau diese Vorgaben des Werkbestellers umzusetzen. In einem ersten Schritt ist daher zunächst zu prüfen, ob die zwischen den Parteien getroffene Beschaffenheitsvereinbarung automatisch entkräftet werden kann, nur weil durch diese Vereinbarung ein funktionstaugliches Werk nicht entstehen

113 Vgl. 1. Teil I. 6.

114 Mot II 456; 471; *Haerendel*, S. 14; MüKoBGB/*Busche*, § 631 BGB Rn. 1; Staudinger/*Peters/Jacoby*, Vorbem zu §§ 631 ff. BGB Rn. 26; Erman/*Schwenker*, Vor § 631–651 BGB Rn. 8.

115 Grundlegend: BGH, Urteil vom 08.11.2007 –VII ZR 183/05, NJW 2008, 511.

kann. Es ist in diesem Zusammenhang zu fragen, ob die Funktionalität des Bauwerkes stets als Teil der Erfolgsverpflichtung des Unternehmers anzusehen ist und zwar auch in Fällen, wenn eine derartige Erwartung zwischen dem Unternehmer und dem Besteller gerade nicht vereinbart wurde oder sie den vertraglichen Vereinbarungen widerspricht. Im nächsten Schritt ist zu fragen, woraus sich ein Anspruch des Bestellers auf eine funktionstaugliche Leistung begründen kann und falls solch ein Anspruch überhaupt bestehen sollte, muss untersucht werden, ob der Unternehmer vom Besteller hierfür eine gesonderte Vergütung verlangen kann.

2. Die Anknüpfungspunkte der Bestimmung des geschuldeten Leistungsumfangs des Bauunternehmers und der Erwartung des Bestellers

a) Erster Anknüpfungspunkt: Die vertraglichen Vereinbarungen zwischen den Parteien

Erster Anknüpfungspunkt für die Bestimmung des Umfanges von Leistung und Gegenleistung sind zunächst die vertraglichen Vereinbarungen, welche die Parteien miteinander getroffen haben.[116]

Der Besteller und der Unternehmer müssen festlegen, worin das vertraglich geschuldete Synallagma bestehen soll, indem sie den notwendigen Inhalt des Vertrages bestimmen.[117] Sie sind bei Abschluss des Bauvertrages nur verpflichtet, die essentialia negotii und somit lediglich einen abstrakten Vertragsgegenstand festzuhalten.[118] Darüber hinausgehende Anforderungen an den Inhalt der Leistungspflicht stellt das Werkvertragsrecht grundsätzlich nicht.[119] Dies kann dazu führen, dass die vom Unternehmer zu erbringenden Leistungen, welche dieser schuldet, um das geschuldete Werk verwirklichen zu können, nicht in der zwischen den Parteien getroffenen vertraglichen Vereinbarung umschrieben und bepreist sind. Die Vereinbarungen sind somit oftmals unvollständig, da Bauverträge auf Grund ihrer

116 *Leupertz*, BauR 2010, 273; *Leupertz* in: FS Kapellmann, S. 253, 254; Messerschmidt/Voit/*von Rintelen*, H Rn. 2; Staudinger/*Peters/Jacoby*, § 633 BGB Rn. 7, 168; PWW/*Halfmeier/Leupertz*, § 631 BGB Rn. 1; Glöckner/von Berg/*Vogelheim*, § 631 BGB Rn. 21.

117 *Leupertz* in: FS Kapellmann, S. 253; *Leupertz*, BauR 2010, 273 f.

118 PWW/*Halfmeier/Leupertz*, § 631 BGB Rn. 3; *Leupertz*, BauR 2010, 273, 274; MüKoBGB/*Busche*, § 631 BGB Rn. 64; vgl. BGH, Urteil vom 27.06.1996 – VII ZR 59/95, NJW 1997, 61.

119 Im Einzelfall kann allerdings eine unzureichende Leistungsbeschreibung den Besteller wegen Verschulden bei Vertragsschluss zum Schadensersatz verpflichten; vgl. MüKoBGB/*Busche*, § 631 Rn. 64; BGH, Urteil vom 16.11.1967 – III ZR 12/67, NJW 1968, 547; BGH, Urteil vom 26.03.1981 – VII ZR 185/80, NJW 1981, 1673.

Struktur[120] nicht selten Lücken und andere Unwägbarkeiten aufweisen,[121] welche im Laufe der Bauerrichtungsphase von den Beteiligten beseitigt werden müssen.

Im Bauvertragsrecht spielt für die Festlegung des geschuldeten Leistungsumfanges der Vertragsparteien vor allem die Leistungsbeschreibung[122] eine zentrale Rolle. Die Leistungsbeschreibung kann vom Besteller, vom Unternehmer oder von den Parteien gemeinsam erstellt werden und hinsichtlich der darin enthaltenen Vorgaben unterschiedlich detailliert ausgestaltet werden. In der Praxis stammt die Leistungsbeschreibung in der Regel vom Besteller beziehungsweise wurde von dessen Architekten erstellt.[123]

b) Zweiter Anknüpfungspunkt: Die Vorschriften der §§ 631, 633 BGB

Der Bauvertrag unterfällt aufgrund seiner Struktur dem Werkvertragsrecht.[124] Zweiter Anknüpfungspunkt für die Beantwortung der Frage, welche Leistung der Unternehmer schuldet und welche Erwartung der Besteller an den Umfang der geschuldeten Leistung haben kann, sind daher die Vorschriften der §§ 631, 633 BGB.

Die in § 631 Abs. 1 BGB normierte Leistungspflicht des Unternehmers wird durch die Vorschrift des § 633 Abs. 1 BGB dahingehend konkretisiert, dass der Unternehmer dem Besteller das Werk frei von Sach- und Rechtsmängeln zu verschaffen hat.[125]

Wie bereits dargelegt, kommt für die Bestimmung der geschuldeten Leistung zunächst der Leistungsbeschreibung eine wesentliche Bedeutung zu. Der Maßstab, anhand der die Mangelfreiheit des Werkes zu beurteilen ist, wird daher in erster Linie durch die Vorschrift über die Werkbeschaffenheit in § 633 Abs. 2 BGB näher bestimmt.[126] Das Gesetz stellt in § 633 Abs. 2 Satz 1 BGB vorrangig auf die von den Parteien getroffene Beschaffenheit ab.

Wurde eine Beschaffenheitsvereinbarung zwischen den Parteien nicht getroffen, so muss sich das Werk zu der nach dem Vertrag vorausgesetzten Verwendung eignen, ansonsten stellt der Gesetzgeber auf die Eignung zur gewöhnlichen Verwendung ab (§ 633 Abs. 2 S. 2 Nr. 1 und 2 BGB).

Auf Grund der weitreichenden Vorgaben in § 633 Abs. 2 BGB genügt daher grundsätzlich eine sehr abstrakte Beschreibung der vom Unternehmer zu erbringenden Leistung, um den Inhalt des Bauvertrages und somit den geschuldeten Werkerfolg des Unternehmers näher zu bestimmen und zu konkretisieren.

---

120 Vgl. 1. Teil I. 8.
121 Messerschmidt/Voit/*von Rintelen*, H Rn. 12.
122 Vgl. 2. Teil III. 1. a).
123 Vgl. 2. Teil III. 1. a) aa).
124 Vgl. 1. Teil I. 6.
125 Messerschmidt/Voit/*von Rintelen*, H Rn. 3.
126 MüKoBGB/*Busche*, § 633 BGB Rn. 4; Kniffka/*Kniffka*, § 633 BGB Rn. 1.

Die Mangelfreiheit des Werkes und das Vorhandensein der zugesicherten Beschaffenheit gehören zum Inhalt des Leistungsumfanges des Werkunternehmers und prägen seine Erfolgsverpflichtung und damit die Erwartung des Bestellers.[127]

3. Die Folgen der Erfolgsverpflichtung des Bauunternehmers

Die Erfolgsverpflichtung des Bauunternehmers kollidiert oftmals mit den im Rahmen der Leistungsbeschreibung gemachten Vorgaben des Bestellers, auf welchem Weg und in welcher Art und Weise der Bauunternehmer den erstrebten Werkerfolg zu erreichen hat.[128] Es stellt sich daher die Frage, welche Konsequenzen sich ergeben können, wenn der werkvertraglich geschuldete Bauerfolg bei vollständiger Umsetzung der vertraglichen Vorgaben des Bestellers nicht erreicht werden kann und in welcher Art und Weise dieses Spannungsverhältnis aufgelöst werden muss.

Um seiner werkvertraglichen Erfolgsverpflichtung nachzukommen, muss der Unternehmer grundsätzlich alle Leistungen erbringen, die nach den Regelungen des Vertrages unter Berücksichtigung der Vorgaben und schutzwürdigen Erwartungen des Bestellers zur mangelfreien Herstellung des Werkes erforderlich sind. Es ist somit zu berücksichtigen, dass die Erfolgsverpflichtung des Unternehmers und damit der Umfang und die Grenzen seiner Leistungspflicht und seiner Mangelverantwortung so weit reichen wie seine vertragliche Leistungsaufgabe, welche durch Auslegung aller dem Vertrag zu Grunde liegenden textlichen und zeichnerischen Leistungsvorgaben zu ermitteln ist.[129]

Die Folgen der Erfolgsverpflichtung des Bauunternehmers sind weitreichend. Der Bauvertrag enthält im Hinblick auf den geschuldeten Erfolg Garantieelemente.[130] Der Unternehmer hat aus diesem Grund verschuldensunabhängig für den von ihm zu erbringenden Erfolg einzustehen.[131] Er ist daher zunächst grundsätzlich verpflichtet, alle notwendigen Leistungen zu erbringen, welche für das Erreichen des Werkerfolges erforderlich sind.[132]

Der Leistungsgegenstand und die Erfolgshaftung sind beim Werkvertrag folglich unlösbar miteinander verbunden, da der Bezugspunkt der Erfolgshaftung sich nach dem Gegenstand der Leistungspflicht richtet. Dies bedeutet, dass sich der im Rahmen des Werkvertrages geschuldete Erfolg aus den zwischen den Parteien getroffenen vertraglichen Vereinbarungen ergeben muss, wobei Bestandteil des

---

127 *Nicklisch* in: FS Bosch, S. 731.

128 Vgl. PWW/*Halfmeier/Leupertz*, § 631 BGB Rn. 1.

129 *Sass*, NZBau 2013, 132; *Motzke*, NZBau 2002, 641, 642; *Kapellmann*, NJW 2005, 182, 186; *Markus* in: FS Kapellmann, S. 291, 293 f.

130 *Nicklisch/Weick* in: Nicklisch/Weick, vor § 4 VOB/B Rn. 1.

131 Kleine-Möller/Merl/Glöckner/*Kleine-Möller*, § 2 Rn. 16; *Nicklisch/Weick* in: Nicklisch/Weick, vor § 4 VOB/B Rn. 1; *Fuchs*, Jahrbuch Baurecht 2009, S. 43, 44.

132 Vgl. Palandt/*Sprau*, § 633 Rn. 5; Kniffka/*Jansen/von Rintelen*, § 631 Rn. 162 ff.

geschuldeten Erfolges die mangelfreie Herstellung der vereinbarten Werkleistung ist.[133]

In einem ersten Schritt ist daher zunächst der vertraglich geschuldete Werkerfolg des Unternehmers näher zu bestimmen und dann die Frage zu beantworten, wann ein Werk vom Bauunternehmer mangelhaft errichtet wurde. In einem zweiten Schritt ist der Frage nachzugehen, welche Vertragspartei die Risiken trägt, wenn der geschuldete Werkerfolg mit den vertraglichen Vereinbarungen der Parteien nicht erreicht werden kann und welche Vergütung der Unternehmer für die erbrachte, beziehungsweise zwingend zu erbringenden zusätzlichen Leistungen erhält.

II. Die Erfolgserwartung des Bestellers

1. Die vertraglichen Vereinbarungen der Parteien als Grundlage der Erfolgserwartung des Bestsellers

a) Die Leistungspflicht des Unternehmers

Der Unternehmer ist im Rahmen eines Bauvertrages verpflichtet, eine Bauleistung zu erbringen.[134] Der Begriff der Bauleistung wird in § 1 VOB/A legal definiert als „Arbeit jeder Art, durch die eine bauliche Anlage hergestellt, instand gehalten, geändert oder beseitigt wird, unabhängig davon, ob sie mit oder ohne Lieferung von Stoffen und Bauteilen einhergehen". Worin der konkret geschuldete Erfolg, welchen der Unternehmer erreichen muss, bestehen soll, müssen die Parteien im Rahmen des zwischen ihnen geschlossenen Vertrages selbstständig festlegen.[135] Die Parteien sind somit zunächst verpflichtet, die wechselseitigen vertraglichen Leistungspflichten, mithin den gewünschten Erfolg, festzulegen und im Rahmen des zwischen ihnen geschlossenen Bauvertrags zu konkretisieren.[136]

Um die Herbeiführung des gewünschten Erfolges erreichen zu können, sind die Parteien daher verantwortlich, im Rahmen des zwischen ihnen geschlossenen Bauvertrages Art und Umfang des herzustellenden Werkes und die hierfür zu entrichtende Vergütung individuell festzulegen und zu bestimmen.

Die Privatautonomie gestattet es den Vertragsparteien, den geschuldeten Leistungsinhalt nach ihren Vorstellungen und Wünschen hin auszuformen.[137] Es steht den Parteien frei, die vom Unternehmer geschuldete Leistung und die hierfür vom

133 *Haerendel*, S. 14; Kniffka/*Kniffka*, § 633 BGB Rn. 1.

134 Vgl. MüKoBGB/*Busche*, § 631 BGB Rn. 114; Staudinger/*Peters/Jacoby*, Vorbem zu §§ 631 ff. Rn. 81.

135 PWW/*Halfmeier/Leupertz*, § 631 BGB Rn. 1; Glöckner/von Berg/*Vogelheim*, § 631 BGB Rn. 21; *Leupertz*, BauR 2010, 273; *Leupertz* in: FS Kapellmann, S. 253, 254; Messerschmidt/Voit/*von Rintelen*, H Rn. 2; Staudinger/*Peters/Jacoby*, § 633 BGB Rn. 7, 168.

136 *Leupertz*, BauR 2010, 273, 273.

137 Vgl. *Leupertz* in: FS Kapellmann, S. 253; Bamberger/Roth/*Voit*, § 631 BGB Rn. 32.

Besteller zu entrichtende Vergütung in den Grenzen der §§ 134, 138 BGB eigenständig festzulegen.[138]

Die bei einem Werkvertrag konkret zu erbringende Leistungspflicht des Unternehmers wird vom Gesetzgeber inhaltlich nicht festgelegt, sondern in der Vorschrift des § 631 Abs. 1 BGB vorausgesetzt.[139] Nach den Vorschriften der §§ 631 Abs. 1, 633 BGB verpflichtet sich der Unternehmer, das versprochene Bauwerk frei von Sach- und Rechtsmängeln herzustellen. Dieser zu erreichende Erfolg charakterisiert den Bauvertrag und bestimmt entscheidend den vom Unternehmer geschuldeten Leistungsumfang.

Auf der Leistungsseite ist daher zunächst festzustellen, welche vertraglichen Vereinbarungen dem Bauvertrag zugrunde liegen, da sich der Gegenstand der Leistungspflicht und damit der Bezugspunkt der verschuldensunabhängigen Erfolgsbewirkungspflicht des Unternehmers grundsätzlich aus den vertraglichen Vereinbarungen der Parteien ergeben muss.

b) Die Leistungsbeschreibung der Parteien als Grundlage der Erfolgserwartung des Bestellers

Für die Beantwortung der Frage, welche Leistungen der Unternehmer zu welchem Preis schuldet, spielt die Leistungsbeschreibung, welche Grundlage des Vertrages ist, eine zentrale Rolle. Sie ist Dreh- und Angelpunkt jedes Nachtrages und jedes Begehrens nach „zusätzlicher" Vergütung durch den Unternehmer.[140]

aa) Grundsätzliches zur Leistungsbeschreibung

Als Leistungsbeschreibung wird die Gesamtheit aller vertraglichen Unterlagen, welche Art und Umfang der zu erbringenden Bauleistungen festlegen, bezeichnet.[141] Die Parteien können dem Vertrag eine detaillierte oder eine funktionale Leistungsbeschreibung zu Grunde legen. Die Leistungsbeschreibung ist das Kernstück des Bauvertrages[142] und stellt das vertragsrechtliche Instrument für die Bestimmung der geschuldeten Bauleistungen dar. Sie ist somit die Grundlage der vom Unternehmer geschuldeten Leistung.[143]

---

138 MüKoBGB/*Busche*, § 631 BGB Rn. 64.

139 Messerschmidt/Voit/*von Rintelen*, H Rn. 1.

140 *Steffen*, BauR 2011, 579.

141 Messerschmidt/Voit/*von Rintelen*, H Rn. 4; Kapellmann/Messerschmidt/*von Rintelen* § 1 VOB/B Rn. 51; Kleine-Möller/Merl/Glöckner/*Eichberger/Kleine-Möller* § 9 Rn. 33.

142 Messerschmidt/Voit/*Leupertz*, K Rn. 12; *Vygen/Jousen* Rn. 823.

143 *Vygen/Joussen*, Rn. 824 ff.

Für die Ermittlung der gegenseitigen Leistungspflichten ist die Leistungsbeschreibung in ihrer Gesamtheit maßgeblich.[144] Es ist auf alle zum Vertragsgegenstand gehörenden Unterlagen abzustellen, welche auf Grund des Totalitätsprinzips grundsätzlich gleichrangig nebeneinander stehen.[145] Widersprüche und Unklarheiten im Rahmen der Leistungsbeschreibung sind durch Auslegung des gesamten Vertrages nach §§ 133, 157 BGB zu beseitigen und gehen, wenn sich Unklarheiten ergeben, welche nicht durch Auslegung zu beseitigen sind, zu Lasten des die Leistungsbeschreibung stellenden Vertragspartners.[146]

Durch die Leistungsbeschreibung, welche die auszuführenden Leistungen eindeutig und erschöpfend erfassen soll, werden der Leistungsumfang und die Leistungspflicht des Unternehmers und des Bestellers konkretisiert.[147] In ihr sollen die Parteien festlegen, welche Leistungen der Unternehmer erbringen muss, um das geschuldete Werk herstellen zu können und welche Vergütung er für seine erbrachte Leistung vom Besteller erhält.

An die Konkretisierung des Leistungsumfanges und der Leistungspflicht des Unternehmers werden im Rahmen der Leistungsbeschreibung keine bestimmten Voraussetzungen geknüpft, diese können von den Parteien in der Praxis grundsätzlich abstrakt beschrieben werden.[148]

bb) Die Gestaltung der Leistungsbeschreibung

Grundsätzlich kommen im Bauvertragsrecht auf der Leistungsseite zwei gegensätzliche Ausprägungen der Vertragsgestaltung in Betracht:

Die geschuldete Leistung des Unternehmers kann als ein zu erreichendes Ziel definiert werden, wobei es dem Unternehmer überlassen bleibt, wie er dieses Ziel erreicht (funktionale Leistungsbeschreibung),[149] oder es können durch den Besteller detaillierte Vorgaben für die Erreichung des Ziels vorgegeben werden (detaillierte Leistungsbeschreibung).[150]

Zwischen diesen beiden Vertragsgestaltungspolen gibt es in der Praxis zahlreiche Abstufungen von durch den Besteller gemachten Vorgaben und Anweisungen, welche der Unternehmer auf dem Weg zur Herstellung des geschuldeten Werkes berücksichtigen muss.

---

144 Messerschmidt/Voit/*Leupertz*, K. Rn. 10; BGH, Urteil vom 27.07.2006 – VII ZR 202/04, NJW 2006, 3413; BGH, Urteil vom 28.02.2002 – VII ZR 376/00, NZBau 2002, 324; BGH, Urteil vom 11.03.1999 – VII ZR 179/08, NJW 1999, 2432.

145 Kapellmann/Messerschmidt/*Kapellmann*, § 2 VOB/B Rn. 26, 64.

146 Messerschmidt/Voit/*Leupertz*, K Rn. 10; Kapellmann/Messerschmidt/*Kapellmann*, § 2 VOB/B Rn. 123; *Markus*, Jahrbuch Baurecht 2004, S. 1, 17 f.

147 *Locher*, Rn. 28.

148 Bamberger/Roth/*Voit*, § 631 BGB Rn. 32; MüKoBGB/*Busche*, § 631 BGB Rn. 64; Staudinger/*Peters/Jacoby*, § 631 BGB Rn. 7 hält eine „Zielbeschreibung" für nicht notwendig.

149 Vgl. 2. Teil III. 1. a) bb) (1).

150 Vgl. 2. Teil III. 1. a) bb) (2).

Beiden Arten der Vertragsgestaltung ist gemein, dass die vertraglich festgelegten Leistungen durch den Unternehmer mangelfrei[151] und entsprechend den Regeln der Technik[152] erbracht werden müssen, um den geschuldeten Erfolg überhaupt bewirken zu können. Der Unternehmer ist im Rahmen der Ausführung seiner Leistung persönlich unabhängig und hinsichtlich Ort, Zeit und Ausführung seiner Tätigkeit frei.[153] Bei Nichterreichung des geschuldeten Erfolges stehen dem Besteller die werkvertraglichen Mängelansprüche gegenüber dem Unternehmer zu. Denn die Erfolgsverpflichtung des Unternehmers korrespondiert unmittelbar mit den Mängelansprüchen des Bestellers.[154]

(1) Die funktionale Leistungsbeschreibung

Der Besteller muss, soll dem Vertrag eine funktionale Leistungsbeschreibung zu Grunde liegen, lediglich Angaben machen, welcher Zweck der fertigen Leistung innewohnen soll und welche technischen, wirtschaftlichen, gestalterischen und funktionsbedingten Anforderungen an das zu errichtende Werk zu stellen sind.[155] Die funktionale Leistungsbeschreibung ist in der Praxis des Bauvertrages zwar selten geworden. Sie entspricht aber durchaus dem werkvertraglichen Leitbild.

Angaben und Vorgaben, welche konkreten Leistungen erbracht werden müssen, um den geschuldeten Werkerfolg zu erreichen, muss der Besteller bei einer funktionalen Leistungsbeschreibung nicht machen. Der Unternehmer ist in dieser Situation verpflichtet, die funktionalen Vorgaben des Bestellers planerisch umzusetzen und kann selbstständig entscheiden, welche konkreten Leistungen für die Verwirklichung des Werkerfolges ausgeführt werden müssen. Er übernimmt die Planungsverantwortung für Art und Umfang der zur Erreichung des funktional beschriebenen Leistungserfolges erforderlichen Leistungsschritte. Der Unternehmer erstellt in der Regel einen Entwurf nebst Erläuterung und Darstellung der Bauausführung sowie der kompletten weiteren Detailplanung.

Bei einer funktionalen Bauausschreibung obliegt es dem Unternehmer die Zielvorgaben des Bestellers planerisch umzusetzen und zu realisieren.[156] In welcher Art und Weise der vertraglich vereinbarte Erfolg erreicht wird, bleibt also bei der funktionalen Bauausschreibung dem Unternehmer überlassen. Der Unternehmer ist

151 MüKoBGB/*Busche*, § 631 BGB Rn. 58; Messerschmidt/Voit/*von Rintelen*, § 631 BGB Rn. 78; PWW/*Leupertz/Halfmeier*, § 631 BGB Rn. 22; Staudinger/*Peters/Jacoby*, § 631 BGB Rn. 43.

152 Kniffka/*Kniffka*, § 633 BGB Rn. 29; Messerschmidt/Voit/*Drossart*, § 633 BGB Rn. 31; BGH, Urteil vom 14.05.1998 – VII ZR 184/97, NJW 1998, 2814; BGH, Urteil vom 04.06.2009 – VII ZR 54/07, NJW 2009, 2439.

153 BGH, Urteil vom 25.06.2002 – X ZR 83/00, NJW 2002, 3317, 3318.

154 *Bolz*, Jahrbuch Baurecht 2011, S. 107, 109; *Früh*, BauR 1992, 160; *Thode/Quack*, Rn. 38; OLG Hamm, Urteil vom 29.05.2007 – 21 U 73/06, BauR 2008, 1152, 1154.

155 *Leupertz*, BauR 2010, 273, 274.

156 *Leupertz*, BauR 2010, 273, 274.

bei einer funktionalen Vertragsgestaltung für die Umsetzung und Realisierung der funktionalen Vorgaben des Bestellers verantwortlich, indem er in dieser Vertragskonstellation die Bauausführung selbst plant und seine Ausführungsleistung entsprechend dieser Planung erbringt. Er entscheidet, welche Leistungen im Einzelnen erbracht werden müssen, um den Werkerfolg zu verwirklichen. Dem Besteller steht gegenüber dem Unternehmer in dieser Situation grundsätzlich kein Weisungsrecht zu, daher kann der Unternehmer im Rahmen seiner Dispositionsbefugnis bestimmen, welche konkreten Leistungen er erbringen muss, um das Bauziel zu erreichen.

Bei einer funktionalen Leistungsbeschreibung wird der vom Unternehmer nach § 631 Abs. 1 BGB geschuldete Erfolg nicht durch die einzelnen Teilleistungen und Arbeitsschritte festgelegt, sondern ausschließlich über das Bauziel bzw. das Bauergebnis definiert.[157] Auf die einzelnen Teilleistungen und Arbeitsschritte, welche der Werkunternehmer für die Erreichung des Bauzieles erbringen muss, kommt es nach dem Willen der Parteien gerade nicht an.

Die funktionale Bauausschreibung entspricht dem gesetzlichen Leitbild des Werkvertragsrechts in § 631 Abs. 1 BGB.[158] Nach den Grundprinzipien des Werkvertragsrechts muss der Unternehmer nämlich die von ihm zu erbringenden Leistungen sowohl planen als auch ausführen.[159] Die Erstellung einer funktionalen Leistungsbeschreibung ist in der baulichen Praxis dennoch die Ausnahme, da der Besteller in der Regel Art und Umfang der vom Unternehmer zu erbringenden Leistung nicht aus der Hand geben will. Die funktionale Leistungsbeschreibung erschwert die Vergleichbarkeit von Angeboten vor der Auftragsvergabe. Dieselbe Funktion lässt sich bekanntlich mit ganz unterschiedlich aufwendigen und/oder werthaltigen Lösungen bewirken. In der Regel will der Besteller selbst bestimmen, welche einzelnen Leistungsschritte der Unternehmer erbringen muss, um die Qualität des Bauwerkes zu sichern. Aus diesen Gründen erstellt regelmäßig der Besteller, beziehungsweise ein von ihm beauftragter Architekt, eine detaillierte Leistungsbeschreibung mit einem Leistungsverzeichnis, um die Leistungspflicht des Unternehmers zu beschreiben und zu konkretisieren.

Hat der Unternehmer falsch geplant, so dass der geschuldete Werkerfolg nicht eingetreten ist, ist er dennoch verpflichtet, den vereinbarten Erfolg zu bewirken. Fehler und etwaige zusätzlich zu erbringenden Aufwendungen, welche sich aus einer mangelhaften Planung ergeben, gehen zu seinen Lasten und er ist verpflichtet, hierfür einzustehen.

(2) Die detaillierte Leistungsbeschreibung

Wie bereits ausgeführt, stammt in der Praxis die Planung zumeist vom Besteller oder dessen Architekten.[160] Sie erstellen eine detaillierte Leistungsbeschreibung in

157 *Leupertz*, BauR 2010, 273, 274.

158 Vgl. *Fuchs*, BauR 2009, 404, 406; *Leupertz*, BauR 2010, 273, 274.

159 Vgl. 1. Teil I. 7. b).

160 1. Teil I. 7 b).

Form eines Leistungsverzeichnisses mit konkreten Vorgaben für die Ausführung der Bauleistungen und stellen dieses dem Unternehmer vor Abschluss des Bauvertrages zur Verfügung.[161] Somit sind bei einer detaillierten Leistungsbeschreibung die Leistungsschritte, die zum vertraglich geschuldeten Erfolg führen sollen, konkret beschrieben.[162] Zweck dieser Vorgehensweise ist, dass der Besteller Art und Umfang der vom Unternehmer zu erbringenden Leistung vor allem in Bezug auf die Qualität und die Kosten der Ausführung sowie die Vergleichbarkeit der Angebote selbst bestimmen kann.

Im Rahmen einer detaillierten Leistungsbeschreibung legt der Besteller die zu erbringenden Leistungen fest und gibt dem Unternehmer detaillierte Vorgaben, wie er den Werkerfolg zu erreichen hat. Die Erstellung einer detaillierten Leistungsbeschreibung geschieht meist durch die Vorlage umfangreicher Leistungsverzeichnisse und weiterer Vertragsgrundlagen (Planunterlagen, der Allgemeinen Vorbemerkungen, den Besonderen Vorbemerkungen, den Zusätzlichen Technischen Vertragsbedingungen) durch den Besteller.[163] Der Besteller plant das zu errichtende Werk und der Unternehmer stellt auf der Grundlage der Planung des Bestellers das Werk her. Für öffentliche Ausschreibungen ist diese Art der Leistungsbeschreibung in § 7 Abs. 9 VOB/A sogar als Regelfall vorgesehen. Bei einer detaillierten Leistungsbeschreibung werden die für die Errichtung des Bauwerks erforderlichen Leistungen in produktionstechnische Einzelschritte „zerlegt“ und in ein Leistungsverzeichnis aufgenommen.[164]

Diese Gestaltung weicht vom gesetzlichen Leitbild des Werkvertragsrechts erheblich ab, da die Planung des Werkes und die Ausführung der Leistung nicht in einer Hand liegen und daher auseinanderfallen und sich somit die Zuordnung der Planungsverantwortung vom Unternehmer auf den Besteller verschiebt.

Der Unternehmer muss in dieser Konstellation daher auf dem Weg zum Erfolg die Vorgaben des Bestellers berücksichtigen und ist in seinen Entscheidungen hinsichtlich der Ausführung der von ihm geschuldeten Leistung nicht frei, sondern an die Vorgaben und Weisungen gebunden, welche vom Besteller vorgegeben und zwischen den Parteien vertraglich vereinbart wurden.

Die Vertragsparteien gehen in diesem Fall grundsätzlich davon aus, dass der geschuldete Leistungserfolg durch die der Ausführung zugrunde gelegten Vorgaben des Bestellers erreicht werden wird und darüber hinaus keine weiteren Leistungen des Unternehmers erforderlich sind, um den dem Vertrag zu Grunde liegenden Werkerfolg bewirken zu können.

Es ist daher zu prüfen, was geschieht, wenn dies nicht der Fall ist und durch die Bestellervorgaben der geschuldete funktionale Erfolg nicht erreicht werden kann.

---

161 *Leupertz*, BauR 2010, 273, 275.

162 Werner/Pastor, Rn. 1525; Glöckner/von Berg/*Dören*, § 632 BGB Rn. 52.

163 Vgl. *Steffen*, BauR 2011, 579.

164 Kapellmann/Messerschmidt/*Kapellmann*, § 7 VOB/B Rn. 60; *Bolz*, Jahrbuch Baurecht 2011, S. 107, 120 f.

In diesem Zusammenhang ist zu untersuchen, ob der Unternehmer auf der Leistungsebene verpflichtet ist, etwaige zusätzliche Leistungen zu erbringen.

Ob sich die Erfolgshaftung des Unternehmers in dieser Situation in der Abarbeitung der vertraglich vereinbarten Spezifikationen beschränkt, ist jedoch umstritten. Dies hängt entscheidend mit der Beantwortung der Frage zusammen, ob der Unternehmer stets verpflichtet ist, in dieser Situation ein funktionstaugliches Werk zu erbringen, oder ob sich seine Leistungsverpflichtung lediglich darauf beschränkt, die Bestellervorgaben abzuarbeiten.[165] Dies ist durch Auslegung der vertraglichen Vereinbarungen, welche die Parteien miteinander getroffen haben, zu ermitteln. Es ist daher zu prüfen, ob bei einer derartigen Vertragsgestaltung eine Abstandnahme des Bestellers von seiner Funktionalitätserwartung zu sehen ist. In der Regel wird der Besteller der Vorstellung unterliegen, dass die Abarbeitung der vertraglichen Leistungsvorgaben zu einem funktionstauglichen Bauergebnis führt und der Unternehmer darüber hinaus nicht verpflichtet ist, weitere Leistungen zu erbringen.

Nach Ansicht des Bundesgerichtshofes[166] schuldet der Unternehmer auch bei einer detaillierten Ausschreibung nicht nur die ausgeschriebenen Leistungen, wenn diese zur Erreichung der Funktionalität erforderlich sind, sondern er ist darüber hinaus auch stets verpflichtet, auf der Leistungsseite alle Leistungen zu erbringen, welche erforderlich sind, um den funktionalen Werkerfolg zu erreichen. Die Funktionalitätserwartung des Bestellers wird nach Ansicht des Bundesgerichtshofs nicht dadurch außer Kraft gesetzt, dass der Besteller die Planungsverantwortung an sich zieht und diese entgegen der gesetzlichen Konzeption nicht beim Unternehmer verbleibt.

Wird der geschuldete Leistungsgegenstand detailliert beschrieben, so ist fraglich, ob der Unternehmer vertragsrechtlich nur die zwischen den Parteien konkret vereinbarten Leistungen zu erbringen hat. Dies hätte zur Folge, dass er bei einer detaillierten Leistungsbeschreibung zunächst nur verpflichtet wäre, die einzelnen durch den Besteller vorgegebenen Punkte abzuarbeiten, mit der Konsequenz, dass er darüber hinausgehende Leistungen nicht erbringen muss. In diesem Zusammenhang ist zu untersuchen, ob zwischen dem vertraglich vereinbarten Leistungssoll und dem vertraglich geschuldeten Erfolg zu differenzieren ist. Wie bereits ausgeführt, schuldet der Unternehmer nach §§ 631, 633 BGB die Herstellung eines der vertraglich vereinbarten Beschaffenheit entsprechenden Werkes, andernfalls ist seine Vertragsleistung mangelhaft. Im Folgenden ist daher zu untersuchen, was geschieht, wenn die Erbringung der vereinbarten Leistung, nicht zur Herstellung des geschuldeten Erfolges führen kann.

---

165 Vgl. 2. Teil V. 1.

166 BGH, Urteil vom 17.05.1984 – VII ZR 169/82, NJW 1984, 2457; Urteil vom 16.07.1998 – VII ZR 350/96, BauR 1999, 37.

c) *Zwischenergebnis*

Die Erfolgserwartung des Bestellers und die hieraus resultierende Leistungsverpflichtung des Unternehmers ergeben sich zunächst aus den vertraglichen Vereinbarungen, welche die Parteien miteinander getroffen haben. Die Bestimmung des Leistungsumfanges der Vertragsparteien ist auf Grund der Struktur des Bauvertrages als komplexem Vertrag mit Langzeitcharakter jedoch oftmals nicht ohne weiteres möglich und muss durch Auslegung der vertraglichen Vereinbarungen ermittelt werden, da die Antwort auf die Frage, welche Leistung der Unternehmer zu welchem Preis schuldet, von den vertraglichen Vereinbarungen der Parteien abhängig ist.

2. Die Auslegung der vertraglichen Vereinbarungen zwischen den Parteien als Grundlage der Erfolgserwartung des Bestellers

Die Frage, welche Leistung der Unternehmer aufgrund der vertraglichen Vereinbarungen erbringen muss, hängt davon ab, was Inhalt des Bauvertrages ist. Aus diesem Grund muss zunächst im Wege der Auslegung ermittelt werden, welche Leistung der Unternehmer tatsächlich schuldet.

Aufgabe der Auslegung ist es, den für ihre rechtliche Beurteilung maßgeblichen Sinn einer Willenserklärung zu ermitteln. Die Auslegung der Vereinbarungen zwischen den Parteien hat nach den allgemein gültigen Auslegungsgrundsätzen der Rechtsgeschäftslehre (§§ 157, 133 BGB) zu erfolgen.[167]

a) *Die Auslegung des Vertrages anhand des Wortlautes*

Ausgangspunkt jeder Auslegung ist der Wortlaut der vertraglichen Vereinbarungen, anhand dessen der gemeinsame Parteiwille ermittelt werden soll. Grundlage der Auslegung ist der gesamte Bauvertrag, in welchem die Parteien Art und Umfang des herzustellenden Werkes festlegen, indem sie individuell bestimmen, was und wie zu bauen ist, um den vertraglich geschuldeten Werkerfolg erreichen zu können.[168] Auszugehen ist zunächst vom Wortlaut der Leistungsbeschreibung, unabhängig davon, ob diese individuell verfasst wurde oder in Allgemeinen Geschäftsbedingungen.[169] Wie bereits ausgeführt, können die Parteien die Leistung sowohl detailliert, als auch funktional beschreiben.[170] Dem Wortlaut der Leistungsbeschreibung kommt im BGB-Bauvertrag eine besondere Bedeutung zu.

---

167 *Leupertz*, BauR 2010, 273; *Markus* in: Jahrbuch Baurecht 2004, S. 1, 4, 7 f.; Messerschmidt/Voit/*Leupertz*, K Rn. 9.

168 Messerschmidt/Voit/*Leupertz*, K Rn. 9.

169 BGH, Urteil vom 17.06.2004 – VII ZR 75/03, NZBau 2004, 500.

170 Vgl. 2. Teil II. 1. b) bb).

Das Verständnis des Wortlauts hängt vom Empfängerhorizont ab.[171] Dem Wortlaut kann somit ein unterschiedliches Verständnis zukommen, abhängig davon, wem gegenüber die Erklärung abgegeben wird.[172] Dieser Grundsatz spielt insbesondere bei der Auslegung der Leistungsbeschreibung eine große Rolle. Leistungsbeschreibungen enthalten in der Regel technisch geprägte Texte, welche für technische Fachleute formuliert wurden.[173] Bei der Auslegung von Leistungsbeschreibung ist somit das allgemeinsprachliche Verständnis der Aussagen jedenfalls dann nicht von Bedeutung, wenn die verwendete Formulierung von den angesprochenen Fachleuten in einem spezifizierten technischen Sinn verstanden wird oder wenn für bestimmte Aussagen Bezeichnungen verwendet werden, die in den maßgeblichen Fachkreisen verkehrsüblich sind.[174]

b) Die Auslegung des Vertrages anhand der Umstände des konkreten Einzelfalles

Neben dem Wortlaut sind insbesondere die Umstände des konkreten Einzelfalles im Rahmen der Auslegung von erheblicher Bedeutung.[175] Hierzu zählen die konkreten Verhältnisse des Bauwerkes und sein Umfeld, der technische und qualitative Zuschnitt, der architektonische Anspruch und die Zweckbestimmung des Bauwerkes.[176] Ebenso spielen bei der Auslegung der vertraglichen Vereinbarungen die Verkehrssitte und Treu und Glauben eine wichtige Rolle.[177] Der Unternehmer verspricht üblicherweise bei Vertragsschluss, die allgemein anerkannten Regeln der Technik und die zum Zeitpunkt der Fertigstellung des Werkes bestehenden Qualitäts- und Komfortstandards einzuhalten.[178] Darüber hinaus können die Vertragsparteien auf die Richtigkeit und Vollständigkeit der Vertragsurkunde vertrauen.[179]

---

171 *Kniffka* in Kniffka/Koeble, 5. Teil Rn. 74.

172 BGH, Urteil vom 17.06.2004 – VII ZR 75/03, NZBau 2004, 500.

173 *Kniffka,* ibr-online-Kommentar, Stand 28.07.2015, § 631 BGB Rn. 755.

174 *Kniffka* in Kniffka/Koeble, 5. Teil Rn. 74.

175 *Kniffka* in: Kniffka/Koeble, 5. Teil Rn. 69; BGH, Urteil vom 18.04.2002 – VII ZR 38/01, NZBau 2002, 500; BGH, Urteil vom 11.11.1993 – VII ZR 47/93, NJW 1994, 850; BGH, Urteil vom 28.02.2002 – VII ZR 376/00, NZBau 2002, 324.

176 *Kniffka* in: Kniffka/Koeble, 5. Teil Rn. 77; BGH, Urteil vom 22.04.1993 – VII ZR 118/92, NJW-RR 1993, 1109; BGH, Urteil vom 28.02.2002 – VII ZR 376/00, NZBau 2002, 324; BGH, Urteil vom 16.12.2004 – VII ZR 257/03, NZBau 2005, 216; BGH, Urteil vom 14.06.2007 – VII ZR 45/06, NZBau 2007, 574.

177 Kleine-Möller/Merl/Glöckner/*Eichberger,* § 9 Rn. 9, 10; MüKoBGB/*Busche,* § 157 BGB Rn. 4–25; PWW/*Brinkmann,* § 157 BGB Rn. 3–14; Erman/*Armbrüster,* § 157 BGB Rn. 6–12; Glöckner/von Berg/*Waldner,* § 157 BGB Rn. 2 ff.

178 *Kniffka* in: Kniffka/Koeble, 5. Teil Rn. 78; BGH, Urteil vom 14.05.1998 – VII ZR 184/97, NJW 1998, 2814.

179 BGH, Urteil vom 13.03.2008 – VII ZR 194/06, NZBau 2008, 437; BGH, Urteil vom 05.07.2002 – V ZR 143/01, NJW 2002, 3164.

c) *Der Maßstab der Auslegung des zwischen den Parteien geschlossenen Vertrages*

Sind die Erklärungen der Parteien nicht eindeutig, so ist der wahre Wille der Parteien zu ermitteln, wobei nur der erklärte und nicht der verborgene Wille maßgeblich ist. Die Erklärungen der Vertragsparteien sind daher so auszulegen, wie sie der Empfänger nach Treu und Glauben unter Berücksichtigung der Verkehrssitte verstehen musste.[180] Es ist somit darauf abzustellen, wie ein objektiver Dritter bei vernünftiger Beurteilung der ihm bekannten und erkennbaren Umstände die vom Erklärenden gewählte Ausdrucksformen hätte verstehen können und müssen.[181] Bei der Auslegung dürfen somit nur solche Umstände berücksichtigt werden, die für den objektiven Dritten erkennbar waren.

Maßstab der Auslegung bei Bauverträgen ist der Verständnishorizont aller potentiellen Unternehmer,[182] und zwar aus einer ex-ante Sicht während der Vertragsverhandlungen.[183] Grundsätzlich ist der Abschluss eines Bauvertrages formlos möglich, so ist der übereinstimmende Wille der Vertragsparteien maßgeblich, auch wenn er in dem Vertrag nicht ausdrücklich geregelt wurde.[184] Bei der Auslegung von notariell beurkundeten Bauverträgen können Leistungsangaben nur dann zur Bestimmung des Leistungsinhaltes herangezogen werden, wenn sich in dem notariellen Vertrag ein Anhaltspunkt dafür findet, dass diese Angaben Vertragsinhalt werden sollen.[185]

Widersprüche innerhalb der Vertragsunterlagen müssen unter Berücksichtigung der gesamten Umstände des Einzelfalles aufgelöst werden. Eine Rangfolgenbestimmung kennt der BGB-Bauvertrag im Gegensatz zum VOB/B-Vertrag nicht. Es gilt jedoch der Grundsatz, dass im Zweifel dasjenige gewollt ist, was detailliert beschrieben ist. Es ist in aller Regel davon auszugehen, dass die detaillierte Beschreibung eine allgemeine Beschreibung ersetzen soll.[186]

d) *Die ergänzende Vertragsauslegung*

Oftmals ergibt die Auslegung des Vertrages jedoch kein klares Bild vom geschuldeten Leistungsumfang des Unternehmers, da die Parteien diesen bei Abschluss

---

180 BGH, Urteil vom 05.07.1990 – IX ZR 10/90, NJW 1990, 3206; Urteil vom 12.03.1992 – IX ZR 141/91, NJW 1992, 1446.

181 BGH, Urteil vom 28.07.2005 – III ZR 3/05, NJW 2005, 3636; Urteil vom 20.10.2005 – III ZR 37/05, NJW 2006, 286.

182 BGH, Urteil vom 22.04.1993 – VII ZR 118/92, BauR 1993, 595; BGH, Urteil vom 11.11.1993 – VII ZR 47/93, BauR 1994, 236.

183 Kapellmann/Messerschmidt/*von Rintelen*, § 1 VOB/B Rn. 42; BGH, Urteil vom 22.04.1993 – VII ZR 118/92; NJW-RR 1993, 1109; BGH, Urteil vom 11.11.1993 – VII ZR 47/93, BauR 1994, 236.

184 Kleine-Möller/Merl/Glöckner/*Eichberger*, § 11 Rn. 25.

185 BGH, Urteil vom 17.02.2000 – IX ZR 32/99, NJW 2000, 1569.

186 BGH, Urteil vom 05.12.2002 – VII ZR 342/01, BauR 2003, 38.

des Vertrages noch gar nicht genau festgelegt haben und sich aus der Leistungsbeschreibung erkennbar Lücken und andere Unwägbarkeiten ergeben, welche durch eine Auslegung des Vertrages nicht geschlossen werden können.

In dieser Konstellation kann eine ergänzende Vertragsauslegung in Betracht kommen. Die ergänzende Vertragsauslegung setzt zunächst einen gültigen Vertrag zwischen den Parteien voraus. Die ergänzende Vertragsauslegung setzt weiter voraus, dass der Vertrag eine durch sie zu schließende Regelungslücke enthält.[187] Dies ist der Fall, wenn der Vertrag innerhalb des durch ihn gesteckten Rahmens oder innerhalb der objektiv gewollten Vereinbarung ergänzungsbedürftig ist,[188] weil er eine Bestimmung vermissen lässt, welche erforderlich ist, um den ihm zu Grunde liegenden Regelungsplan zu verwirklichen.[189] Es ist also erforderlich, dass der Vertrag einen offen gebliebenen Punkt enthält, dessen Ergänzung zwingend ist, um einen offensichtlichen Widerspruch zwischen der tatsächlich entstandenen Lage und dem objektiv Vereinbarten zu beseitigen.[190] Es spielt keine Rolle, ob die Regelungslücke bewusst oder unbewusst bestand. Ebenfalls unerheblich ist, ob sie von Anfang an bestanden hat oder sich erst während der Ausführung des Vertrages ergeben hat.[191]

Bestehen erkennbare Lücken in der Leistungsbeschreibung, so ist an diesem Punkt noch keine Einigung zwischen den Parteien erzielt worden mit der Folge, dass der Unternehmer diese Leistung nur gegen eine entsprechende Vergütung erbringen muss.

Fraglich ist, ob die Grundsätze der ergänzenden Vertragsauslegung herangezogen werden können, wenn die Parteien im Rahmen einer detaillierten Leistungsbeschreibung die vom Unternehmer zu erbringenden Leistungen genau festgelegt haben, mit dieser Festlegung der vertraglich geschuldete Erfolg jedoch nicht erreicht werden kann. In diesem Fall stehen die Vereinbarung der Leistungsbeschreibung und die Vereinbarung des geschuldeten Erfolges in einem Spannungsverhältnis zueinander. Dieses Spannungsverhältnis kann auf der Leistungsebene nicht durch eine ergänzende Vertragsauslegung aufgelöst werden, da die für eine ergänzende Vertragsauslegung notwendigen Lücken nicht vorhanden sind. Die von den Parteien „vereinbarten Widersprüche" auf der Leistungsebene lassen keinen Raum für eine ergänzende Auslegung des Vertrages, da die getroffene Vereinbarung nach dem Willen der Parteien abschließend sein sollte.

---

187 BGH, Urteil vom 20.01.1994 – III ZR 143/92, NJW 1994, 1008; Urteil vom 17.04.2000 – VIII ZR 297/01, NJW 2002, 2310; Urteil vom 04.03.2004 – III ZR 96/03, NJW 2004, 1590.

188 BGH, Urteil vom 20.01.1994 – III ZR 143/92, NJW 1994, 1008; Urteil vom 17.04.2000 – VIII ZR 297/01, NJW 2002, 2310; Urteil vom 04.03.2004 – III ZR 96/03, NJW 2004, 1590.

189 BGH, Urteil vom 03.12.2014 – VIII ZR 370/13, BeckRS 2015, 00558.

190 BeckOK/*Wendtland*, § 157 BGB Rn. 35.

191 *Kuffer* in: FS Franke S. 219, 227; BGH, Urteil vom 09.02.1995 – VII ZR 143/93, NJW-RR 1995, 1360.

3. Der Mangelbegriff des Werkvertragsrechts als Grundlage der Erfolgserwartung des Bestellers

Die Erfolgserwartung des Bestellers wird darüber hinaus dadurch geprägt, dass er ein mangelfreies Bauwerk erwartet. Die Beantwortung der Frage, welche Leistung der Unternehmer schuldet, hängt somit eng mit der Reichweite der Definition des werkvertraglichen Mangelbegriffs[192] im Sinne des § 633 Abs. 2 BGB zusammen. Die primäre Bedeutung dieser Vorschrift ist darin zu erkennen, gesetzliche Auslegungsregeln bereit zu stellen, was der Besteller vom geschuldeten Werk erwarten darf.

a) Die gesetzliche Regelung des § 633 Abs. 2 BGB

aa) Die Beschaffenheitsvereinbarung (§ 633 Abs. 2 S. 1 BGB)

Der Regelung des § 633 Abs. 2 Satz 1 BGB liegt ein subjektiver Mangelbegriff zugrunde,[193] indem der Gesetzgeber zuvörderst an die von den Parteien getroffene Beschaffenheitsvereinbarung anknüpft.

Eine Definition des Begriffs der Beschaffenheit nimmt der Gesetzgeber nicht vor. Die Parteien können auf Grund ihrer Privatautonomie grundsätzlich frei vereinbaren, welche Beschaffenheit das geschuldete Werk haben soll.[194]

Die vom Unternehmer geschuldete Beschaffenheit des Werkes ergibt sich zunächst aus dem zwischen den Parteien vereinbarten Vertrag und richtet sich nach der hierin festgelegten Beschreibung der Leistung.[195] Die Beschaffenheitsvereinbarung kann entweder ausdrücklich vertraglich vereinbart worden sein oder sich konkludent aus dem Vertrag ergeben.[196] Im Baubereich kann sich die Beschaffenheitsvereinbarung insbesondere aus der dem Vertrag zu Grunde liegenden Leistungsbeschreibung (Leistungsverzeichnis, Planungsunterlagen etc.) ergeben.[197]

Zur Beschaffenheit einer Bauleistung gehören alle dem Werk unmittelbar für eine gewisse Dauer anhaftenden physischen Bestandteile oder geistige Eigenschaften, sowie die Merkmale, die sich aus der Umweltbeziehung der Bauleistung ergeben, sofern diese nach der Verkehrsanschauung Einfluss auf den Wert oder die

---

192 Vgl. 2. Teil III. 3.

193 Messerschmidt/Voit/*Drossart*, § 633 BGB Rn. 11; Glöckner/von Berg/*Rehbein*, § 633 BGB Rn. 21; Kniffka/*Kniffka*, § 633 BGB Rn. 6; BGH, Urteil vom 08.11.2007 – VII ZR 183/05, NJW 2008, 511.

194 Kniffka/*Kniffka*, § 633 BGB Rn. 8.

195 MüKoBGB/*Busche*, § 633 BGB Rn. 14; Kniffka/*Kniffka*, § 633 BGB Rn. 8 f.; Staudinger/*Peters/Jacoby*, § 633 BGB Rn. 173; PWW/*Halfmeier/Leupertz*, § 633 BGB Rn. 15.

196 Palandt/*Putzo*, § 434 BGB Rn. 17; MüKoBGB/*Busche*, § 633 BGB Rn. 16; Messerschmidt/Voit/*Drossart*, § 633 BGB Rn. 28; Staudinger/*Peters/Jacoby*, § 633 BGB Rn. 173.

197 PWW/*Halfmeier/Leupertz*, § 633 BGB Rn. 16; MüKoBGB/*Busche*, § 633 BGB Rn. 15; *Cuypers*, BauR 1997, 27; *Mundt*, NZBau 2003, 73, 75; *Popescu*, NZBau 2009, 692, 694.

Brauchbarkeit der Bauleistung haben können.[198] Hierunter fallen das Material, die Art und Güte der Verarbeitung, die Konstruktion, die Betriebs- und Wartungskosten, die Belastbarkeit und die Dichtigkeit.[199] Des Weiteren gehören zur Beschaffenheit der Werkleistung Baustoff-, Optik-, Schall-, Wärmeschutz- sowie Maßangaben, überdies die Bedingung, welche bestimmten Produkte oder Hersteller vom Unternehmer zu verwenden sind, ferner die Vorgabe der Werkstoffgüte und der Wohnfläche.[200] Die Vertragsparteien können im Rahmen der Beschaffenheitsvereinbarung auch konkrete Ausführungsmodalitäten vereinbaren, welche vom Unternehmer zwingend eingehalten werden müssen, und ihm die sonst bestehende werkvertragstypische Entscheidungsfreiheit nehmen.[201]

Den Vereinbarungen der Parteien zur Beschaffenheit und zum Verwendungszweck der Leistung kommt „höchste Priorität" zu. Daher ist eine Leistung, welcher vereinbarte Leistungsmerkmale fehlen, selbst dann mangelhaft, wenn sie aus objektiver Sicht der vereinbarten Leistung gleichwertig oder sogar besser ist als diese.[202] Weicht die erbrachte Bauleistung von der vertraglich geschuldeten Leistung ab, so liegt stets ein Mangel des Werkes vor,[203] unabhängig davon, ob dies zu einer Beeinträchtigung des Wertes oder der Gebrauchstauglichkeit des Werkes führt.[204]

Die Regelung in § 633 Abs. 2 Satz 1 BGB setzt eine Minderung des Wertes oder der Gebrauchstauglichkeit im Gegensatz zur Regelung des § 633 a.F. BGB nicht voraus. Nach dem dieser Norm zugrunde liegende subjektive Fehlerbegriff können daher auch unerhebliche Abweichungen vom vertraglich vorausgesetzten Gebrauch, durch welche die Gebrauchstauglichkeit objektiv nicht beeinträchtigt wird, einen Mangel darstellen.[205] Es kommt einzig darauf an, ob die Ist-Beschaffenheit von der vertraglich vereinbarten Soll-Beschaffenheit negativ abweicht. Diese Abweichung ist an Hand objektiver Kriterien festzustellen.

---

198 Messerschmidt/Voit/*Drossart*, § 633 BGB Rn. 19; Bamberger/Roth/*Voit*, § 633 BGB Rn. 4; Staudinger/*Peters/Jacoby*, § 633 BGB Rn. 152 ff.; Erman/*Schwenker*, § 633 BGB Rn. 11.

199 Messerschmidt/Voit/*Drossart*, § 633 BGB Rn. 19.

200 *Lucenti*, NJW 2008, 962; BGH, Urteil vom 04.06.2009 – VII ZR 54/07, NJW 2009, 2439.

201 Kniffka/*Kniffka* § 633 BGB Rn. 8.

202 BGH, Urteil vom 07.03.2002 – VII ZR 1/00, NJW 2002, 3543; BGH, Urteil vom 21.09.2004 – X ZR 244/01, NZBau 2004, 672; Messerschmidt/Voit/*Drossart*, § 633 BGB Rn. 12; Staudinger/*Peters/Jacoby*, § 633 BGB Rn. 173; *Popescu*, NZBau 2009, 692.

203 BGH, Urteil vom 20.04.1989 – VII ZR 80/88, BauR 1989, 462; BGH, Urteil vom 21.09.2004 – X ZR 244/01, NZBau 2004, 672.

204 *Kniffka* in: Kniffka/Koeble (3. Auflage 2008) 6. Teil Rn. 22, 30; Kleine-Möller/Merl/Glöckner/*Merl* § 15 Rn. 167.

205 BGH, Urteil vom 21.09.2004 – X ZR 244/01, BauR 2004, 1941.

bb) Verwendungseignung

Wurde eine besondere Beschaffenheitsvereinbarung zwischen den Parteien nicht getroffen oder lässt sich eine solche durch Auslegung der vertraglichen Vereinbarung nicht ermitteln, kommt es bei der Feststellung der Mangelfreiheit des Werkes subsidiär auf die Verwendungseignung an. Vorrangig ist auf die vertraglich vorausgesetzte Verwendung (§ 633 Abs. 2 S. 2 Nr. 1 BGB), nachrangig auf die gewöhnliche Verwendung des Werkes abzustellen (§ 633 Abs. 2 S. 2 Nr. 2 BGB).

Es ist zu berücksichtigen, dass die Kriterien „gewöhnliche Verwendung" und „übliche Beschaffenheit" nach dem Wortlaut des Gesetzes somit nur subsidiär zur Anwendung kommen sollen und zwar dann, wenn Vereinbarungen der Parteien zur Leistungsbeschaffenheit oder zum Verwendungszweck der Leistung lückenhaft sind oder fehlen.

(1) Vertraglich vorausgesetzte Verwendung (§ 633 Abs. 2 S. 2 Nr. 1 BGB)

In dieser Konstellation haben die Parteien keine Vereinbarung über die Beschaffenheit des Werkes getroffen, sondern sich nur über die Verwendung des Werkes für einen bestimmten Zweck geeinigt. Die Einigung über die vertraglich vorausgesetzte Verwendung des geschuldeten Werkes kann zwischen den Vertragsparteien entweder ausdrücklich oder konkludent erfolgen. Es genügt jedoch nicht, wenn der Besteller einseitige Vorstellungen vom Verwendungszweck des Werkes hat und diese dem Unternehmer nicht mitteilt.[206] Die Parteien müssen gemeinsame Vorstellungen von der Verwendung des Werkes gehabt haben, welche im Zusammenhang mit dem Vertragsschluss zum Ausdruck gebracht worden sind.[207] Bei dem Merkmal der vertraglich vorausgesetzten Verwendung sind die subjektiven Absichten der Parteien über den künftigen Gebrauch des Werks maßgebend. Es kommt wesentlich auf die Funktion des Werkes an.[208] Ein Mangel ist dann zu bejahen, wenn das Werk entgegen der vertraglich vorausgesetzte Verwendungseignung errichtet wurde.

(2) Gewöhnliche Verwendungseignung/Übliche Beschaffenheit (§ 633 Abs. 2 S. 2 Nr. 2 BGB)

Haben die Parteien weder eine Beschaffenheitsvereinbarung miteinander getroffen, noch ist eine von den Vertragsparteien getroffene Zweckbestimmung erkennbar, kommt es auf die Eignung des Werkes für die gewöhnliche Verwendung an.[209] Um die gewöhnliche Verwendungseignung bestimmen zu können, ist ein objektiver

206 Messerschmidt/Voit/*Drossart*, § 633 BGB Rn. 46.

207 MüKoBGB/*Busche*, § 633 BGB Rn. 28; Bamberger/Roth/*Voit*, § 633 BGB Rn. 6.

208 Glöckner/von Berg/*Rehbein*, § 633 BGB Rn. 47.

209 MüKoBGB/*Busche*, § 633 BGB Rn. 29; Messerschmidt/Voit/*Drossart*, § 633 BGB Rn. 47; Kniffka/*Kniffka*, § 633 BGB Rn. 19 ff.; Bamberger/Roth/*Voit*, § 633 BGB Rn. 6 ff.

Maßstab zugrunde zu legen.[210] Die vom Unternehmer geschuldete Beschaffenheit richtet sich danach, was bei Werken gleicher Art üblich ist und vom Besteller nach der Art des Werkes erwartet werden kann.[211] Hierbei spielen die örtlichen Gegebenheiten und die durchschnittlichen Lebensverhältnisse eine entscheidende Rolle.[212]

Ein Mangel liegt zum einen dann vor, wenn die vorausgesetzte Gebrauchseignung nicht erreicht wird. Zum anderen ist ein Mangel gegeben, wenn sich die Bauleistung für den vorausgesetzten oder gewöhnlichen Zweck eignet, aber sie nicht den üblichen Anforderungen an eine derartige Leistung entspricht.[213]

(3) Die anerkannten Regeln der Technik

Auch ohne besondere Beschaffenheitsvereinbarung kann der Besteller davon ausgehen, dass der Unternehmer bei der Errichtung des Werkes die anerkannten Regeln der Technik beachtet, da sie Teil dessen sind, was üblich ist und der Besteller nach der Art des Werkes erwarten kann.[214] Die Einhaltung der anerkannten Regeln der Technik wurde in der Regelung des § 13 Abs. 1 S. 2 VOB/B ausdrücklich normiert. Sie sind aus dem Grundsatz von Treu und Glauben abzuleiten und auch im BGB-Bauvertrag als generell vom Unternehmer geschuldet anzusehen.[215] Die anerkannten Regeln der Technik sind dynamisch und unterliegen einem ständigen Fortschritt.[216]

Die anerkannten Regeln der Technik selbst wurden weder vom Gesetzgeber noch durch eine Verordnung, sondern durch das Reichsgericht[217] im Jahr 1910, definiert. Unter den anerkannten Regeln der Technik versteht man „technische Regeln für den Entwurf und die Ausführung von Werkanlagen, die in der Wissenschaft als theoretisch richtig anerkannt sind und feststehen, sowie insbesondere in dem Kreise der für die Anwendung der betreffenden Regeln maßgeblichen, nach dem neuesten Erkenntnisstand vorgebildeten Techniker durchweg bekannt und auf Grund fortdauernder praktischer Erfahrung als technisch geeignet, angemessen und notwendig anerkannt sind".[218] Mit anderen Worten ist ein Verstoß gegen die anerkannten Regeln der Technik dann gegeben, wenn der Unternehmer solche technischen

---

210 Glöckner/von Berg/*Rehbein*, § 633 BGB Rn. 51; PWW/*Halfmeier/Leupertz*, § 633 BGB Rn. 18.

211 Palandt/*Sprau*, § 633 Rn. 7; Bamberger/Roth/*Voit*, § 633 BGB Rn. 7; PWW/*Halfmeier/Leupertz*, § 633 BGB Rn. 18.

212 MüKoBGB/*Busche*, § 633 BGB Rn. 29.

213 Messerschmidt/Voit/*Drossart*, § 633 BGB Rn. 49.

214 Wirth/Sienz/Englert/*Sienz*, Teil I A Rn. 341; *Vorwerk*, BauR 2003, 1, 3 f.; *Sass*, NZBau 2014, 137 ff.

215 BT-Drs. 14/6040, S. 616 f.

216 *Pastor* in: Werner/Pastor Rn. 1971; BeckOK VOB/B/*Fuchs*, § 4 VOB/B Rn. 4a; Ingenstau/Korbion/*Oppler*, § 4 Abs. 2 VOB/B Rn. 41.

217 RGSt 44, 75.

218 RGSt 44, 76, 78; Ingenstau/Korbion/*Oppler*, § 4 VOB/B Abs. 2 Rn. 48; MüKoBGB/*Busche*, § 633 BGB Rn. 17.

Regeln nicht beachtet, welche sich in der Wissenschaft als richtig durchgesetzt und sich in der Praxis bewährt haben.[219]

Da § 633 Abs. 2 Satz 2 Nr. 2 BGB die übliche und vom Besteller zu erwartende Beschaffenheit als selbstständigen, zu beachtenden Maßstab aufstellt, begründet die Missachtung der anerkannten Regeln der Technik unabhängig von einer feststellbaren Funktionsbeeinträchtigung einen Mangel.[220]

Wie bereits festgestellt, ist maßgebliches Kriterium für die Beurteilung, ob das Werk mangelfrei errichtet wurde, die zwischen den Parteien vereinbarte Beschaffenheit. Somit ist auch das den anerkannten Regeln der Technik entsprechende Werk mangelhaft, wenn es nicht den Beschaffenheitsvereinbarungen, welche die Parteien miteinander getroffen haben, entspricht[221] oder es sonst in seiner Gebrauchsfähigkeit eingeschränkt ist.[222]

b) Das Verhältnis der Mängeltatbestände zueinander / Stufenverhältnis

Die gesetzliche Regelung des § 633 Abs. 2 BGB enthält drei Varianten.[223] Unklar ist, in welchem Verhältnis die drei Mängelvarianten zueinander stehen. Der Wortlaut der Vorschrift des § 633 Abs. 2 BGB erscheint auf den ersten Blick eindeutig. Hiernach liegt ein Sachmangel vor, wenn das Werk nicht die vertraglich vereinbarte Beschaffenheit einhält (§ 633 Abs. 2 Satz 1 BGB). Die zweite Variante und die dritte Variante (§ 633 Abs. 2 Satz 2 BGB) betreffen nach dem Wortlaut des Gesetzes nur Fälle, in denen die Parteien eine Beschaffenheitsvereinbarung nicht getroffen haben. § 633 Abs. 2 BGB sieht somit nach seinem Wortlaut eine Subsidiarität der einzelnen Stufen vor.[224] Diese gesetzliche Regelung entspricht der Regelung des § 434 Abs. 1 BGB zum Kaufrecht.[225]

aa) Strukturen der Mangeldogmatik im deutschen Recht: Der Gleichlauf der kauf- und werkvertraglichen Mängelhaftung

Seit der Schaffung des BGB entspricht es deutscher Gesetzgebungstradition, dass die Mängelbegriffe im Kauf- und Werkvertragsrecht paralell geführt werden. Durch die Umsetzung der Verbrauchsgüterkaufrichtlinie,[226] welche ausschließlich das

---

219 *Kniffka* in: Kniffka/Koeble, 6. Teil Rn. 31.

220 Vgl. BGH, Urteil vom 07.03.2013 – VII ZR 134/12, NJW 2013, 1226; Kraus, BauR 2002, 524, 528; BeckOK/*Voit*, § 633 BGB Rn. 12.

221 BGH, Urteil vom 14.05.1998 – VII ZR 184/97, NJW 1998, 2814; BGH, Urteil vom 26.09.1995 – X ZR 46/93, NJW-RR 1996, 340.

222 Vgl. BGH, Urteil vom 12.12.1967 – VII ZR 8/65, NJW 1968, 43.

223 Vgl. 2. Teil III. 3. a).

224 *Sienz* in: FS Thode, S. 629, 637.

225 RegEntw., BR-Drs. 338/01, S. 498 ff.

226 RL 1999/44/EG des Europäischen Parlaments und des Rates vom 25.05.1999 zu bestimmten Aspekten des Verbrauchsgüterkaufs und der Garantien für Verbrauchsgüter, ABl. EG Nr. L 171/12.

Kaufrecht regelt, wollte der Gesetzgeber diesen Gleichlauf zwischen der kauf- und werkvertraglichen Mängelhaftung weiter führen und hat diesen Wunsch ausdrücklich niedergelegt. Aus diesem Grund wurde die Vorschrift des § 633 Abs. 2 BGB vom Gesetzgeber[227] bewusst in Übereinstimmung mit § 434 Abs. 1 BGB formuliert.[228] Mit ihr soll Art. 2 Abs. 1 der Verbrauchsgüterkaufrichtlinie umgesetzt werden. Ob dies zutreffend geschehen ist, erscheint zunächst zweifelhaft. In einem ersten Schritt muss daher zunächst der Mangelbegrifff richtlinienkonform ausgelegt werden und in einem zweiten Schritt die Frage beantwortet werden, ob der werkvertragliche Mangelbegriff überhaupt einer richtlinienkonformen Auslegung zugänglich ist.

bb) Die richtlinienkonforme Auslegung des werkvertraglichen Mangelbegriffs

In den „Vermutungen" des Art. 2 Abs. 2 der Verbrauchsgüterkaufrichtlinie sind die „Beschreibung" (a) als auch der „bestimmte, vom Verbraucher angestrebte Zweck" (b) des Verbrauchsguts „kumulativ" nebeneinander gesetzt. Während die „Beschreibung" das Element der Qualität und Leistungen betrifft, betrifft die Verwendung das funktionale Element.[229] Keine der beiden Alternativen ist vorrangig, ob die Variante (a) oder die Variante (b) gewollt ist, ist nach den Umständen des Einzelfalles konkret zu entscheiden. Ist eine dieser Voraussetzungen im konkreten Einzelfall nicht anwendbar, behalten die übrigen Voraussetzungen gleichwohl ihre Gültigkeit. Das bedeutet, dass die Elemente der Beschaffenheit und des Verwendungszwecks nach der Richtlinie grundsätzlich nebeneinander gelten und sich keinesfalls gegenseitig ausschließen sollen.[230]

Diese Unterteilung findet sich in der Umsetzung in § 434 BGB und in § 633 BGB nicht mehr. Vielmehr stellt das Gesetz einmal nur auf die Beschaffenheit (1. Alternative), ein anderes Mal und dann ersatzweise auf die nach dem Vertrag vorausgesetzte Verwendung oder gewöhnliche Verwendung und auf die (übliche) Beschaffenheit ab (2. Alternative).[231] Nach dem eindeutigen Wortlaut beider Vorschriften sollen somit die Mangelkriterien alternativ angewandt werden mit der Folge, dass sich die drei Tatbestandsvarianten des § 633 Abs. 2 BGB eigentlich gegenseitig ausschließen.[232]

Innerhalb der Verbrauchsgüterkaufrichtlinie ist unstreitig, dass die drei Ausprägungen der Vertragsgemäßheit kumulativ vorliegen müssen. Im Hinblick auf die vom Gesetzgeber des BGB zu Grunde gelegte Gesetzgebungstechnik, welche die Vertragswidrigkeit umschreibt, bedeutet dies, dass das Eingreifen jedes einzelnen Mangeltatbestandes zur Mangelhaftigkeit führen kann. Konsequenterweise

227 BT Drs. 14/6040, S. 19, 30, 268.

228 BT Drs. 14/6040, S. 19, 30, 268; vgl. *Vogel*, BauR 2006, 744, 756; *Vogel*, IBR 2009, 1450 Rn. 12.

229 Vgl. *Kniffka* in: Kniffka, § 633 BGB Rn. 3.

230 *Seibel*, ZfBR 2009, 107, 110.

231 *Kniffka* in Kniffka, § 633 BGB Rn. 4.

232 *Bolz*, Jahrbuch Baurecht 2011, S. 107, 117; zur Kritik an der Umsetzung der Richtlinie: *Sienz* in: FS Thode, S. 627, 637 ff.; *Thode*, NZBau 2002, 297, 304.

ist – anders als die §§ 434 Abs. 1, 633 Abs. 2 BGB es durch die übereinstimmende Formulierung „soweit die Beschaffenheit nicht vereinbart ist“ nahelegen – jeglicher Mangel an Eignung für die gewöhnliche Verwendung in der Lage, einen Sachmangek zu begründen, selbst wenn alle Beschaffenheitsvereinbarungen erfüllt wären.

Es ist in diesem Zusammenhang zu berücksichtigen, dass die Verbrauchsgüterkaufrichtlinie den deutschen Gesetzgeber nicht zu Änderungen des Werkvertragsrechts zwang. Der werkvertragliche Mangelbegriff wurde vom nationalen Gesetzgeber im Rahmen einer überschießenden Umsetzung der Verbrauchsgüterkaufrichtlinie „mitangepasst“. Ob der im deutschen Recht normierte werkvertragliche Mangelbegriff ebenfalls richtlinienkonform auszulegen ist, ist umstritten.[233] Vorliegend ist zu fragen, ob die Verpflichtung zu einer richtlinienkonformen Auslegung auch dann besteht, wenn die nationalen Vorschriften im Rahmen einer überschießenden Umsetzung der Richtlinie erlassen wurden.

Vorliegend hat sich der deutsche Gesetzgeber[234] bewusst für einen Gleichlauf der Mängelrechte im (der Richtlinie unmittelbar unterliegenden) Kaufrecht und im (von der Richtlinie nicht erfassten) Werkvertragsrecht entschieden.[235] Diese bewusste Entscheidung des deutschen Gesetzgebers hat zur Konsequenz, dass auch der werkvertragliche Mangelbegriff richtlinienkonform auszulegen ist. Es ist somit zu untersuchen, ob der Wortlaut des § 633 Abs. 2 BGB eine Auslegung zulässt, welche den Vorgaben der Verbrauchsgüterkaufrichtlinie entspricht.

Wie bereits dargelegt, ist der Mangelbegriff des § 633 Abs. 2 BGB dreistufig aufgebaut. Zwischen den einzelnen Stufen ist eine klare Trennung vorgesehen, welche nach dem Wortlaut des § 633 Abs. 2 BGB dazu führen würde, dass die übliche Beschaffenheit nur dann eine Rolle spielen würde, wenn es keine nach dem Vertrag vorausgesetzte Verwendung gäbe.[236] Diese Auslegung widerspricht jedoch den Vorgaben der Verbrauchsgüterkaufrichtlinie, welche von einem alternativen Verhältnis der Mängeltatbestände zueinander ausgeht.

Im Rahmen des § 633 Abs. 2 BGB lässt sich das Gebot der richtlinienkonformen Interpretation jedoch nicht im Wege einer einfachen Gesetzesauslegung im engeren Sinne umsetzen, dem steht der eindeutige Wortlaut des Gesetzes gegenüber.[237] Ob eine nationale Vorschrift entgegen ihres eindeutigen Wortlautes angewandt werden kann, erscheint daher fraglich.

---

233 *Vogel*, BauR 2006, 744, 753; *Sienz* in: FS Thode, S. 627 ff., 636; *Thode*, NZBau 2002, 297, 300; *Vorwerk*, BauR 2003, 1, 2 ff.; *Franzen*, JZ 2003, 321, 327 f.; EuGH, Urteil vom 17.03.2005 – Rs. C- 170/03 (Feron); Urteil vom 16.07.1998 – Rs. C- 247/97 (Schoonbroodt); Urteil vom 16.07.1998 – Rs. C-264/96 (Imperial Chemie); BGH, Urteil vom 09.04.2002 – XI ZR 91/99, NJW 2002, 1881.

234 BT Drs. 14/6040, S. 19, 30, 268.

235 *Sienz* in: FS Thode, S. 627, 630.

236 *Sienz* in: FS Thode, S. 627, 636 f.

237 BGH, Urteil vom 21.12.2011 – VIII ZR 70/08, NJW 2012, 1073.

Dem herkömmlichen Verständnis der deutschen Methodenlehre bildet der Wortlaut einer Norm die Grenze der Auslegung.[238] Der EuGH verlangt demgegenüber, dass das nationale Gericht die Richtlinienkonformität des nationalen Rechts nicht nur mit den Mitteln der Auslegung im engeren Sinne, sondern auch im Wege der Rechtsfortbildung herbeiführt.[239]

Der von der Rechtsprechung des Gerichtshofs der Europäischen Gemeinschaften geprägte Grundsatz der richtlinienkonformen Auslegung verlangt daher von den nationalen Gerichten über eine Gesetzesauslegung im engeren Sinne hinaus auch, das nationale Recht, wo dies nötig und möglich ist, richtlinienkonform fortzubilden.[240] Eine Rechtsfortbildung im Wege der teleologischen Reduktion setzt eine verdeckte Regelungslücke im Sinne einer planwidrigen Unvollständigkeit des Gesetzes voraus.[241] Der Bundesgerichtshof ist in diesem Zusammenhang der Auffassung, dass der Wille des Gesetzgebers dahin geht, Richtlinien korrekt umsetzen zu wollen, und dieser vom Gesetzgeber verfolgte Zweck Vorrang vor anderen vom Gesetzgeber mit der Norm verfolgten Ziele beansprucht.[242] Die Richtlinie sieht vor, dass ein Werk nur dann mangelfrei ist, wenn sämtliche Kriterien der Vertragsmäßigkeit erfüllt sind. Die nationale Regelung bejaht hingegen eine mangelfreie Werkleistung, wenn das Werk der vereinbarten Beschaffenheit entspricht, unabhängig davon, ob das Werk funktionstauglich ist. Die Anforderungen des nationalen Rechts bleiben somit hinter den Vorgaben der Richtlinie zurück.[243] Die Vorschrift des § 633 Abs. 2 BGB steht folglich in Widerspruch zu dem mit dem Gesetz zur Modernisierung des Schuldrechts verfolgten Grundanliegen, die Verbrauchsgüterkaufrichtlinie ordnungsgemäß umzusetzen.[244]

Diese Unvollständigkeit des Gesetzes ist deswegen planwidrig, weil hinsichtlich des alternativ ausgestalteten Stufenverhältnisses des § 633 Abs. 2 BGB ein Widerspruch zu der Annahme der richtlinienkonformen Umsetzungsabsicht des deutschen Gesetzgebers besteht. Die richtlinienkonforme Auslegung darf nach Auffassung des EuGH jedoch nicht als Grundlage für eine Auslegung contra legem dienen.[245] Fraglich ist somit, ob die vorliegende Auslegung den gesetzgeberischen Willen tatsächlich verdrängt.

---

238 Michael/Payandeh, NJW 2015, 2392, 2395.

239 Vgl. EuGH, Urteil vom 10.04.1984 – Rs. 14/83, NJW 1984, 2021.

240 Vgl. BGH, Urteil vom 26.11.2008 – VIII ZR 200/05, NJW 2009, 427; BGH, Urteil vom 21.12.2011 – VIII ZR 70/08, NJW 2012, 1073.

241 BGH, Urteil vom 26.11.2008 – VIII ZR 200/05, NJW 2009, 427; BGH, Urteil vom 21.12.2011 – VIII ZR 70/08, NJW 2012, 1073.

242 BGH, Urteil vom 07.05.2014 – IV ZR 76/11; NJW 2014; 2646.

243 *Sienz* in: FS Thode, S. 627, 636 f.

244 BGH, Urteil vom 26.11.2008 – VIII ZR 200/05, NJW 2009, 427; BGH, Urteil vom 21.12.2011 – VIII ZR 70/08, NJW 2012, 1073.

245 EuGH, Urteil vom 04.07.2006 - C-212/04 – Adeneler, NJW 2006, 2465; Urteil vom 24.01.2012 – C 282/10, NJW 2012, 509.

Im Zentrum der harmonisierten Mängelansprüche stehen die berechtigten Erwartungen des Vertragspartners.[246] Dies macht insbesondere Art. 2 Abs. 2 lit. d der Verbrauchsgüterkauf-Richtlinie deutlich, wo die Üblichkeit der Beschaffenheit mit den Erwartungen des Vertragspartners in Zusammenhang gebracht wird. Durch die Umsetzung der Verbrauchsgüterkaufrichtlinie hat sich der Gesetzgeber zum subjektiven Fehlerbegriff bekannt.[247] Er hat mit der vereinbarten Beschaffenheit dasselbe Kriterium in das Zentrum der Mängelansprüche gestellt wie Art. 2 Abs. 1 Verbrauchsgüterkaufrichtlinie mit der Vertragsgemäßheit.[248] Der deutsche Gesetzgeber stellt in §§ 633 Abs. 2 Satz 1 BGB auf die Beschaffenheit und in § 633 Abs. 2 Satz 2 Nr. 1 BGB auf ihre Eignung zur Verwendung ab. Hierbei handelt es sich um eine redaktionelle Unsauberkeit, welche die Auslegung dieser Vorschrift nicht beeinträchtigt.[249] Im Hinblick auf den Sinn und Zweck dieser Vorschrift besteht kein Zweifel daran, dass die berechtigten Erwartungen des Bestellers, welche dem Unternehmer bekannt sein müssen, maßgeblich für die Haftung des Unternehmers sind. Diese können je nach Art und Weise der Vertragsgestaltung entweder auf die konkrete Beschaffenheit des Werkes selbst oder aber auf deren Eignung für bestimmte Verwendungen gerichtet sein.[250]

Dies hat zur Folge, dass auch die Vorschrift des § 633 Abs. 2 BGB im Wege der teleologischen Reduktion richtlinienkonform ausgelegt werden muss, mit der Konsequenz, dass die Elemente der Beschaffenheit und des Verwendungszweckes gleichrangig nebeneinander anzuwenden sind. Der Begriff des Verwendungszweckes verlangt jedoch, dass dieser dem Unternehmer bekannt ist. Einseitige Vorstellungen des Bestellers, welchen Zweck das Werk erfüllen soll, können zur Begründung der Mangelhaftigkeit des Werkes nicht herangezogen werden.

c) *Der funktionale Mangelbegriff des Werkvertragsrechts nach der Rechtsprechung des Bundesgerichtshofs*

Die Verpflichtung des Unternehmers, ein mangelfreies Werk zu errichten, beschränkt sich nach der Rechtsprechung des Bundesgerichtshofs nicht auf die Einhaltung der vereinbarten Leistungs- oder Ausführungsart, sondern wird von der Pflicht des Unternehmers, ein nach den Vertragsumständen zweckentsprechendes und funktionstaugliches Werk zu erbringen, überlagert.[251] Wenn eine Funktion des

---

246 *Glöckner*, BauR 2009, 302, 306.

247 Entwurf eines Gesetzes zur Modernisierung des Schuldrechts vom 14.05.2001, BT-Drs. 14/6040, S. 211 ff.

248 Vgl. *Glöckner*, BauR 2009, 302, 306.

249 Vgl. *Glöckner*, BauR 2009, 302, 307; a.A. *Thode*, NZBau 2002, 297, 304.

250 *Glöckner*, BauR 2009, 302, 307.

251 BGH, Urteil vom 19.01.1995 – VII ZR 131/93, NJW-RR 1995, 472; BGH, Urteil vom 16.07.1998 – VII ZR 350/96, NJW 1998, 3707; BGH, Urteil vom 11.11.1999 – VII ZR 403/98, BauR 2000, 411; BGH, Urteil vom 15.10.2002 – X ZR 69/01, NZBau 2003, 33; BGH, Urteil vom 08.11.2007 – VII ZR 183/05, NJW 2008, 511; BGH, Urteil vom

Werkes nach dem Vertrag vorausgesetzt ist oder sogar vereinbart wird, dann ist der Unternehmer verpflichtet, diese Funktion herbeiführen.[252] Sie ist nach Auffassung des Bundesgerichtshofs stets Teil der Beschaffenheitsvereinbarung und damit des werkvertraglich geschuldeten Erfolges.[253] Die Regelung des § 633 Abs. 2 Satz 2 Nr. 2 BGB schließt es nach Ansicht des Bundesgerichtshofes gerade nicht aus, dass die Funktion als Beschaffenheit vereinbart wurde.[254]

Die Funktionstauglichkeit der Werkleistung ist vor allem im Baurecht von besonderer Bedeutung, da sich der vertraglich geschuldete Erfolg oftmals nicht allein nach der zu seiner Erreichung vereinbarten Leistung oder Ausführungsart bestimmen lässt, sondern auch danach, welche Funktion das Werk nach dem Willen der Parteien erfüllen soll.[255] Welche Funktion des Werkes die Parteien nach dem Vertrag vorausgesetzt oder vereinbart haben, muss durch Auslegung des Vertrages unter Berücksichtigung aller für den Vertrag maßgebenden Umstände ermittelt werden.[256] Viele Herstellungspflichten des Unternehmers ergeben sich bereits aus der Natur der Leistung, so hat ein Bauwerk so abgedichtet zu sein, dass es nicht feucht wird; ein Dach muss dicht sein,[257] eine Heizungsanlage muss ausreichend wärmen.[258]

4. Die Funktionalitätserwartung des Bestellers als Bestandteil der Beschaffenheitsvereinbarung der Parteien

a) Das Spannungsverhältnis zwischen der Beschaffenheitsvereinbarung und der Funktionalitätserwartung des Bestellers

Fallen die getroffene Beschaffenheitsvereinbarung und die (einseitige) Funktionalitätserwartung des Bestellers auseinander und sind nicht in Einklang miteinander zu bringen, stellt sich die Frage, ob auch im Rahmen eines Werkvertrages der Vereinbarung zur Beschaffenheit höchste Priorität zukommt, oder ob das Werk nur dann mangelfrei errichtet wurde, wenn es funktionstauglich erbaut wurde.

Nach dem Wortlaut der gesetzlichen Regelung des § 633 Abs. 2 S. 1 BGB hat der Unternehmer dann mangelfrei geleistet, wenn das Werk die vereinbarte Beschaffenheit hat. Geht man vom Wortlaut des Gesetzes aus, so genügt für die Mangelfreiheit der Werkleistung die Abarbeitung der Beschaffenheitsvereinbarung, welche die Parteien miteinander getroffen haben. Dem steht der Grundsatz der Erfolgsbezogenheit

10.02.2011 – VII ZR 8/10, NZBau 2011, 360; BGH, Urteil vom 30.06.2011 – VII ZR 24/08, BauR 2011, 1494; BGH, Urteil vom 29.09.2011 – VII ZR 87/11, BauR 2012, 115.

252 *Kniffka* in: Kniffka/Koeble, 6. Teil Rn. 18.

253 BGH, Urteil vom 08.11.2007 – VII ZR 183/05, NJW 2008, 511.

254 BGH, Urteil vom 08.11.2007 – VII ZR 183/05, BGHZ 174, 110.

255 *Kniffka* in: Kniffka/Koeble, 6. Teil Rn. 18 f.

256 *Kniffka* in: Kniffka/Koeble, 6. Teil Rn. 19.

257 BGH, Urteil vom 11.11.1999 – VII ZR 403/98, BauR 2000, 411.

258 BGH, Urteil vom 08.11.2007 – VII ZR 183/05, BGHZ 174, 110.

der Werkleistungsverpflichtung gegenüber.[259] Hiernach ist die dem Werkvertrag zu Grunde liegende Erfolgsverpflichtung nur dann verwirklicht, wenn die vom Unternehmer erbrachte Werkleistung mangelfrei erbracht wurde und das Werk den vertraglich vorausgesetzten Verwendungszweck erfüllt.[260] Nach der Rechtsprechung des Bundesgerichtshofs ist dies nur dann der Fall, wenn das Werk funktionstauglich errichtet wurde.[261] Nach dieser Rechtsprechung ist der Unternehmer stets verpflichtet, eine Funktion herbeizuführen, wenn diese nach dem Vertrag vorausgesetzt oder vereinbart wird. Sie ist stets Teil der Beschaffenheitsvereinbarung und damit des werkvertraglich geschuldeten Erfolges.

In diesem Zusammenhang ist zu prüfen, welche Folgen sich ergeben, wenn die Abarbeitung der zwischen den Parteien getroffenen Beschaffenheitsvereinbarung durch den Unternehmer nicht automatisch zur Verwirklichung der (einseitigen) Funktionalitätserwartung des Bestellers führt, sondern dahinter zurück bleibt. Es ist daher zu untersuchen, ob dem Besteller in dieser Konstellation gegenüber dem Unternehmer uneingeschränkt seine werkvertraglichen Mängelansprüche zustehen, oder ob der Unternehmer durch die Abarbeitung der Beschaffenheitsvereinbarung mangelfrei geleistet hat, mit der Konsequenz, dass der Besteller Mängelansprüche gegenüber dem Unternehmer nicht geltend machen kann. Es ist zu fragen, ob die (einseitige) Funktionalitätserwartung des Bestellers in dieser Situation auch unabhängig von der vertraglich vereinbarten Beschaffenheit gilt und ein nicht funktionales Werk die Mängelrechte des Bestellers auslösen kann, auch wenn der Unternehmer die Beschaffenheitsvereinbarung eingehalten hat, welche die Parteien miteinander getroffen haben.

b) Die Auflösung dieses Spannungsverhältnisses

aa) Die vereinbarte Beschaffenheit geht über die Funktionalitätserwartung des Bestellers hinaus

Geht die zwischen den Parteien vereinbarte Beschaffenheit über die Funktionalitätserwartung des Bestellers hinaus, ergeben sich keine Probleme. Der Unternehmer hat nur dann mangelfrei geleistet, wenn er die zwischen den Parteien geschlossene Beschaffenheitsvereinbarung fehlerfrei umgesetzt hat. Wurden die in der Beschaffenheitsvereinbarung getroffenen Vorgaben durch den Unternehmer nicht mangelfrei umgesetzt, stehen dem Besteller seine Mängelansprüche nach den Vorschriften der §§ 633 ff. BGB zu.

In dieser vertraglichen Konstellation stellt der zwischen den Parteien vereinbarte Verwendungszweck des Werkes die Untergrenze dar, welche nicht unterschritten

259 Vgl. 2. Teil II.

260 Vgl. 2. Teil III. 3. c).

261 BGH, Urteil vom 11.11.1999 – VII ZR 403/99, BauR 2000, 411; BGH, Urteil vom 08.11.2008 – VII ZR 183/05, NZBau 2008, 109; BGH, Urteil vom 25.01.2007 – VII ZR 41/06, BauR 2007, 700; BGH, Urteil vom 21.11.2013 – VII ZR 275/12, NJW 2014, 620.

werden darf, um den Werkerfolg zu erreichen. Die im Bauvertrag vereinbarte Beschreibung der Leistung ist in diesem Fall auch dann maßgeblich, wenn sie funktional nicht notwendig ist.[262]

bb) Der Verwendungszweck wurde im Rahmen der Beschaffenheitsvereinbarung vertraglich bestimmt

Haben die Parteien im Rahmen der Beschaffenheitsvereinbarung sowohl die Ausführungsart als auch den mit der Ausführung erstrebten funktionalen Erfolg festgelegt,[263] schuldet der Unternehmer um mangelfrei geleistet zu haben, kumulativ die Verwirklichung beider Aspekte. Er muss mit der vertraglich vereinbarten Ausführungsart den geschuldeten Werkerfolg erreichen. Gelingt ihm dies nicht, ist sein Werk mangelhaft und dem Besteller stehen die Gewährleistungsansprüche gemäß § 633 BGB ff. zu.

Der von den Parteien vertraglich bestimmte Verwendungszweck und die vereinbarte Funktionstauglichkeit der Leistung sind Teil der Beschaffenheitsvereinbarung der Parteien und daher schon auf der ersten Stufe der Mangelprüfung nach § 633 Abs. 2 BGB zu untersuchen.[264]

cc) Der Verwendungszweck wurde vertraglich nicht bestimmt

Kann dem Vertrag die Funktionalitätserwartung des Bestellers nicht entnommen werden, weder durch eine entsprechende Vereinbarung der Parteien noch durch Auslegung des Vertrages, stellt sich die Frage, ob der Unternehmer in dieser Konstellation lediglich die Abarbeitung der vereinbarten Beschaffenheit schuldet, oder ob er darüber hinaus stets verpflichtet ist, ein funktionstaugliches Werk zu erstellen.

Es geht um die Frage, ob die (einseitige) Funktionalitätserwartung des Bestellers Teil der Beschaffenheit des Werkes sein kann und ob sich auch in dieser Situation die Herstellungspflicht des Unternehmers dahingehend erweitert, dass er nicht nur die vereinbarten Leistungen erbringen muss, sondern darüber hinaus ein funktionstaugliches Werk errichten muss. Wäre dies der Fall, so wären die vertraglichen Vereinbarungen, welche die Parteien miteinander getroffen haben, und welche den Inhalt der Leistungspflichten bestimmen, obsolet. Der Unternehmer müsste stets alle Leistungen erbringen, um ein zweckentsprechendes und funktionstaugliches Werk zu errichten.[265] Auch nach dem funktionalen Mangelbegriff der Rechtsprechung sind jedoch nur solche Funktionen geschützt, welche nach den allgemeinen

262 BGH, Urteil vom 21.09.2004 - X ZR 244/01, BauR 2004, 1941.

263 Vgl. MükoBGB/*Busche*, § 633 BGB Rn. 14; BGH, Urteil vom 08.11.2007 – VII ZR 183/05, NJW 2008, 511; BGH, Urteil vom 15.02.2005 – X ZR 43/02, NJW-RR 2005, 607; BGH, Urteil vom 09.01.2003 – VII ZR 181/00, NJW 2003, 1188; BGH, Urteil vom 14.05.1998 – VII ZR 184/97, NJW 1998, 2814.

264 BGH, Urteil vom 08.11.2007 – VII ZR 183/05, NJW 2008, 511; BGH, Urteil vom 07.03.2013 – VII ZR 134/12, NJW 2013, 1226.

265 *Sass*, NZBau 2013, 132, 134.

Grundsätzen der Rechtsgeschäftslehre Vertragsbestandteil werden. Diese müssen also typischerweise vom Besteller aus der objektivierten Sicht des Unternehmers erkennbar geäußert werden.

Dass die Ausführung des Unternehmers immer unter der Voraussetzung getroffen wird, dass die Leistung „technisch in Ordnung sei", mag bei „einfachen Bauleistungen" („Das Dach muss dicht sein") zutreffend sein, auch wenn diese nicht vereinbart wurden. Dem Unternehmer ist in dieser Situation aus objektivierter Sicht erkennbar, dass seiner Leistung diese Erwartung des Bestellers innewohnt. Es handelt sich insoweit um keine einseitige Funktionalitätserwartung des Bestellers. Das einseitige Funktionalitätserwartungen des Bestellers stets die vertraglich vereinbarte Beschaffenheit überlagern, ist jedoch zu weitgehend. Die Vorschrift des § 633 Abs. 2 Satz 1 BGB bestimmt, dass die Parteien die Anforderungen an die Beschaffenheit vereinbaren. Haben die Parteien keine Beschaffenheitsvereinbarung getroffen, kommt es auf die „nach dem Vertrag vorausgesetzte Verwendung" bzw. auf die „gewöhnliche Verwendung" des Werkes an, dass die „übliche Beschaffenheit" aufweisen muss, „die der Besteller nach der Art des Werks erwarten kann".[266] Der Rückschluss, dass eine einseitige Funktionalitätserwartung des Bestellers die ausdrücklichen Vertragsvereinbarungen der Parteien überlagert und der Unternehmer stets ein aus Sicht des Bestellers funktionstaugliches Werk schuldet, ist nicht zwingend. Eine technisch „unzureichende" Vereinbarung begründet nicht automatisch deren Unverbindlichkeit.[267] Dies hätte nämlich zur Folge, dass die Leistungsvereinbarung der Parteien stets von der Pflicht des Unternehmers überlagert werden würde, ein funktionstaugliches Werk zu erbringen. Den Parteien steht es im Rahmen ihrer Vertragsautonomie jedoch grundsätzlich frei, auch Unmögliches zu vereinbaren und vom gewählten Standard nach unten abzuweichen. Es gibt keinen Rechtssatz der besagt, dass eine getroffene Vereinbarung, welche technisch nicht zum gewünschten Erfolg führt, grundsätzlich unbeachtlich ist.[268]

Auch der Bundesgerichtshof[269] stellt im Rahmen seiner „Funktionstauglichkeitstheorie" auf den Willen der Parteien ab, indem er ausführt, dass es darauf ankäme, „...welche Funktion das Werk nach dem Willen der Parteien erfüllen soll". In der vorliegend zu untersuchenden Konstellation geht es jedoch um Fälle, in denen ein gemeinsamer Wille der Parteien, welche Funktion das Werk erfüllen soll, gerade nicht ermittelbar ist. In diesem Fall werden einseitige Funktionalitätserwartungen des Bestellers nicht Vertragsbestandteil.

Wie bereits ausgeführt, sind Grundlage der Auslegung die vertraglichen Vereinbarungen, welche die Parteien miteinander getroffen haben, wobei an deren Wortlaut nicht festzuhalten ist. Zwischen den Parteien vereinbart, wurden zunächst die konkreten Leistungsvorgaben, welche sich aus der dem Vertrag zugrunde liegenden

---

266 Vgl. *Sass*, NZBau 2013, 132, 134.
267 *Sass*, NZBau 2013, 132, 134.
268 *Sass*, NZBau 2013, 132, 134.
269 Vgl. BGH, Urteil vom 08.11.2007 – VII ZR 183/05, BGHZ 174, 110.

Leistungsbeschreibung und den Plänen ergeben. Unabhängig von der Frage, ob die Funktionstauglichkeitserwartung des Bestellers in dieser Konstellation stillschweigend dem Vertrag zugrunde gelegt werden muss, würden die Funktionstauglichkeitserwartungen des Bestellers und die konkreten Leistungsvorgaben der Parteien im Vertragsgefüge der Parteien auf der gleichen Stufe stehen. Dieses Spannungsverhältnis muss durch Auslegung aufgelöst werden. Nach den allgemeinen Auslegungsgrundsätzen sind die konkreten, ausdrücklich und detailliert vereinbarten Regelungen im Rahmen der Auslegung grundsätzlich vorrangig zu berücksichtigen. Die zwischen den Parteien vereinbarte Beschaffenheit ist in aller Regel eindeutig feststellbar und durch Auslegung des zwischen den Parteien vereinbarten Leistungsumfanges festzustellen. Die einseitige Funktionalitätserwartung des Bestellers und der von ihm vorausgesetzte Vertragszweck verschwimmen dagegen, solange sie nicht durch den Willen der Parteien im Vertrag festgelegt worden sind, sehr schnell ins Ungefähre und ins Ungewisse.[270]

Die „Funktionsgerechtheit" kann in dieser Konstellation somit nicht über eine ausdrücklich getroffene vertragliche Vereinbarung gestellt werden. Das Abweichen einer vom Besteller vorgestellten Ergebniserwartung vermag eine Mängelhaftung des Unternehmers daher nicht zu begründen.[271] Die einseitige Funktionalitätserwartung des Bestellers stellt kein selbstständiges Mängelkriterium dar, welches unabhängig von der vereinbarten Beschaffenheit und sogar gegen sie zu einer Mängelhaftung des Unternehmers führen kann. Das Abweichen eines Ergebnisses vom einseitig wirtschaftlich vorgestellten kann nicht ohne weiteres zu einer Mängelhaftung des Unternehmers führen. Das Verwendungsinteresse des Bestellers stellt keinen Rechtsgrund dar, aus welchem sich Gewährleistungsansprüche gegenüber dem Unternehmer ableiten lassen. Ebenso wenig kann das wirtschaftliche Erfolgsinteresse des Bestellers einseitig zum Gegenstand der Leistungsverpflichtung des Unternehmers gemacht werden.

Eine Verpflichtung des Unternehmers, das vom Besteller erwartete, aber nicht von den Parteien vereinbarte Leistungsergebnis zu bewirken, besteht in dieser Konstellation gerade nicht.[272]

c) Zwischenergebnis

Die Vertragsparteien können – wie ausgeführt – sowohl die gewünschte Ausführungsart als auch den damit verbundenen Erfolg vertraglich bestimmen. Der konkret geschuldete Leistungsumfang des Unternehmers muss durch Auslegung ermittelt werden. In diesem Zusammenhang ist zu berücksichtigen, dass die zwischen den Vertragsparteien getroffene Beschaffenheitsvereinbarung ausdrücklich oder konkludent erfolgen kann.[273] Ergibt die Auslegung der vertraglichen Vereinbarungen,

270 *Ganten* in: FS Franke, S. 67, 70.
271 *Ganten* in: FS Franke, S. 67, 70.
272 Vgl. *Ganten* in: FS Franke, S. 67, 70.
273 *Glöckner*, BauR 2009, 302, 309; Palandt/*Weidenkaff*, § 434 BGB Rn. 17.

dass der Unternehmer neben seiner konkreten Herstellungspflicht auch einen funktionalen Erfolg schuldet, so muss er auf der Leistungsebene alle Leistungen erbringen, welche erforderlich sind, um dies zu erreichen. Lässt sich durch Auslegung der zwischen den Parteien getroffenen vertraglichen Abreden nicht ermitteln, welche Funktion das Werk nach dem Willen des Bestellers innehaben soll, wird die vereinbarte Beschaffenheit nicht von der einseitigen Funktionalitätserwartung des Bestellers überlagert. Diese findet ihre Grenze in der Reichweite der dem Vertrag zu Grunde gelegten Abreden und kann nicht über diese hinaus reichen.[274] Auch nach dem funktionalen Mangelbegriff werden nur solche Funktionen geschützt, die nach den allgemeinen Grundsätzen der Rechtsgeschäftslehre Vertragsbestandteil werden. Sie müssen also typischerweise zumindest vom Besteller aus der objektivierten Sicht des Unternehmers erkennbar geäußert werden.

III. Die Erfolgsverpflichtung des Unternehmers und die Möglichkeiten der Begrenzung der Funktionalitätshaftung des Unternehmers

1. Die Erfolgsverpflichtung des Werkunternehmers

Die Parteien können den Inhalt der Leistungspflicht des Werkunternehmers unterschiedlich detailliert ausgestalten. Es steht ihnen grundsätzlich frei, sich entweder für eine funktionale oder eine detaillierte Vertragsgestaltung zu entscheiden, da beide Formen der Vertragsgestaltung gleichrangig nebeneinander stehen.

a) Die Erfolgsverpflichtung des Unternehmers im Rahmen der funktionalen Ausschreibung der Leistung

Schreiben die Vertragsparteien die geschuldete Leistung funktional aus, so besteht der werkvertraglich geschuldete Erfolg in der Herstellung eines funktionalen Bauwerkes.[275] Um diesen Erfolg herbeiführen zu können, muss der Unternehmer von sich aus alles tun, was zur Herstellung eines mangelfreien und (funktions-)tauglichen Werks erforderlich ist.[276] Dies betrifft zum einen die gegenständliche Leistung als solche und zum andern den Herstellungsvorgang.[277] Der geschuldete Erfolg besteht in der Herstellung eines funktionstauglichen und zweckentsprechenden Werkes.

Der Unternehmer ist daher vertraglich verpflichtet, alle Leistungen zu erbringen, welche notwendig sind, um den vertraglich vereinbarten Werkerfolg zu erreichen. Ihm obliegt in dieser Situation neben seiner Ausführungsverpflichtung auch die

---

274 Vgl. PWW/*Halfmeier/Leupertz*, § 633 BGB Rn. 21.
275 Vgl. 2. Teil IV. 2. a).
276 Vgl. 2. Teil IV. 2. a).
277 *Jansen*, BauR 2012, 411.

Planungsverantwortung. Bei einer funktionalen Ausschreibung der geschuldeten Leistung ist der Unternehmer daher verpflichtet, alle Schritte zu planen und umzusetzen, welche erforderlich sind, um ein nach dem Zweck des Vertrages funktionstaugliches Bauwerk zu errichten. Er kann allein über die unmittelbare vertragliche Gestaltung der Funktion sein Risiko begrenzen.

Der werkvertraglich geschuldete Erfolg ist bei Vereinbarung einer funktionalen Leistungsbeschreibung somit nur dann verwirklicht, wenn die vom Unternehmer erbrachten Werkleistungen den vertraglich vorausgesetzten Verwendungszweck erfüllen. Das von den Parteien vereinbarte Bauziel ist mithin erst dann erreicht, wenn ein funktionstaugliches Bauwerk errichtet wurde. Ist dies nicht der Fall, so hat der Unternehmer mangelhaft geleistet und dem Besteller stehen nach den Vorschriften der §§ 633 ff. BGB Mängelansprüche gegenüber dem Unternehmer zu. Der Unternehmer kann bei dieser Art der Vertragsgestaltung seine Funktionalitätshaftung nicht begrenzen, sondern ist verpflichtet, die ursprünglich geschuldete Leistung zu erbringen. Ein etwaiger Mehrvergütungsanspruch steht ihm in dieser Situation nicht zu.

b) Die Erfolgsverpflichtung des Unternehmers im Rahmen der detaillierten Ausschreibung der Leistung

Liegt dem Werkvertrag dagegen eine detaillierte Leistungsbeschreibung, welche der Besteller oder ein von ihm beauftragter Architekt erstellt hat, zu Grunde, so ist fraglich, worin der geschuldete Werkerfolg, welchen der Unternehmer verwirklichen muss, besteht.

aa) Vorfragen

Im Folgenden ist zu untersuchen, ob der Unternehmer auch bei einer detaillierten Leistungsbeschreibung stets verpflichtet ist, ein funktionstaugliches Bauwerk zu errichten, oder ob seine ihm obliegende werkvertragliche Erfolgsverpflichtung dadurch begrenzt wird, dass er die vom Besteller konkretisierten Leistungsvorgaben mangelfrei umsetzt. In diesem Zusammenhang ist zu prüfen, ob die berechtigte Funktionalitätserwartung des Bestellers generell zum Maßstab für das Erreichen des Werkerfolges und damit zur Erfüllung der Herstellungspflicht gemacht werden kann. Dies wirft die Frage auf, ob die Funktionalität der geschuldeten Leistung auch dann als verbindlich angesehen werden kann, wenn zwischen den Parteien hierzu keine ausdrücklichen Vereinbarungen getroffen wurden.

Die Antwort auf diese Fragen bestimmt entscheidend die Zuweisung des Funktionalitätsrisikos zwischen den Parteien.

Genügt die Abarbeitung der vertraglich vereinbarten Leistungsvorgaben, um den werkvertraglich geschuldeten Erfolg zu bewirken, so haftet der Unternehmer für die Funktionstauglichkeit des Werkes nicht, wenn eine derartige Zweckbestimmung zwischen den Parteien nicht vereinbart wurde und auch durch Auslegung nicht zu ermitteln ist. Muss der Unternehmer demgegenüber stets eine funktionstaugliche

Leistung erbringen, unabhängig von den zwischen den Parteien getroffenen Vereinbarungen, so muss er für die Herstellung eines funktionalen Werkes einstehen und sieht sich Gewährleistungsansprüchen des Bestellers ausgesetzt, wenn er dieses Ziel nicht erreicht.[278]

bb) Durch die detaillierte Leistungsbeschreibung lässt sich der funktionale Werkerfolg erreichen

Völlig unproblematisch sind diejenigen Fälle zu lösen, bei denen sich durch die zwischen den Parteien vereinbarte detaillierte Leistungsbeschreibung der werkvertraglich geschuldete Erfolg erreichen lässt. Der Unternehmer schuldet in diesem Fall die Abarbeitung der Leistungsvorgaben des Bestellers, welche sich aus dem Vertrag ergeben und zu einem funktionalen Erfolg führen. Dem Besteller stehen selbstverständlich keine Gewährleistungsanspruche zu, da der Unternehmer durch die Abarbeitung der Leistungsvorgaben des Bestellers das Werk funktionstauglich errichtet und somit mangelfrei leistet.

cc) Durch die detaillierte Leistungsbeschreibung lässt sich der funktionale Werkerfolg nicht erreichen

Die Probleme entstehen erst dann, wenn mit den Leistungsvorgaben des Bestellers ein funktionales Bauwerk nicht errichtet werden kann, da möglicherweise die vertraglich geschuldete Leistung hinter der Erfolgsbewirkungspflicht des Unternehmers zurückbleibt. In dieser Konstellation stellt sich die Frage, ob der Unternehmer stets ein funktionstaugliches Bauwerk schuldet, oder ob er in dieser Situation seiner Erfolgsbewirkungspflicht genügt, wenn er die vom Besteller vorgegebenen Leistungsspezifikationen mangelfrei umgesetzt hat.

dd) Die vertraglichen Vereinbarungen der Parteien als Anknüpfungspunkt der Erwartungen des Bestellers

Maßgeblich für die Konkretisierung der geschuldeten Leistung sind zunächst die vertraglichen Vereinbarungen, welche der Unternehmer und der Besteller getroffen haben.

Dieser Grundsatz wird jedoch möglicherweise dahingehend überlagert, dass die vertraglichen Vereinbarungen zwischen den Parteien unter Berücksichtigung der berechtigten Funktionalitätserwartung des Bestellers auszulegen sind.

Die Parteien können das zu erreichende Bauziel im Rahmen der detaillierten Ausschreibung der geschuldeten Leistung durch unterschiedliche Modelle näher bestimmen:

---

278 BGH, Urteil vom 08.11.2007 – VII ZR 183/05, BauR 2008, 344 ff.; BGH, Urteil vom 30.06.2011 – VII ZR 109/10, NJW 2011, 2644; BGH, Urteil vom 08.05.2014 – VII ZR 203/11.

In Betracht kommen zwei alternative Formen rechtsgeschäftlicher Ausgestaltung der vertraglichen Vereinbarungen zwischen den Parteien. Den Parteien steht es auf Grund ihrer Vertragsautonomie frei, den Erfolg beschränkt im Sinne des Regelungsmodells 1[279] oder umfassend im Sinne des Regelungsmodells 2[280] zu vereinbaren.

(1) Die werkvertragliche Erfolgsverpflichtung erschöpft sich in der Abarbeitung der zugrunde gelegten Leistungsspezifikation (Regelungsmodell 1)

Die Parteien können im Rahmen ihrer vertraglichen Gestaltungsfreiheit vereinbaren, dass sich die werkvertragliche Erfolgsverpflichtung des Unternehmers in der Abarbeitung der dem Vertrag zugrunde gelegten Leistungsspezifikationen erschöpft. Ein darüber hinausgehender funktionaler Erfolg wird in diesem Fall nicht geschuldet.

Bei dieser Konstellation besteht der rechtsgeschäftlich vereinbarte Werkerfolg gemäß den Regelungen der §§ 631, 633 BGB in der mangelfreien Umsetzung der vom Besteller vorgegebenen Leistungsspezifikationen. Ob das Werk funktionstauglich ist, spielt keine Rolle. Der Unternehmer haftet nicht für Beeinträchtigungen der weitergehenden Brauchbarkeit des Werkes, welche auf den mangelhaften Spezifikationen des Bestellers beruhen. Da der vereinbarte Erfolg auf die Abarbeitung der Leistungsvorgaben beschränkt ist, stellen die „Funktionsstörungen" des Werkes gerade keine Mängel im Sinne der Vorschrift des § 633 Abs. 2 BGB dar. Legen die Parteien dem Vertrag eine detaillierte Leistungsbeschreibung zu Grunde, so weichen sie vom gesetzlichen Leitbild des Werkvertragsrechts ab,[281] wonach die Planung und die Ausführung in der Hand des Unternehmers bleibt und es diesem überlassen ist, wie er den Erfolg herbeiführen möchte. Der Besteller hat bei der detaillierten Leistungsbeschreibung in der Regel die Planung an sich gezogen und dem Unternehmer vorgegeben wie er das Werk errichten soll. Zweck dieser Art der Ausführung ist es, dass der Besteller entscheiden kann, welche konkreten Leistungen der Unternehmer erbringen muss, um den Erfolg zu bewirken.

Ob diesem Verständnis, dass die Funktionsstörungen des „Werkes" keinen Mangel darstellen, die Norm des § 633 Abs. 2 BGB nicht entgegensteht, erscheint fraglich. Nach dem Aufbau dieser Vorschrift, ergibt sich die Mangelfreiheit in erster Linie aus der Parteivereinbarung. Maßgebend sind zunächst alle Beschaffenheitsangaben, welche von den Parteien vertraglich festgelegt wurden. Haben die Parteien vereinbart, dass der geschuldete Leistungserfolg in der Abarbeitung der vom Besteller vorgegebenen Spezifikationen besteht, beschränken sie rechtsgeschäftlich die Erfolgsverpflichtung des Unternehmers. Eine derartige Beschränkung können die Parteien im Rahmen ihrer Vertragsfreiheit grundsätzlich treffen, indem sie

---

279 Vgl. 2. Teil V. 1. b) dd) (1).
280 Vgl. 2. Teil V. 1. b) dd) (2).
281 *Fuchs*, BauR 2009, 404, 406; *Leupertz*, BauR 2010, 273, 274.

den Erfolg dahingehend begrenzen, dass der Unternehmer nur verpflichtet ist, die Leistungsvorgaben des Bestellers abzuarbeiten. Die Erfolgsbewirkungspflicht des Werkvertragsrechts steht dem nicht entgegen.

(2) Die werkvertragliche Erfolgsverpflichtung umfasst die Herstellung eines funktionstauglichen Gesamtwerks (Regelungsmodell 2)

Entscheiden sich die Parteien für das Regelungsmodell 2 so schuldet der Unternehmer, auch bei Vereinbarung einer detaillierten Leistungsbeschreibung, einen umfassenden Werkerfolg. Dieser ist in der Herstellung eines funktionstauglichen Werkes zu sehen.[282] Das Bauwerk wurde vom Unternehmer dann mangelhaft errichtet, wenn es nicht funktionstauglich ist. Der Unternehmer ist bei Vereinbarung dieses Regelungsmodells verpflichtet, auch Leistungen zu erbringen, welche für das Bewirken des Erfolges erforderlich sind, obwohl sie von den Leistungsvorgaben des Bestellers abweichen oder sogar darüber hinausgehen. Fraglich in diesem Zusammenhang ist, ob der Besteller für Risiken, welche sich aus der Unzulänglichkeit seiner Planung ergeben, einstehen muss.

Nach Ansicht des Bundesgerichtshofes bestimmt sich der vertraglich geschuldete Erfolg in dieser Konstellation nämlich nicht allein nach der zu seiner Erreichung vereinbarten Leistung oder Ausführungsart, sondern auch danach, welche Funktion das Werk nach dem Willen der Parteien erfüllen soll.[283] Dieser Wille kann sich ausdrücklich aus den vertraglichen Vereinbarungen ergeben oder durch Auslegung des Vertrages zu ermitteln sein.

Diese Ansicht beruht auf dem Gedanken, dass die Leistungsvereinbarung der Parteien von der Herstellungsverpflichtung des Unternehmers überlagert wird. Diese Verpflichtung umfasst die Verwirklichung eines funktionstauglichen Werkerfolges und entfällt nicht dadurch, dass die Funktionalität des Bauwerkes mit den Leistungsvorgaben des Bestellers nicht erbracht werden kann.[284] Die Erfolgsbewirkungspflicht des Unternehmers gilt unabhängig davon, ob die Parteien eine bestimmte Ausführungsart vereinbart haben. Kann der geschuldete Erfolg mit den vertraglich vereinbarten Leistungen oder der Ausführungsart nicht erreicht werden, schuldet der Unternehmer in dieser Konstellation dennoch ein funktionstaugliches Gesamtwerk.

---

282 Vgl. 2. Teil III. 4.

283 BGH, Urteil vom 08.11.2007 – VII ZR 183/05, BauR 2008, 344 ff.; BGH, Urteil vom 30.06.2011 – VII ZR 109/10, NJW 2011, 2644; BGH, Urteil vom 21.11.2013 – VII ZR 275/12, NZBau 2014, 281; BGH, Urteil vom 08.05.2014 – VII ZR 203/11.

284 Vgl. *Kniffka* in: Kniffka/Koeble, Teil 6 Rn. 23; *Leupertz*, BauR 2010, 273, 276.

(3) „Zwitter“: Die Erfolgsverpflichtung des Unternehmers lässt sich nicht eindeutig bestimmen

Haben die Parteien keine Vereinbarungen getroffen und/oder lässt sich auch durch eine Auslegung des Vertrages nicht ermitteln, ob der Unternehmer und der Besteller dem Vertrag Regelungsmodell 1 oder 2 zu Grunde legen wollten, ist zu untersuchen, wie derart nicht eindeutig gestaltete Verträge zu behandeln sind. Im Folgenden sollen zunächst die Vor- und Nachteile der jeweiligen Modelle dargelegt werden und anschließend der Frage nachgegangen werden, welches der beiden Modelle vorrangig zur Anwendung kommen soll, wenn sich durch Auslegung des Vertrages nicht ermitteln lässt, welches Modell die Vertragsparteien gewählt haben. Es geht um die Frage, ob in Fällen, in denen sich die Erfolgsverpflichtung des Unternehmers nicht eindeutig bestimmen lässt, durch Auslegung das Regelungsmodell 1 oder das Regelungsmodell 2 erreicht wird.

Die Zuordnung zu den einzelnen Modellen ist in den Fällen ohne Belang, wo die Planung des Bestellers, auf welche die Ausführung des Unternehmers aufbaut, mangelfrei ist und der funktionale Werkerfolg durch die Bestellervorgaben erreicht werden kann.

Ist die Planungsleistung des Bestellers jedoch mangelbehaftet mit der Konsequenz, dass die Bauleistung nicht funktionstauglich erbracht werden kann, so ist die Differenzierung welches Modell derartigen Verträgen zu Grunde zu legen ist, für die Haftung und die Gewährleistungsrisiken des Unternehmers bedeutsam. Wird dem Vertrag Regelungsmodell 1 zu Grunde gelegt, stehen dem Besteller keine Gewährleistungsansprüche gegenüber dem Unternehmer zu, wenn trotz der mangelfreien Abarbeitung der Leistungsspezifikationen das Werk nicht funktionstauglich ist. Fraglich ist darüber hinaus, ob in dieser Situation eine selbstständige Prüfungs- und Hinweispflicht des Unternehmers gegenüber dem Besteller besteht, nach welcher dieser verpflichtet ist, den Besteller darauf hinzuweisen, dass ein funktionstaugliches Werk nicht entsteht.

Ist hingegen Regelungsmodell 2 gegenüber Regelungsmodell 1 vorrangig, so muss der Unternehmer für die Funktionstauglichkeit des Werkes einstehen mit der Konsequenz, dass der Besteller gegenüber dem Unternehmer Mängelansprüche geltend machen kann, solange das Werk nicht funktionstauglich ist.

Die Auslegung des Vertrages bereitet dann Probleme, wenn die Parteien einerseits mehr oder weniger detailliert konkrete Maßnahmen benennen, andererseits eine funktionale Zielrichtung dieser Maßnahmen ersichtlich ist, so dass dem Vertrag nicht eindeutig eine Zuordnung zu Regelungsmodell 1 oder 2 zu entnehmen ist. Weder Regelungsmodell 1 noch Regelungsmodell 2 ist von sich aus als vorrangig anzusehen. Es ist daher eine Regel zu entwickeln, welches der beiden Modelle den Vorrang bei dergestalt nicht eindeutig geregelten Verträgen genießt.

Es ist zunächst zu untersuchen, was geschieht, wenn bei nicht eindeutig gestalteten Verträgen Regelungsmodell 1 oder Regelungsmodell 2 zu Grunde gelegt wird. In einem ersten Schritt soll daher zunächst geprüft werden, welche Vor- und welche Nachteile sich aus der Wahl eines der beiden Modelle ergeben, und sodann untersucht werden, in welcher Art und Weise diese korrigiert werden können.

(a) Regelungsmodell 1 wird dem Vertrag zu Grunde gelegt

Wird dem Bauvertrag Regelungsmodell 1 zu Grunde gelegt, werden vom Unternehmer nur die vertraglich bepreisten Maßnahmen geschuldet. Das vertraglich vereinbarte Äquivalenzverhältnis ist bei diesem Modell vorrangig. Der Unternehmer haftet nicht für Mängel, welche die Funktionstauglichkeit des Werkes beeinträchtigen und die auf fehlerhafte oder unzureichende Vorgaben des Bestellers zurückzuführen sind.[285] Die Erfolgshaftung des Unternehmers wird in dieser vertraglichen Konstellation beschränkt auf die mangelfreie Umsetzung der Bestellervorgaben.[286] Eine darüber hinausgehende Erfolgsbewirkungspflicht des Unternehmers besteht nicht.

(aa) Vorteile dieses Modells

Die Vorteile dieses Regelungsmodells bestehen darin, dass das vertragliche Äquivalenzverhältnis zwischen den Parteien nicht gestört wird, sondern erhalten bleibt. Der Unternehmer muss nur die vom Besteller detailliert ausgeschriebenen Leistungen erbringen und erhält als Gegenleistung die vertraglich vereinbarte Vergütung. Dies ist der zwischen den Parteien rechtsgeschäftlich vereinbarte Werkerfolg im Sinne der Vorschrift des § 631 BGB. Wird bei nicht eindeutig gestalteten Verträgen Regelungsmodell 1 der Vorrang gegenüber Regelungsmodell 2 eingeräumt, so wird in das vertragliche Äquivalenzgefüge nicht nachträglich eingegriffen.

Der Unternehmer haftet in dieser Konstellation nicht für eine darüber hinausgehende Brauchbarkeit des Werkes. Er schuldet eben gerade kein funktionstaugliches Bauwerk. Seine Erfolgshaftung erschöpft sich in der mangelfreien Erbringung der ausgeschriebenen Leistungen.

(bb) Nachteile dieses Modells

Der Unternehmer schuldet in diesem Fall kein funktionstaugliches Bauwerk, sondern nur die Abarbeitung der Bestellervorgaben. Führen diese Angaben nicht zu einem funktionstauglichen Gesamtwerk, so erhält der Besteller ein untaugliches Gesamtwerk („fabrikneuer Schrott") und muss die zur Erreichung eines funktionstauglichen Gesamtwerkes erforderlichen Leistungen möglicherweise von einem Dritten kostenpflichtig zusätzlich erbringen lassen. Der Schutz des Bestellers ist in dieser Konstellation gering, da er unter Umständen ein für ihn untaugliches Werk erhält. Dies kann zu einer hohen Erpressbarkeit des Bestellers in Bezug auf erforderliche Vertragsänderungen auf der Leistungsebene und damit oftmals einhergehende Anpassungen auf der Vergütungsebene führen.

In dieser Situation ist fraglich, ob dem Unternehmer eine selbstständige Prüfungs- und Hinweispflicht „obliegt", dem Besteller mitzuteilen, dass seine Planung nicht zu einem funktionstauglichen Werk führen kann. Diese Frage soll im Folgenden untersucht werden. Würde man dies bejahen, würde der Unternehmer eine

---

285 *Leupertz*, BauR 2010, 273, 275.
286 *Leupertz*, BauR 2010, 273, 275.

Pflichtverletzung begehen, wenn er es versäumen würde, den Besteller auf seine mangelhafte Planung hinzuweisen, obwohl er dazu verpflichtet war. Bejaht man eine Pflichtverletzung, so stünde dem Besteller wohl nur ein Schadensersatzanspruch zu. Sein Anspruch wäre in dieser Situation auf einen geldwerten Ausgleich beschränkt und nicht auf die Verwirklichung eines funktionstauglichen Bauwerkes.[287]

Des Weiteren ist der Vorrang des Äquivalenzverhältnisses ökonomisch unsinnig, da der Besteller in der Regel keine Verwendungsmöglichkeit für ein für ihn ungeeignetes Werk hat. Er kann nur Schadensersatz statt der ganzen Leistung verlangen und/oder vom Vertrag zurücktreten, wenn die Pflichtverletzung des Unternehmers nicht unerheblich ist (§ 281 Abs. 1 Satz 3 BGB; § 323 Abs. 5 Satz 2 BGB). Dies ist nur dann der Fall, wenn die mangelhafte Planung des Bestellers für den Unternehmer offensichtlich war und er diese ohne weiteres erkennen konnte und er es dann unterlassen hat, den Besteller auf die Mängel seiner Planung hinzuweisen.

(cc) Korrektiv von Regelungsmodell 1

Wird dem Vertrag Regelungsmodell 1 zu Grunde gelegt, ist dieses Ergebnis durch die Pflicht des Unternehmers den Besteller auf Bedenken seiner Planung hinzuweisen, zu korrigieren.

Im Rahmen der zwischen den Parteien getroffenen vertraglichen Abreden[288] trifft den Unternehmer gegenüber dem Besteller eine vertragliche Aufklärungspflicht gemäß den Vorschriften der §§ 280 Abs. 1, 241 Abs. 1 BGB. Der Unternehmer hat neben der Pflicht zur Herstellung des versprochenen Werks die Pflicht, dem Besteller einen Hinweis zu erteilen, wenn er im Hinblick auf die vorgesehene Funktion des Werkes Bedenken gegen die Planung des Bestellers hat und es offensichtlich ist, dass mit den Vorgaben des Bestellers die beabsichtigte Funktion nicht erreicht werden kann. Für die schuldhafte Verletzung dieser Hinweispflicht haftet der Unternehmer dem Besteller gemäß den Vorschriften der §§ 280 Abs. 1, 241 Abs. 1 BGB auf Schadensersatz, ggf. unter Berücksichtigung eines Mitverschuldens des Bestellers oder dessen Architekten (§§ 254, 278 BGB).

Die Reichweite einer solchen Nebenpflicht ist jedoch fraglich. Eine Aufklärungspflicht des Unternehmers kommt nur dann in Betracht, wenn der Unternehmer über Informationen verfügt, von denen er weiß oder annehmen muss, dass sie der anderen Partei unbekannt sind, aber für ihren Entschluss von wesentlicher Bedeutung sind oder vernünftigerweise sein müssten.[289] Eine Informationspflicht des Unternehmers im Fall eines erkennbaren Informationsvorsprungs ist grundsätzlich zu bejahen. Hat der Unternehmer Kenntnis von der mangelhaften Planung oder erkennt er im Laufe der Ausführungsphase die Mängel in der Planung des Bestellers, so ist

287 *Leupertz*, BauR 2010, 273, 276.

288 Betrifft die Verletzung der Aufklärungspflicht die Phase der Vertragsverhandlungen, so haftet der Unternehmer nach den Grundsätzen der culpa in contrahendo (§§ 311 Abs. 2, 242 Abs. 2 i.V.m. § 280 Abs. 1 BGB).

289 MüKoBGB/*Roth*, § 241 BGB Rn. 123.

er verpflichtet, diesen auf die Fehler seiner Planung hinzuweisen.[290] Teilt er dieses Wissen nicht mit, so macht er sich gegenüber dem Besteller schadensersatzpflichtig.

Ob der Unternehmer die vom Besteller gemachten Leistungsvorgaben immer zwingend prüfen und ihn dann auf eventuelle Mängel seiner Vorgaben hinweisen muss, erscheint fraglich. Es stellt sich in dieser Situation daher die Frage, ob über die bloße Weitergabe vorhandener oder offensichtlich erkennbarer Informationen eine weitergehende Prüfungs- und Hinweispflicht des Unternehmers begründet werden kann.

Voraussetzung einer Aufklärungspflicht ist es, dass der Aufklärungspflichtige über die Kenntnis der relevanten Tatsachen verfügt.[291] Kann der Unternehmer seiner Aufklärungspflicht jedoch nur nachkommen, indem er die komplette Planung auf ihre Funktionalität hin überprüft, geht dies zu weit und kann vom Unternehmer in dieser Situation nicht verlangt werden. Die Haftung des Unternehmers auf Risiken auszudehnen, welche aus der Sphäre des Bestellers stammen und die der Unternehmer nicht unmittelbar beeinflussen kann, erscheint daher zu weitgehend. Legen die Parteien dem Vertrag dieses Regelungsmodell zu Grunde, so weichen sie vom Leitbild des gesetzlichen Werkvertragsrechts ab, wonach die Planung und die Ausführung in der Hand des Unternehmers liegt und dieser frei entscheiden kann, in welcher Art und Weise er den werkvertraglich geschuldeten Erfolg bewirken will. Da ihm diese Entscheidungsbefugnis genommen ist, ist es ihm nicht zumutbar, die Risiken zu tragen, welche sich aus einer mangelhaften Planung des Bestellers ergeben.

Die Parteien haben sich bewusst dafür entschieden, dass der Besteller werkvertragsuntypisch die Planung des zu erstellenden Werkes übernimmt. Diese von den Parteien getroffene Entscheidung kann nicht dadurch umgangen werden, dass der Unternehmer verpflichtet wird, die gesamte Planung des Unternehmers nachzuprüfen um festzustellen, ob mit den Vorgaben der funktionale Werkerfolg überhaupt erreicht werden kann oder nicht. Eine derartige Pflicht würde die bewusste Entscheidung der Parteien, dass die Planungsverantwortung beim Besteller liegt ins Gegenteil verkehren. Ein derartiger Automatismus würde die Vertragsfreiheit der Parteien unangemessen beeinträchtigen und dem Unternehmer Risiken auferlegen, welche die Parteien bewusst auf den Besteller übertragen haben.

Der Unternehmer ist daher nur verpflichtet, das Werk auf evidente Fehler hin zu untersuchen und dem Besteller etwaige Bedenken mitzuteilen. Nur wenn er dieser Verpflichtung nicht nachkommt, verletzt er eine vertragliche Nebenpflicht aus § 241 Abs. 1 BGB und ist dem Besteller gegenüber gegebenenfalls zum Schadensersatz verpflichtet.

Erteilt der Unternehmer dem Besteller einen entsprechenden Hinweis muss dieser, um diesem Hinweis abhelfen zu können, die praktisch umsetzbare Möglichkeit haben, das ursprünglich geschuldete Werk einseitig zu ändern. Es muss zu Gunsten

---

290 Vgl. 3. Teil II. 4. c); 4. Teil, 5. Teil.

291 MüKoBGB/*Roth*, § 241 BGB Rn. 126.

des Bestellers im Vertrag eine Änderungsbefugnis zum Zwecke der Bedenkenabhilfe vereinbart werden, inklusive des Anspruchs des Unternehmers auf Anpassung der Vergütung, welchen es zum Ausgleich dieser zwingenden Änderungsbefugnis geben muss.

(b) Regelungsmodell 2 wird dem Vertrag zu Grunde gelegt

Wird dem Vertrag Regelungsmodell 2 zu Grunde gelegt, hat die funktionale Ausrichtung der geschuldeten Leistung Vorrang vor dem Äquivalenzverhältnis, auf welchem der Vertrag beruht. Die werkvertragliche Erfolgsverpflichtung des Unternehmers besteht bei dieser Konstellation in der Herstellung eines funktionstauglichen Werkes. Sie erschöpft sich nicht lediglich in der Abarbeitung der Bestellervorgaben. Der Unternehmer muss, um den von ihm geschuldeten Erfolg zu bewirken, ein funktionstaugliches Werk herstellen. Erfüllt das geschuldete Werk diese funktionalen Vorgaben nicht, so muss der Unternehmer für die Mangelhaftigkeit des Werks einstehen und diese beseitigen.

Diese Rechtsfolge tritt in dieser Situation selbst dann ein, wenn dem zwischen den Parteien geschlossenen Vertrag zwar eine funktionale Zielrichtung zu Grunde liegt, der Besteller jedoch detailliert vorgibt, wie der Bauerfolg erreicht werden soll. Der Unternehmer schuldet nach der Norm des § 631 BGB einen umfassenden Werkerfolg. Er muss, legt man der Auslegung Regelungsmodell 2 zu Grunde, daher auch nicht ausgeschriebene und verpreiste Leistungen erbringen, welche zur Verwirklichung eines funktionalen Werkerfolges erforderlich sind. Diese Sichtweise ist geprägt von der schutzwürdigen Erwartung des Bestellers, ein funktionstaugliches Werk zu erhalten. Er will durch die Ansichziehung der Bauplanung in seine Hände, den Unternehmer gerade nicht von seiner werkvertraglich geschuldeten Erfolgsverpflichtung befreien. Durch die Erstellung einer detaillierten Leistungsbeschreibung soll eine Abstandnahme des Bestellers von seiner Funktionalitätserwartung rechtsgeschäftlich gerade nicht begründet werden.[292] Vielmehr soll dem Unternehmer lediglich der Weg zur funktionalen Leistungserbringung vorgegeben werden. Aus Sicht des Bestellers lässt sich mit der von ihm vorgegebenen detaillierten Leistungsbeschreibung der funktionale Erfolg erreichen. Akzeptiert der Unternehmer diese Vorgaben des Bestellers, so vermittelt er den Eindruck, mit der ihm vom Besteller zur Verfügung gestellten Leistungsbeschreibung sei der funktionale Werkerfolg zu erreichen.

(aa) Vorteile dieses Modells

Durch den Vorrang der Funktionalitätsabrede wird ein wirksamer, umfassender Schutz des Bestellers erreicht. Dieser erhält ein funktionstaugliches Bauwerk und keinen „fabrikneuen Schrott". Das umfassende Verständnis des Erfolges begründet in dieser Situation eine Prüfungspflicht des Unternehmers, die Vorgaben des Bestellers auf etwaige Planungsfehler hin zu untersuchen. Dieser ist als die fachkundigere

---

292 *Leupertz*, BauR 2010, 273, 277.

Person auch besser geeignet als der Besteller, Mängel der Planung zu erkennen und diese gegebenenfalls zu beseitigen. Wurde rechtsgeschäftlich vereinbart oder lässt sich durch Auslegung der vertraglichen Vereinbarungen ermitteln, dass die Vertragsparteien dem Werk eine funktionale Zielrichtung zu Grunde gelegt haben, entfällt diese nicht dadurch, dass die Funktionalität nicht mit den Leistungsvorgaben des Bestellers verwirklicht werden kann, im Gegenteil. Erkennt der Unternehmer eine Divergenz zwischen den detaillierten Vorgaben des Bestellers und dessen Funktionalitätserwartung, so ist er verpflichtet, diesen auf seine fehlerhaften Vorgaben und Anweisungen hinzuweisen und ihm die Möglichkeit zu eröffnen, diese zu korrigieren.

(bb) Nachteile dieses Modells

Legt man der Auslegung der vertraglichen Vereinbarung zwischen den Parteien das Regelungsmodell 2 zu Grunde, wird das vertragliche Äquivalenzgefüge gestört. Der Unternehmer muss auch nicht verpreiste Leistungen erbringen, um die Funktionstauglichkeit des Werkes zu verwirklichen. Unterlaufen dem Besteller Fehler bei der Bauplanung, muss der Unternehmer im Rahmen seiner Sachmängelhaftung für diese einstehen. Ihm wird in dieser Situation ein erhebliches wirtschaftliches Risiko, für die Planungsfehler des Bestellers einstehen zu müssen, übertragen. Die Motivation des Bestellers, das Werk sorgfältig zu planen und auszuschreiben, ist gering, da den Unternehmer das Risiko trifft, ein funktionstaugliches Werk zu erstellen.

(cc) Korrektiv

Wird dem Vertrag Regelungsmodell 2 zu Grunde gelegt, so muss das Korrektiv über die Anpassung der Vergütung des Unternehmers erfolgen.[293] Das detaillierte Leistungsverzeichnis, welches dem zwischen den Parteien vereinbarten Vertrag zugrunde liegt, hat in erster Linie Bedeutung für die Vergütungsseite. In ihm sollen die Parteien festlegen, welche Leistung der Unternehmer schuldet und welchen Preis er für die erbrachte Leistung verlangen kann. Erst in zweiter Linie kommt dem Leistungsverzeichnis Bedeutung für die Leistungsseite zu. Da der Unternehmer in dieser Situation verpflichtet ist, zusätzliche, über den ursprünglichen Leistungsumfang hinausgehende Leistungen zu erbringen, muss er somit eine Kompensation erhalten. Erkennt der Unternehmer während der Vertragsdurchführungsphase, dass mit den detaillierten Leistungsvorgaben des Bestellers der funktionale Erfolg nicht erreicht werden kann, steht ihm grundsätzlich ein Mehrvergütungsanspruch zu, da die ursprünglich vereinbarte Ausführungsart nach Vertragsschluss geändert werden muss. Umstritten ist lediglich, woraus sich ein derartiger Anspruch des Unternehmers ergibt, und wie er berechnet wird. Dieses Problem wird in Kapitel 4. dieses Abschnittes untersucht werden.

293 Vgl. 2. Teil IV. 3.

Wird erst nach Abnahme der Leistung des Unternehmers erkannt, dass durch die Abarbeitung der Bestellervorgaben ein funktionstaugliches Werk nicht errichtet wurde, muss der Unternehmer im Rahmen seiner Sachmängelhaftung für diesen Mangel einstehen und ihn im Wege der Nacherfüllung beseitigen. Der Unternehmer hat nach § 635 Abs. 2 BGB die zum Zwecke der Nacherfüllung erforderlichen Aufwendungen zu tragen. Die Nachbesserungsverpflichtung des Unternehmers umfasst alle Leistungen, welche erforderlich sind, um den Mangel zu beseitigen.[294] Fraglich ist, ob der Unternehmer auch mit den Kosten solcher Maßnahmen belastet werden darf, welche er nach dem ursprünglich zwischen den Parteien geschlossenen Vertrag nicht erbringen musste, er jedoch erbringen muss, um die Funktionstauglichkeit des Werkes zu erreichen. Im Ergebnis ist die Frage, ob diese „Sowieso-Kosten" zu den Aufwendungen gehört, welche der Unternehmer tragen muss, zu verneinen.[295] Hierzu soll im Einzelnen in Kapitel 5. Ziffer II. 2 d) (aa) Stellung genommen werden.

Der Unternehmer kann sich – bei Zugrundelegung von Regelungsmodell 2 – auf der Leistungsebene von seinem umfassenden Sachmängelhaftungsrisiko nur enthaften, wenn er die Planung des Bestellers prüft und diesen rechtzeitig auf etwaige Bedenken hinweist (§§ 4 Abs. 3, 13 Abs. 3 VOB/B, § 242 BGB).[296] Diese Prüfungs- und Bedenkenhinweispflicht ist Bestandteil seiner werkvertraglichen Erfolgsverpflichtung.[297] Die Bedenkenhinweispflicht ist daher von zentraler Bedeutung für die Abwicklung fehlgeplanter Bauverträge.

(c) Stellungnahme

Liegen dem Vertrag sowohl eine funktionale Zielrichtung als auch detailliert konkrete Vorgaben des Bestellers zu Grunde, ist die Frage zu beantworten, in welcher Art und Weise dergestalt nicht eindeutige Verträge zu behandeln sind. Die Antwort auf diese Frage bestimmt entscheidend den vom Unternehmer geschuldeten Erfolg, sowie seine Verpflichtung, etwaige Fehler beheben zu müssen.

Grundsätzlich steht es den Parteien frei, sich rechtsgeschäftlich entweder für Regelungsmodell 1[298] oder 2[299] zu entscheiden. Die tatsächlichen, rechtlichen und wirtschaftlichen Vor- und Nachteile beider Modelle wurden umfassend erörtert.[300]

Eine gesetzlich verankerte Vermutung das eine oder das andere Modell als vorrangig anzunehmen, besteht nicht. Maßgeblich sind zuvörderst die vertraglichen Vereinbarungen zwischen den Parteien. Anhand denen ist zu beurteilen, ob dem

294 Glöckner/von Berg/*Irl*, § 635 BGB Rn. 28; PWW/*Leupertz/Halfmeier*, § 635 BGB Rn. 5; Palandt/*Sprau*. § 635 BGB Rn. 6.
295 Vgl. BGH, Urteil vom 17.05.1984 – VII ZR 169/82, BauR 1984, 510, 512; BGH, Urteil vom 13.09.2001 – VII ZR 392/00, BauR 2002, 86, 88.
296 Vgl. 3. Teil II. 4. c); 4. Teil, 5. Teil.
297 *Leupertz*, BauR 2010, 273, 277.
298 Vgl. 2 Teil V. 1. b) dd) (1).
299 Vgl. 2 Teil V. 1. b) dd) (2).
300 Vgl. 2. Teil V. 1. b) dd) (3).

Vertrag eine funktionale Zielrichtung zu Grunde liegt, mit der Folge, dass der Unternehmer verpflichtet ist, zusätzlich zu der vereinbarten Ausführungsart alle darüber hinaus erforderlichen Arbeiten, welche notwendig sind, um den funktionalen Erfolg zu verwirklichen, zu erbringen.

Aus diesem Grund ist zu untersuchen, ob für die Fälle, in welchen die vertraglichen Vereinbarungen der Parteien unklar sind, eine Regelannahme zu entwickeln ist, um die Frage zu beantworten, ob die Funktionalitätsabrede (Regelungsmodell 2) oder die detaillierte Ausschreibung (Regelungsmodell 1) den Vorrang genießt, wenn die Parteien keine entsprechende Entscheidung getroffen haben.

Die rechtsgeschäftlichen Erklärungen der Parteien sind in dieser Konstellation mehrdeutig und können auch durch eine Auslegung keinem eindeutigen Ergebnis zugeführt werden, da als gleichwertiger Bestandteil der Auslegung grundsätzlich sowohl die detaillierten Vorgaben des Bestellers, als auch die funktionale Zielrichtung des Vertrages zu Grunde gelegt werden müssen. Fraglich in diesem Zusammenhang ist, ob der Besteller bei dieser Art der Vertragsgestaltung erwarten darf, dass der Unternehmer das Werk funktionstauglich errichtet und der Unternehmer uneingeschränkt verpflichtet ist, diese berechtigte Funktionstauglichkeitserwartung des Bestellers zu erfüllen. Es ist daher zu untersuchen, ob diese Erwartung des Bestellers schutzwürdig ist und als Element der Auslegung stets berücksichtigt werden muss.

Die Annahme einer generellen „Funktionstauglichkeitsverpflichtung", die alle von den Parteien vereinbarten Leistungsanforderungen bei Funktionsproblemen „weg-überlagern" würde, ist mit dem Willen des Gesetzgebers nicht vereinbar.[301] Im Gesetzgebungsverfahren ist die „Funktionstauglichkeit" mit keinem Wort erwähnt.[302] Das Bürgerliche Gesetzbuch verwendet weder den Begriff der Funktion noch der Funktionstauglichkeit, es spricht in § 633 Abs. 2 von der „vereinbarten Beschaffenheit" eines Werks.[303] Soweit diese Beschaffenheit eine bestimmte Funktion eines herzustellenden Gegenstands verlangt, ist dessen ausreichende Funktion natürlich ein Kriterium für die Beurteilung, ob das Werk mangelhaft errichtet wurde. Aber auch dann ist allein entscheidend, ob diese vereinbarten Anforderungen an die Beschaffenheit erfüllt sind. Der Wille des Gesetzgebers hat sich im Wortlaut des § 633 Abs. 2 BGB eben nicht so ausgedrückt, dass gerade die Funktionsuntauglichkeit eines Gegenstandes das entscheidende Mangelkriterium sein sollte. Im Gegenteil: Der Gesetzgeber stellt in erster Linie auf die vereinbarte Beschaffenheit der Werkleistung ab.

Hat der Besteller die Planung des Werkes übernommen, ist fraglich, ob sich der vom Unternehmer zu erzielende Werkerfolg auf die Abarbeitung der vom Besteller vorgegebenen Spezifikationen beschränkt. Ein Automatismus, dass die Parteien in dieser Konstellation Abstand vom funktionalen Werkerfolg nehmen, besteht jedoch gerade nicht. Der Besteller hat kein Interesse daran, den Unternehmer aus der

301 *Sass*, NZBau 2013, 132, 134.
302 *Sass*, NZBau 2013, 132, 134.
303 *Sass*, NZBau 2013, 132, 134.

Planungsverantwortung zu entlassen und auf dessen „know-how" zu verzichten. Die dem Unternehmer vom Besteller vorgegebenen Spezifikationen sollen die Leistungspflicht des Unternehmers in der Regel daher nicht einschränken, sondern erweitern.

Aus der maßgeblichen Sicht des Unternehmers fehlt es in der Regel jedoch bereits an der Übernahme der Planungsverantwortung durch den Besteller. In der Praxis ist die Vereinbarung einer rein funktionalen Leistungsbeschreibung selten. Detaillierte Bestellervorgaben sind die Regel. Dies hat mehrere Gründe. Der Besteller hat oftmals kein Interesse daran, den Unternehmer das herzustellende Werk frei planen zu lassen. Er möchte bei der Herstellung des Werkes wissen was ihn erwartet und nicht die „Katze im Sack" kaufen. Aus diesem Grund schränkt er die Ausführungsfreiheit des Unternehmers ein, um so das Risiko, welches der rein funktionalen Leistungsausschreibung innewohnt, zu minimieren.

Ein weiterer Aspekt ist, dass der geschuldete Werkerfolg oftmals durch verschiedene Maßnahmen erreicht werden kann, welche für die Vermögenslage des Bestellers von erheblicher Bedeutung sind. Wurde der Erfolg funktional vereinbart, liegt es in der Hand des Unternehmers, den Weg zum Erfolg festzulegen und mithin die Höhe der Kosten zu bestimmen. Macht der Besteller dem Unternehmer demgegenüber Vorgaben, wie das gewünschte Werk beschaffen sein soll, so hat er es in der Hand, den Herstellungsweg zu bestimmen und dadurch die geschuldete Vergütung entscheidend zu beeinflussen.

Des Weiteren möchte der Besteller durch die Vorgabe einzelner Details den Marktwert der herzustellenden Leistung sichern. Er kann dies dadurch erreichen, dass er dem Unternehmer vorgibt, in welcher Art und Weise er den Erfolg herbeiführen soll.

Die Reichweite der Erfolgsbewirkungspflicht des Unternehmers ergibt sich somit in erster Linie aus der Vereinbarung der Parteien unter Rückgriff auf die Vorschrift des § 633 Abs. 2 BGB. Haben die Parteien dem Vertrag eine funktionale Zielrichtung zu Grunde gelegt, so ist diese als Teil der Beschaffenheitsvereinbarung nach § 633 Abs. 2 Satz 1 BGB anzusehen und der Unternehmer schuldet die mangelfreie Herstellung des Werkes. Diese ist nur dann verwirklicht, wenn der Unternehmer die Bestellervorgaben mangelfrei umgesetzt hat und dadurch den funktionalen Werkerfolg erreichen konnte.

Der Besteller hat keine Intention den Werkerfolg einzuschränken, sondern möchte ihn durch die vorgegebenen Spezifikationen lediglich konkretisieren. Aus diesem Grund können die Vorgaben des Bestellers die Erfolgsbewirkungspflicht und die umfassende Pflicht zur Ausführungsplanung des Unternehmers nicht einschränken. Die vom Besteller vorgegebenen Spezifikationen stellen lediglich „Wegpunkte" auf dem Weg zum funktionalen Erfolg dar. Die zwischen den Parteien vereinbarte Leistungsbeschreibung hat daher in erster Linie Bedeutung für die Vergütungsvereinbarung der Parteien. In ihr ist kein Automatismus zu sehen, wonach die Abarbeitung dieser Vorgaben den funktionalen Werkerfolg beschränken soll.

Liegt dem Vertrag eine funktionale Zielrichtung zu Grunde, so muss der Unternehmer um seiner Erfolgsbewirkungspflicht zu genügen, mit den Vorgaben des Bestellers den funktionalen Werkerfolg erreichen. In dieser Situation gibt es eine

Regelannahme, dass dem Vertrag Regelungsmodell 2 innewohnt. Eine übermäßige Belastung des Unternehmers ist auf der Vergütungsebene auszugleichen. Der Unternehmer verletzt seine ihm obliegende Verpflichtung, den werkvertraglich geschuldeten Erfolg zu bewirken, wenn das Werk nicht funktionstauglich ist. Die Funktionalitätserwartung des Bestellers kann durch die vertraglichen Vereinbarungen der Parteien begrenzt werden. Der geschuldete Werkerfolg ist durch Auslegung des Vertrages zu ermitteln. Grundsätzlich schuldet der Unternehmer die mangelfreie Erbringung des vertraglich vorausgesetzten, sonst des üblichen Verwendungszweckes.

Möchten die Parteien dem Vertrag Regelungsmodell 1 zu Grunde legen, so müssen sie dies rechtsgeschäftlich vereinbaren. Es steht ihnen im Rahmen der Privatautonomie grundsätzlich frei, einen durch die vom Besteller vorgegebenen Spezifikationen beschränkten Erfolg zu vereinbaren. Diese Beschränkung der Erfolgsverpflichtung des Unternehmers müssen die Parteien jedoch ausdrücklich und individualvertraglich regeln, da die Planungsübernahme durch den Besteller und die daraus resultierende Erfolgsbeschränkung des Unternehmers gegen das gesetzliche Leitbild des Werkvertragsrechts, mit seiner umfassenden Erfolgsbewirkungsverpflichtung durch den Unternehmer, verstößt.

2. Zwischenergebnis

Die Erfolgsverpflichtung des Werkunternehmers ist abhängig von den vertraglichen Vereinbarungen, welche die Parteien miteinander getroffen haben. Regelungsmodell 1 kann dem Vertrage nur zu Grunde gelegt werden, wenn die Parteien die Erfolgsbewirkungspflicht des Unternehmers wirksam rechtsgeschäftlich eingeschränkt haben. Es steht den Parteien in dieser Situation frei, die Funktionalitätshaftung des Unternehmers individualvertraglich einzuschränken oder gar aufzuheben, und hierdurch seine Erfolgsverpflichtung zu bestimmen. Voraussetzung der Haftungsbeschränkung des Unternehmers und der Zuweisung des Funktionalitätsrisikos auf den Besteller ist die Bedenkenaufklärung durch den Unternehmer. Treffen die Parteien keine rechtsgeschäftliche Abrede, dass der Unternehmer lediglich die Abarbeitung der Bestellervorgaben schuldet, um den Erfolg zu bewirken, so besteht die Regelannahme, dass der Unternehmer um seiner Erfolgsbewirkungspflicht zu genügen, ein funktionstaugliches Werk errichten muss und in Fällen, in denen die Erfolgsverpflichtung des Unternehmers sich nicht eindeutig bestimmen lässt, dem Vertrag Regelungsmodell 2 zugrunde gelegt wird.

IV. Die Gegenleistungspflicht des Bestellers

1. Vorüberlegungen

Der Bauvertrag hat wie jeder gegenseitige Vertrag zwei Seiten. Eine Leistungsseite, welche die vom Unternehmer zu erbringende Leistung mehr oder weniger detailliert beschreibt und eine Vergütungsseite, welche die Gegenleistung, die der Besteller für die erbrachten Leistungen des Unternehmers erbringen muss, festlegt. Eine der

Hauptleistungspflichten des Bestellers besteht in der Zahlung der vertraglich[304] vereinbarten Vergütung.[305]

Sowohl der Inhalt der Vergütungsvereinbarung als auch die Höhe der geschuldeten Vergütung unterliegen der privatautonomen Entscheidung der Vertragsparteien.[306] Ihnen steht es frei, eine Berechnungsweise zu wählen, welche für die individuellen Umstände des Bauvorhabens am zweckmäßigsten ist.[307] Es kommen verschiedene Berechnungsmodelle in Betracht. Die Parteien können die Vergütung durch eine Pauschalsumme festsetzen,[308] nach Einheitspreisen[309] die Höhe der Vergütung festlegen, nach Stundenlohnsätzen abrechnen[310] oder die Vergütung nach den Selbstkosten des Unternehmers[311] bestimmen.

2. Die Äquivalenzerwartung der Vertragsparteien

Welche konkrete Vergütung der Besteller für die vom Unternehmer erbrachte Leistung als Gegenleistung zu bezahlen hat, müssen die Parteien im Rahmen des zwischen ihnen geschlossenen Vertrages selbstständig festlegen,[312] indem sie den konkret ausgeschriebenen Leistungsumfang bepreisen.[313]

---

304 Eine Einigung über die Höhe der zu entrichtenden Vergütung ist wegen der Vorschrift des § 632 Abs. 1 und 2 BGB für die Wirksamkeit des Bauvertrages nicht zwingend erforderlich. Diese Norm bestimmt, dass eine Vergütung als stillschweigend vereinbart gilt, wenn die Herstellung des Werkes den Umständen nach nur gegen eine Vergütung zu erwarten ist. Diese Voraussetzung ist bei einem Bauvertrag zweifelsohne gegeben.

305 Messerschmidt/Voit/*Leupertz*, K Rn. 1; MüKoBGB/*Busche*, § 633 BGB Rn. 85; Kniffka/*Jansen/von Rintelen*, § 633 BGB Rn. 316; Staudinger/*Peters/Jacoby*, § 631 BGB Rn. 60.

306 Messerschmidt/Voit/*Leupertz*, K Rn. 2.

307 MüKoBGB/*Busche*, § 631 BGB Rn. 88.

308 Messerschmidt/Voit/*Leupertz*, K Rn. 18–27; *Acker/Roquette*, BauR 2010, 293, 294 f.; Glöckner/von Berg/*Dören*, § 631 BGB Rn. 105 ff.; *Kniffka* in: Kniffka/Koeble, 5. Teil Rn. 226; Beck'scher VOB-Kommentar/*Jansen*, § 2 Abs. 7 VOB/B Rn. 3–26.

309 *Acker/Roquette*, BauR 2010, 293 f.; MüKo-BGB/*Busche*, § 631 BGB Rn. 160–172; *Kniffka* in: Kniffka/Koeble, 5. Teil Rn. 219–225; Kapellmann/Messerschmidt/*Kapellmann*, § 4 VOB/A Rn. 10–27; Glöckner/von Berg/*Dören*, § 631 BGB Rn. 79–104.

310 Messerschmidt/Voit/*Leupertz*, K Rn. 28–31; Ingenstau/Korbion/*Keldungs*, § 2 Abs. 4 VOB/B Rn. 4 f.; MüKoBGB/*Busche*, § 631 BGB Rn. 185–188; Glöckner/von Berg/*Dören*, § 632 BGB Rn. 163–169; BGH, Urteil vom 17.04.2009 - VII ZR 164/07, NJW 2009, 2199; *Peters*, NZBau 2009, 673 ff.

311 Glöckner/von Berg/*Dören*, § 632 BGB Rn. 170–171; Nomos/*Langen*, Anhang zu §§ 631–651 Rn. 62; Messerschmidt/Voit/*Leupertz*, K, Rn. 32.

312 PWW/*Halfmeier*/*Leupertz*, § 631 BGB Rn. 1; Glöckner/von Berg/*Vogelheim*, § 631 BGB Rn. 21; *Leupertz*, BauR 2010, 273; *Leupertz* in: FS Kapellmann, S. 253, 254; Messerschmidt/Voit/*von Rintelen*, H Rn. 2; Staudinger/*Peters/Jacoby*, § 633 BGB Rn. 7, 168.

313 *Leupertz*, BauR 2010, 273, 280.

Beide Parteien gehen bei Vertragsschluss in der Regel davon aus, dass sich die Werkleistung und die hierfür zu zahlende Vergütung in etwa entsprechen. Die Vertragsparteien haben daher die Erwartung, dass die Vergütungspflicht des Bestellers mit der Herstellungspflicht des Unternehmers im Synallagma steht. Bei einem Austauschvertrag besteht nämlich die Vermutung, dass nach dem Geschäftswillen der Parteien Leistung und Gegenleistung in einem ausgewogenen Verhältnis zueinander stehen.[314] Diese Vermutung wird als Äquivalenzerwartung bezeichnet. Der Unternehmer verpflichtet sich gerade deshalb, die ausgeschriebene Leistung zu erbringen, weil der Besteller sich im Gegenzug verpflichtet hat, die hierfür vereinbarte Vergütung zu entrichten. Die Höhe der vom Besteller zu entrichtenden Vergütung wird daher grundsätzlich durch die wechselseitige Vorstellung der Parteien geprägt, dass die Leistung des Vertragspartners der eigenen Leistung gleichwertig ist.[315]

3. Die Störung der Äquivalenzerwartung der Vertragsparteien

Kann mit der vertraglich vereinbarten Leistungsverpflichtung des Unternehmers der werkvertraglich geschuldete Erfolg nicht erreicht werden, so ist fraglich, ob die rechtsgeschäftlich verankerte Äquivalenzerwartung der Vertragsparteien gestört ist. Der bepreiste Leistungsumfang umfasst in dieser Situation nämlich nicht zwangsläufig alle für die Erfolgsbewirkung erforderlichen Maßnahmen, sondern umfasst die dem Vertrag zugrunde gelegten Leistungen.

Zu untersuchen ist daher, ob die Äquivalenzerwartung der Parteien verfehlt wird, wenn die bepreiste Leistung den vereinbarten Werkerfolg nicht herbeiführen kann, sondern die Herstellungspflicht des Unternehmers nach Art und Umfang über die vereinbarten Leistungen hinausgehen muss, für die die Preisvereinbarung getroffen wurde. Ist dies der Fall, werden diese Leistungen nicht vom „verpreisten" Leistungsumfang gedeckt, sondern fallen zusätzlich an. Es ist in dieser Situation daher fraglich, ob der Unternehmer für diese Mehraufwendungen vom Besteller eine zusätzliche Vergütung verlangen kann, oder ob er an die ursprünglich vereinbarte Preisabrede gebunden ist.

Zunächst ist zu differenzieren, ob die Parteien dem Vertrag eine funktionale oder eine detaillierte Leistungsbeschreibung zu Grunde gelegt haben.

---

314 BGH, Urteil vom 18.02.2000 – V ZR 334/98, NJW-RR 2000, 894; BGH, Urteil vom 17.04.2002 – VIII ZR 297/01, NJW 2002, 2310; BGH, Urteil vom 11.05.2009 – VII ZR 11/08, NJW 2009, 2443, 2446 m. Anm. *Sienz/Vogel*.

315 Messerschmidt/Voit/*Leupertz*, K Rn. 51.

4. Der Anspruch des Unternehmers auf eine zusätzliche Vergütung

a) Dem Bauvertrag liegt eine funktionale Baubeschreibung zu Grunde

Liegt dem Vertrag eine funktionale Leistungsbeschreibung zu Grunde, erhält der Unternehmer für die Herstellung des funktionstauglichen Werkes und mithin für zusätzlich anfallende Arbeiten grundsätzlich keine höhere Vergütung als die im Vertrag vereinbarte.[316] Ihm oblag die Planungsverantwortung. Er entscheidet, wie der werkvertragliche Gesamterfolg erbracht werden wird und welche Maßnahmen hierfür erforderlich sein werden. Aufgrund dieser Zuordnung trägt der Unternehmer das Risiko, dass sich der geschuldete Werkerfolg, so wie von ihm geplant, erreichen lässt.[317] Weist seine Planung Mängel auf und ist sie nicht als Grundlage für die Erreichung des vertraglich vereinbarten Bauerfolges geeignet, fällt das in seine Risikosphäre und der Unternehmer hat mit der vereinbarten Vergütung sämtliche zur Erreichung des geschuldeten Werkerfolges notwendigen Änderungs- und Zusatzleistungen auszuführen.[318] Bei einer funktionalen Leistungsbeschreibung wird die geschuldete Leistung über den zu erreichenden Erfolg vollständig definiert.[319] Der Unternehmer erhält für diese Leistung die vereinbarte Vergütung.[320] Ein darüber hinausgehender Anspruch auf eine Zusatzvergütung wegen nicht kalkulierter, für die Herstellung eines funktionstauglichen Werkes jedoch erforderlicher Arbeiten besteht in dieser Situation nicht.[321] Die zu erbringende Leistung wurde im Rahmen des zwischen den Parteien geschlossenen Vertrages bereits vollständig bepreist.

Eine zusätzliche Vergütung kann der Unternehmer nur verlangen, wenn das ursprüngliche Bauziel geändert wird. Bleibt der dem Vertrag zu Grunde gelegte Erfolg dagegen unverändert, so haftet der Unternehmer für Planungs- und/oder Ausführungsfehler selbst und er kann zur Beseitigung dieser Fehler grundsätzlich keine weitere Vergütung vom Besteller verlangen. Er kann allenfalls in den eng zu definierenden Grenzen des § 313 BGB eine Zusatzvergütung verlangen.

b) Dem Bauvertrag liegt eine detaillierte Baubeschreibung zu Grunde

Liegt dem Bauvertrag dagegen eine detaillierte Baubeschreibung zu Grunde, muss der Unternehmer die für die Ausführung der Bauleistung erforderlichen Planungsleistungen nicht erbringen. Die Detailplanung stammt in diesem Fall aus der Sphäre

316 KG, Urteil vom 14.02.2006 – 21 U 5/03, NZBau 2006, 241; OLG Brandenburg, Urteil vom 06.03.2007 – 11 U 166/05; Kleine-Möller/Merl/Glöckner/*Glöckner*, § 4 Rn. 141 f.; Messerschmidt/Voit/*Leupertz*, K Rn. 23.

317 *Bolz*, Jahrbuch Baurecht 2011, S. 107, 127.

318 *Bolz*, Jahrbuch Baurecht 2011, S. 107, 127.

319 BGH, Urteil vom 11.11.1993 – VII ZR 47/93, BauR 1994, 236, 237; OLG Celle, Urteil vom 14.07.2005 – 14 U 217/04, BauR 2005, 1776.

320 *Bolz*, Jahrbuch Baurecht 2011, S. 108, 123.

321 *Bolz*, Jahrbuch Baurecht 2011, S. 108, 123.

des Bestellers. Mit diesen planerischen Vorgaben hat der Besteller festgelegt, in welcher Art und Weise der Unternehmer den geschuldeten Werkerfolg herbeiführen soll. Aufgrund der vom Besteller gewählten Vertragsgestaltung übernimmt dieser daher das Risiko, dass sich der gewollte Werkerfolg auf Grundlage „seiner Planung" realisieren lässt.[322] Der Besteller geht in dieser Konstellation davon aus, dass der geschuldete Bauerfolg durch die Abarbeitung seiner ausgeschriebenen Leistungen verwirklicht werden kann und darüber hinausgehende Leistungen des Unternehmers für den Werkerfolg nicht erforderlich sind.

Die Bestellervorgaben bilden somit den zentralen Anknüpfungspunkt der Preisbildung. Da der Unternehmer seine Vergütung nach den Vertragsparametern ermittelt hat und der Preis nach diesen Vertragsparametern bestimmt wird, sind die Bestellervorgaben maßgeblich für die Bemessung des Vergütungsanspruches des Unternehmers. Müssen die Bestellervorgaben bei Vorliegen einer detaillierten Leistungsbeschreibung im Rahmen der Vertragsdurchführung geändert oder erweitert werden, um den geschuldeten Erfolg erreichen zu können, steht dem Unternehmer somit ein Vergütungsanspruch für diese weiteren „erfolgserforderlichen Leistungen" zu. Fraglich ist, aus welcher Anspruchsgrundlage sich ein derartiger Anspruch des Unternehmers ableiten lässt.

aa) Der Mehrvergütungsanspruch des Unternehmers aus § 2 Abs. 5 VOB/B oder aus § 2 Abs. 6 VOB/B

Liegt dem zwischen den Parteien geschlossenen Vertrag die VOB/B zugrunde, so kann sich ein Anspruch auf Vergütung bzw. Preisanpassung aus den Regelungen zur Abrechnung von Nachtragsleistungen ergeben. Ein Mehrvergütungsanspruch wegen einer Änderung des Bauentwurfs aus § 1 Abs. 3 VOB/B in Verbindung mit § 2 Abs. 5 VOB/B scheitert jedoch daran, dass die zur Herstellung der Funktionalität erforderlichen Arbeiten bereits im Vertrag vorgesehene Leistungen sind.[323] Die Regelung des § 1 Abs. 4 VOB/B ist ebenfalls nicht einschlägig, weil es sich um keine „nicht vereinbarten Leistungen" handelt.[324] Es geht vorliegend gerade nicht um Fälle, in denen im Verlauf des Herstellungsprozesses einvernehmlich durch die Parteien oder durch Anordnung des Bestellers die Leistungspflicht des Unternehmers verändert wurde. In der vorliegenden Konstellation geht es nicht um Leistungen, welche von den Parteien bereits verpreist wurden und welche sich im Laufe der Herstellungsphase erhöht oder vermindert haben. Aus diesem Grund können die § 2 Abs. 5 und Abs. 6 VOB/B dem Unternehmer gegenüber dem Besteller keinen Anspruch auf eine zusätzliche Vergütung gewähren. Es liegt im Ermessen des Bestellers, ob er die zusätzlichen Leistungen gemäß §§ 1 Abs. 4, 2 Abs. 6 VOB/B anordnet. Ordnet er zusätzlich Leistungen an, dann steht dem Unternehmer ein Anspruch aus § 2 Abs. 6 VOB/B oder § 632 BGB zu.

---

322 *Bolz* in: Jahrbuch Baurecht 2011, S. 107, 134.
323 *Leupertz*, BauR 2010, 273, 282.
324 *Leupertz*, BauR 2010, 273, 282.

bb) Geschäftsführung ohne Auftrag oder aus den Vorschriften des Bereicherungsrechts

Fraglich ist, ob sich der Mehrvergütungsanspruch des Unternehmers aus den Grundsätzen der Geschäftsführung ohne Auftrag oder aus den Vorschriften des Bereicherungsrechts herleiten lässt.

Im bestehenden Vertragsverhältnis besteht für das, was der Unternehmer zur Verwirklichung des Werkerfolges zu erbringen hat, immer ein Rechtsgrund beziehungsweise ein Auftrag.[325] Aus diesem Grund scheiden unabhängig davon, welchen Aufwand der Unternehmer für die nicht verpreisten, aber erforderlichen Arbeiten erbringen muss, Ansprüche aus Bereicherungsrecht und aus Geschäftsführung ohne Auftrag von vornherein aus.[326] Der Unternehmer betreibt kein fremdes Geschäft. Er erfüllt seine ohnehin bestehende werkvertragliche Verpflichtung zur Herstellung des vereinbarten Bauerfolges. Die Lösung der bestehenden Äquivalenzstörung kann daher nicht über einen Rückgriff auf die Grundsätze der Geschäftsführung ohne Auftrag oder des Bereicherungsrechts erfolgen.[327]

cc) Der Anspruch des Unternehmers auf eine Mehrvergütung aus den Vorschriften über die Störung der Geschäftsgrundlage

Fraglich ist, ob in dieser Situation ein Anspruch des Unternehmers auf eine Mehrvergütung nach den Grundsätzen der Störung der Geschäftsgrundlage gemäß § 313 BGB besteht.[328] Die Geschäftsgrundlage wird definiert, als „die bei Vertragsschluss bestehende gemeinsame Vorstellung beider Parteien oder die dem Geschäftsgegner erkennbaren und von ihm nicht beanstandeten Vorstellungen der einen Vertragspartei von dem Vorhandensein oder dem künftigen Eintritt gewisser Umstände, sofern der Geschäftswille der Parteien auf dieser Vorstellung beruht“.[329] Ob die gemeinsame Vorstellung der Parteien, dass die vertraglich vereinbarte Leistung zum Werkerfolg führen kann, zur Geschäftsgrundlage des Vertrages gehört, ist äußerst fraglich und in der Literatur und Rechtsprechung umstritten.[330] Nach Ansicht des Bundesgerichtshofs

---

325 *Leupertz*, BauR 2005, 775, 786; *Leitzke*, BauR 2008, 914, 916; *Fuchs*, BauR 2009, 404, 412.

326 *Leupertz*, BauR 2005, 775, 786; *Leitzke*, BauR 2008, 914, 916; *Fuchs*, BauR 2009, 404, 412.

327 *Leupertz*, BauR 2005, 775, 786; *Leitzke*, BauR 2008, 914, 916.

328 Dafür: *Leupertz*, BauR 2005, 775, 787; Messerschmidt/Voit-*Leupertz*, K Rn. 59; Palandt/*Grüneberg*, § 313 BGB Rn. 32; *Leitzke*, BauR 2008, 914, 921; *Kleine-Möller* in: FS Kapellmann, S. 187, 196; dagegen: *Fuchs*, BauR 2009, 404, 412.

329 BGH, Urteil vom 10.09.2009 – VII ZR 82/08, BauR 2009, 1897; BGH, Urteil vom 08.02.2006 – VIII ZR 304/04, NJW-RR 2006, 1037, 1038; BGH, Urteil vom 25.02.1993 – VII ZR 24/92, BauR 1993, 458.

330 Bejahend: *Leupertz*, BauR 2005, 775, 786; Messerschmidt/Voit/*Leupertz*, K Rn. 59; Palandt/*Grüneberg*, § 313 BGB Rn. 25; Nomos/*Krebs*, § 313 BGB Rn. 60; *Leitzke*, BauR 2008, 914; *Kleine-Möller* in: FS Kapellmann, S. 187, 196; verneinend:

stellen die „Grundlagen der Preisermittlung" keine Geschäftsgrundlage des zwischen den Parteien geschlossenen Vertrages dar.[331] Geschäftsgrundlage kann somit nicht das sein, was die Parteien bereits vertraglich vereinbart haben, sondern lediglich das, was sie ihrer Vereinbarung zu Grunde legen.[332]

Eines Rückgriffs auf die Störung der Geschäftsgrundlage zur Begründung der Vertragsanpassung bedarf es im Regelfall nicht. Nicht zuletzt „passt" der Maßstab für die Annahme eines Wegfalls nicht. Das „Losbrechmoment" dieser Regelungen ist für die gebotene Anpassung in den hier relevanten Fällen viel zu hoch. Eine Vertragsanpassung kommt nach dem Wortlaut des Gesetzes nur in Betracht, wenn ein Festhalten am zwischen den Parteien geschlossenen Vertrag nicht zumutbar ist.[333] Dies ist erst dann der Fall, wenn die unveränderte Vertragsgrundlage einer Partei nicht zumutbar ist und die weitere Durchführung des Vertrages zu untragbaren Ergebnissen führen würde.[334] Die Bestimmung dieser Zumutbarkeitsschwelle ist stets eine Frage des Einzelfalles und muss durch Auslegung der vertraglichen Grundlagen ermittelt werden.

Eine Vielzahl der Lücken in der Ausschreibung kann durch diese Anspruchsgrundlage nicht gelöst werden. Die Anwendung der Grundsätze über den Wegfall der Geschäftsgrundlage findet ihre Grenzen in der vertraglichen Risikoübernahme. Die Vergütungsanpassung soll auch in den Fällen in Frage kommen, in denen eine unzumutbare Härte gerade nicht gegeben ist. Das Instrument des Wegfalls beziehungsweise der Störung der Geschäftsgrundlage kann deshalb in seinem gewachsenen Zuschnitt nicht weiterhelfen. Es kann im Übrigen auf seine Anwendung verzichtet werden, weil in solchen Fällen nicht von außen in das Äquivalenzverhältnis eingegriffen wird, sondern die Störung innerhalb der vertraglichen Vereinbarung liegt.

dd) Der Anspruch des Unternehmers auf eine Mehrvergütung aufgrund der Grundsätze der ergänzenden Vertragsauslegung

Im Folgenden ist zu untersuchen, ob sich der Anspruch des Unternehmers auf eine zusätzliche Vergütung aus einer Auslegung des geschlossenen und wirksamen Vertrages gemäß §§ 133, 157 BGB ergeben kann. Dem ursprünglich zwischen den Parteien geschlossenen Vertrag ist zu entnehmen, dass sich die vereinbarte Vergütung allein auf die gemeinsam zugrunde gelegten Ausführungsmaßnahmen bezieht. Bezugsgröße für die vertraglich vereinbarte Vergütung ist somit das zwischen den

---

Fuchs, BauR 2009, 404, 411; MüKoBGB/*Roth,* § 313 BGB Rn. 35; BGH, Urteil vom 03.07.1981 – V ZR 100/80, BGHZ 81, 135, 142; BGH, Urteil vom 02.07.2004 – V ZR 209/03, NJW-RR 2005, 205, 206.

331 BGH, Urteil vom 30.06.2011 – VII ZR 13/10, NJW 2011, 3287.

332 BGH, Urteil vom 27.09.1991 – V ZR 191/90, NJW-RR 1992, 182.

333 Glöckner/von Berg/*Glöckner,* § 313 BGB Rn. 21.

334 BGH, Urteil vom 29.04.1982 – III ZR 154/80, NJW 1982, 2184; BGH, Urteil vom 04.07.1996 – I ZR 101/94, NJW 1997, 320.

Parteien vertraglich vereinbarte Leistungssoll. Hiernach werden durch die vereinbarten Preise nur die Leistungen abgegolten, welche nach der Leistungsbeschreibung oder den sonstigen vertraglichen Grundlagen zur vertraglich zwischen den Parteien vereinbarten Leistung gehören.[335]

Im Fall zusätzlicher Ausführungsmaßnahmen, welche erforderlich sind, um den geschuldeten Werkerfolg durch den Unternehmer zu erreichen, wird daher grundsätzlich vom Besteller eine Zusatzvergütung für diese Leistungen geschuldet. Es ist somit zwischen den vertraglich vereinbarten Leistungen als Bemessungsgrundlage für die Vergütung und dem vertraglich geschuldeten Erfolg zu unterscheiden. Wie bereits festgestellt, ist der Unternehmer zum einen gehalten, ein funktionsgerechtes Werk zu erstellen,[336] zum anderen macht auch die vom Besteller stammende Leistungsbeschreibung deutlich, dass der Besteller selbst zunächst davon ausgegangen ist, dass der angestrebte funktionale Erfolg mit den Mitteln zu erreichen ist, die er seiner Planung zu Grunde gelegt hat.

Art und Umfang der Leistungen des Unternehmers können bereits von Anfang an vertraglich vereinbart worden sein. Während der Vertragsdurchführungsphase kann sich jedoch auch herausstellen, dass vom Unternehmer zusätzliche Leistungen, welche in der ursprünglichen Planung des Bestellers nicht enthalten waren, erbracht werden müssen, um den vertraglich geschuldeten Erfolg zu erreichen. Diese Leistungen sind in der Regel nicht von der Vergütungsvereinbarung der Parteien mitumfasst, da Bezugspunkt für die vereinbarte Vergütung bei einer detaillierten Leistungsbeschreibung die ausgeschriebenen Leistungen sind. Im Ausgangspunkt steht dem Unternehmer somit ein Mehrvergütungsanspruch nach den Grundsätzen der ergänzenden Vertragsauslegung zu.

Voraussetzung für einen Anspruch auf Mehrvergütung aus den Grundsätzen der ergänzenden Vertragsauslegung ist, dass eine Vereinbarung der Parteien in einem regelungsbedürftigen Punkt fehlt und keine Regelung des dispositiven Gesetzesrechts besteht. Unmaßgeblich ist grundsätzlich, auf welchen Gründen die Unvollständigkeit der Regelung beruht. Eine solche Regelungslücke liegt vor, wenn die Parteien für den Fall, dass die von der Leistungsbeschreibung erfassten Leistungen nicht geeignet sind, den geschuldeten Erfolg zu erreichen, keinen Mehrvergütungsanspruch des Unternehmers geregelt haben.

5. Die verschiedenen Methoden der Vergütungsermittlung

Fraglich ist, wie sich der Anspruch auf Zusatzvergütung im Rahmen der ergänzenden Vertragsauslegung bemisst. Grundsätzlich kommen fünf Methoden der Ermittlung der zusätzlichen Vergütung in Betracht.

---

335 Glöckner/von Berg/*Dören*, § 632 BGB Rn. 33.
336 Vgl. 2. Teil III. 1. b) dd) (3) (b).

a) Methode 1

Erstens kann die Vergütung nach § 632 Abs. 2 BGB berechnet werden.

Wo zusätzliche Maßnahmen zu erbringen sind, für deren Bewertung der Vertrag keinen Anhaltspunkt gibt, kann die Vorschrift des § 632 Abs. 2 BGB relevant werden. Durch diese Regelung hat der Gesetzgeber zum einen konkretisiert, dass für Werkverträge eine Vermutung der Entgeltlichkeit der Leistungserbringung durch den Unternehmer besteht und zum anderen bei Fehlen einer ausdrücklichen Vereinbarung den Maßstab der Marktüblichkeit für verbindlich erklärt. Insoweit ist bei der Berechnung einer Zusatzvergütung auf eine marktübliche Vergütung zurückzugreifen. Die Selbstkosten des Unternehmers sind unerheblich. Die Korrektur der Vergütungsregelung muss innerhalb des Vertrages erfolgen. Es besteht kein Anlass, die Mehrvergütung einseitig zu Lasten des Unternehmers oder des Bestellers vorzunehmen.

b) Methode 2

Zweitens kann die Vergütung nach den in den vertraglichen Vereinbarungen zum Ausdruck gebrachten Bewertungen bemessen werden.

Wo also zusätzliche Maßnahmen erbracht werden müssen, die im Vertrag in anderem Kontext berücksichtigt bzw. bepreist werden, sind zunächst die dort vereinbarten Preise zugrunde zu legen. Davon sollte jedoch zugunsten beider Parteien abgewichen werden können, wenn die Änderung der Mengen die verständige Kalkulation stört oder wenn der Unternehmer, zu dessen Lasten sich die Änderung auswirkt, gute Gründe nennen kann, weshalb er zunächst „unterkalkuliert" hat und die mangelnde Eignung der Planung für ihn nicht ohne weiteres vorhersehbar war.

c) Methode 3

Drittens kann die Vergütung mit Hilfe einer analogen Fortschreibung der kalkulierten Kosten anhand einer hypothetischen Vorkalkulation mit oder ohne Berücksichtigung der Kostenentwicklung zum Zeitpunkt der Ausführung und der Bezuschlagung der Vergütung mit einem sog. Vertragspreisniveau oder der Fortschreibung der betragsgemäßen Gewinne und Verluste aus der Kalkulation der hauptvertraglich vereinbarten Leistung ermittelt werden.[337]

d) Methode 4

Viertens können die Parteien die zusätzlich angefallenen Leistungen des Unternehmers auf Grund des tatsächlichen nachgewiesenen Mehraufwandes aus den Ansätzen der Urkalkulation ohne Berücksichtigung der kalkulierten Aufwands- und Leistungswerte abrechnen.

---

337 Thesenpapier des Arbeitskreises 1 des Deutschen Baugerichtstags, S. 8.

e) Methode 5

Fünftens kann die Vergütung anhand der tatsächlichen Mehr- oder Minderkosten, beschränkt auf die ortsüblichen Preise, und unter Berücksichtigung der kalkulierten Zuschlagssätze sowie der sonstigen Preisermittlungsgrundlagen des Hauptvertrages, wie beispielsweise des Mittellohns, ermittelt werden.[338]

f) Wahlrecht des Unternehmers

Fraglich ist, nach welcher Methode der Unternehmer seinen Anspruch auf eine zusätzliche Vergütung berechnen kann. Erkennt der Unternehmer, dass er zusätzliche Leistungen erbringen muss, um den vertraglich geschuldeten Erfolg herbeizuführen, muss er dies dem Besteller im Rahmen seiner Bedenkenhinweispflicht anzeigen.[339] In diesem Zusammenhang ist er grundsätzlich auch verpflichtet, die zusätzlich erforderlichen Leistungen zu bepreisen, damit der Besteller entscheiden kann, ob er die Erbringung dieser zusätzlichen Leistungen möchte oder nicht.[340] Es bleibt dem Unternehmer in dieser Situation überlassen, nach welcher Methode er seinen Mehrvergütungsanspruch berechnet. Die Entscheidung des Unternehmers unterliegt jedoch der Kontrolle danach, ob sie der Billigkeit entspricht. Unterbreitet der Unternehmer seinem Bedenkenhinweis sogleich ein Preisangebot hinsichtlich der zusätzlichen Leistungen und ordnet der Besteller daraufhin die Durchführung der Ausführung der Zusatzleistungen an, so ergibt sich die Höhe des Vergütungsanspruches auf Grundlage dieses Angebots bereits als Folge der allgemeinen Rechtsgeschäftslehre.

Problematisch und rechtlich ungeklärt sind die Fälle, in denen es an einer ausdrücklichen Bepreisung der Zusatzleistungen durch den Unternehmer fehlt. Es ist fraglich, ob der Unternehmer auch in dieser Konstellation zunächst frei wählen kann, nach welcher Methode er seine Zusatzvergütung berechnet.

Zunächst ist zu berücksichtigen, dass der Unternehmer durch ein uneingeschränktes Wahlrecht dazu verleitet werden könnte, jede zusätzliche Leistung nach einer anderen Methode abzurechnen und jeweils diejenige Methode zu wählen, nach welcher er sich jeweils die „Rosinen" für seinen Anspruch auf Zusatzvergütung herauspicken könnte. Würde man dem Unternehmer die Möglichkeit einräumen, dass er in Bezug auf jede zusätzliche Leistung eine neue Berechnungsmethode wählen könnte, wäre dies gegenüber dem Besteller unbillig. Der Gesetzgeber hat sich in der Neuregelung des § 650c Abs. 1 BGB dafür entschieden, dass der Mehr- oder Minderaufwand des Unternehmers nach den tatsächlichen Kosten mit angemessenen Zuschlägen für allgemeine Geschäftskosten, Wagnis und Gewinn zu ermitteln sei. Ziel der Einführung eines Berechnungsmodells sei es, Spekulationen einzudämmen und Streit der Parteien über die Preisanpassung weitgehend zu vermeiden. Durch die Berechnung nach den tatsächlich erforderlichen Kosten soll insbesondere

338 Vgl. BauR 2012, 1478.

339 2. Teil III. 1. b) dd) (3) (b).

340 Vgl. 5. Teil III.

verhindert werden, dass der Unternehmer seine Leistung anhand der Urkalkulation berechnen soll, obwohl diese gegebenenfalls nicht auskömmlich ist. Zugleich soll der Berechnungsmaßstab nach den tatsächlichen Kosten verhindern, dass der Unternehmer durch Spekulationen einen ungerechtfertigten Preisvorteil erzielt. Auch der Rückgriff auf die Vorschrift des § 632a BGB ist nach dem Willen des Gesetzgebers nicht angezeigt, da es für viele Bauleistungen „keine übliche Vergütung" gibt.

Haben die Parteien keine Vereinbarung über die Berechnung der Zusatzvergütung getroffen, so muss der Unternehmer seine Zusatzleistungen nach den tatsächlichen Mehr- oder Minderkosten berechnen. Mehr- oder Minderkosten werden nach den hierfür tatsächlich erforderlichen Kosten berechnet. Die Zuschläge für allgemeine Geschäftskosten, Wagnis und Gewinn müssen angemessen sein.

V. Ergebnis

Es steht den Parteien im Rahmen ihrer Vertragsautonomie frei, den geschuldeten Erfolg funktional oder detailliert oder detailliert mit funktionaler Zielrichtung zu bestimmen. Wird der funktionale Erfolg durch detaillierte Vorgaben des Bestellers beschrieben und stehen diese Positionen in Widerspruch zueinander, so ist grundsätzlich von einem Vorrang der funktionalen Erfolgsabrede auszugehen. Der Ausgleich erfolgt auf der Vergütungsebene, indem dem Unternehmer ein Anspruch auf eine Mehrvergütung aufgrund der Grundsätze der ergänzenden Vertragsauslegung zusteht.

3. Teil: Die Zuordnung des Erfolgsrisikos und die Enthaftungsmöglichkeiten des Werkunternehmers

I. Die Zuordnung des Erfolgsrisikos

1. Die Zuordnung des Erfolgsrisikos

Das gesetzliche Leitbild des Werkvertrages wird durch die Erfolgsbezogenheit und das bis zur Abnahme bestehende Risiko des Unternehmers für das Erreichen des Erfolges uneingeschränkt einstehen zu müssen, geprägt.[341] Der Unternehmer schuldet zum Zeitpunkt der Abnahme die Herstellung eines mangelfreien[342] und funktionstauglichen[343] Werkes. Erreicht er dieses Ziel nicht, so stehen dem Besteller die werkvertraglichen Gewährleistungsansprüche, unabhängig von einem Verschulden seitens des Unternehmers, zu.

Nach der gesetzlichen Grundkonzeption trägt somit der Unternehmer das Leistungsrisiko und bis zur Abnahme des Werkes auch das Vergütungsrisiko,[344] während dem Besteller das Vergütungsrisiko und das Leistungsrisiko erst mit der Abnahme des Werkes übertragen werden. Dem Unternehmer wird somit grundsätzlich während der Herstellungsphase das Erfolgsrisiko aufgebürdet. Er ist verpflichtet, alle Leistungen zu erbringen, welche erforderlich sind, um den vertraglich geschuldeten Erfolg[345] zu erreichen. Diese Pflicht besteht auch dann, wenn diese Leistungen vom ursprünglichen Vertrag nicht umfasst waren und der Unternehmer diese Leistungen zusätzlichen erbringen muss, um den Erfolg zu bewirken. Der Ausgleich findet nicht auf der Leistungs-, sondern auf der Vergütungsebene statt.[346]

2. Die Zuordnung des Erfolgsrisikos unter Berücksichtigung der Besonderheiten des Bauvertrages

a) Die Besonderheiten des Bauvertrages

Die Zuordnung des Erfolgsrisikos zu dem Unternehmer ist bei einem Bauvertrag im Grundsatz nicht anders. Der Bauunternehmer ist verpflichtet, alle Leistungen zu

341 BGH, Urteil vom 21.12.1972 – VII ZR 215/71, NJW 1973, 368, 369; Glöckner/von Berg/*Glöckner*, § 7 VOB/B Rn. 7.

342 Vgl. 2. Teil III. 3.

343 Vgl. 2. Teil III. 4.

344 Vgl. Glöckner/von Berg/Glöckner, § 644 BGB Rn. 5; PWW/Leupertz/Halfmeier, § 644 BGB Rn. 3.

345 Vgl. 2. Teil III 1., 2.

346 Vgl. 2. Teil IV. 4.

erbringen, welche nach den Regelungen des Vertrages unter Berücksichtigung der schutzwürdigen Erwartungen des Bestellers erforderlich sind, um den vertraglich vereinbarten Erfolg zu bewirken. Ob diese Zuordnung auch bei Bauverträgen uneingeschränkt Geltung beanspruchen kann, erscheint jedoch fraglich. Bei Bauverträgen bestehen gegenüber „einfachen Werkverträgen" Besonderheiten.[347]

Wie bereits ausgeführt, handelt es sich bei einem Bauvertrag um einen Langzeitvertrag mit Rahmencharakter.[348] Mit der Folge, dass sich während der Herstellungsphase zahlreiche Risiken verwirklichen können, welche bei Abschluss des Vertrages noch nicht absehbar waren. Bauverträge sind bei Vertragsabschluss nämlich oftmals unvollständig und ausfüllungsbedürftig, da die Parteien zu diesem Zeitpunkt noch nicht alle Einzelheiten abschließend festgelegt hatten oder konnten. Greift der Besteller in die Entscheidungsfreiheit des Unternehmers bezüglich der Art und Weise der Herstellung des Bauwerkes, insbesondere durch ungeeignete Vorleistungen anderer Unternehmer oder ungeeignete Planungsvorgaben seinerseits, Zur-Verfügung-Stellung ungeeigneter Materialien sowie ungeeignete Anweisungen ein, stellt sich die Frage, ob der Unternehmer in dieser Situation das Risiko für Umstände übernehmen muss, welche außerhalb seiner Beherrschbarkeit liegen.

Der typische Bauvertrag unterscheidet sich von dem gesetzlich geregelten Grundtyp des Werkvertrages deutlich.[349] Der Unternehmer ist bei einem Werkvertrag auf dem Weg zum Erfolg in seiner unternehmerischen Entscheidungsfreiheit frei. Er ist grundsätzlich in Art und Weise bezüglich Ort, Zeit und den Mitteln seiner Leistungserbringung keinen Weisungen und Vorgaben des Bestellers unterworfen. Bei einem Bauvertrag besteht diese Herstellungsfreiheit des Unternehmers oftmals jedoch gerade nicht. Der Besteller greift in das Leistungsgeschehen ein, indem er dem Unternehmer in Bezug auf Einzelheiten der Art und Weise seines Tätigwerdens Vorgaben und Anweisungen erteilt, und den Unternehmer auf dem Weg zum Erfolg in seiner Entscheidungsfreiheit beschneidet. Ebenso werden durch eine Fülle technischer Regeln und ordnungsrechtlicher Vorschriften, sowie durch einen in sich notwendigen Ablauf der Errichtung des Bauwerks dem Unternehmer bei seiner Tätigkeit verhältnismäßig enge Grenzen gesetzt.[350]

b) Die Einheit von Planung und Ausführung

Der Grundtyp des vom Gesetzgeber geregelten Werkvertrages wird von der Einheit zwischen Planung und Ausführung bestimmt.[351] Der Werkunternehmer, welchen der „historischen Gesetzgeber" vor Augen hatte, plante eine einfache handwerkliche Tätigkeit und führte diese auf Grundlage seiner eigenen Planungsleistung selbst in seinem Betrieb aus. Der Besteller nimmt bei „einfachen Werkverträgen" zum

347 Vgl. 1. Teil I. 6. b).
348 Vgl. 1 Teil I. 8.
349 Vgl. 1. Teil I. 8.
350 Kleine-Möller/Merl/Glöckner/*Merl*, § 15 Rn. 102.
351 *Peters*, NZBau 2008, 609; vgl. 1. Teil I. I. 7. b).

Zeitpunkt der Abnahme das vom Unternehmer geplante und fertige erstellte Werk ab und entrichtet die hierfür geschuldete Vergütung. Das Risiko der mangelfreien Werkerstellung trägt in dieser Konstellation stets der Unternehmer. Eine mögliche Verlagerung des Erfolgsrisikos auf den Besteller kommt nicht in Betracht, da etwaige Mangelursachen allein in der Sphäre des Unternehmers liegen. Die gesetzlich verankerte Risikoverteilung ist bei einem „einfachen Werkvertrag" handwerklichen Charakters auch sachgerecht und bedarf keiner Korrektur.

Die Einheit von Planung und Ausführung, auf welcher das Werkvertragsrecht des Bürgerlichen Gesetzbuches beruht, wird bei einem Bauvertrag in der Regel jedoch durchbrochen. Im Baubereich führt oftmals der Besteller mit einem von ihm beauftragten Architekten die Planung aus und beauftragt sodann einen Unternehmer mit der Ausführung der Bauleistungen auf Grundlage dieser Planung.

Auf Grund der Trennung zwischen Planung und Ausführung ist im Folgenden zu untersuchen, ob es zu einer Verschiebung des Erfolgsrisikos vom Unternehmer auf den Besteller kommen kann, oder ob bei einem Bauvertrag auch die gesetzlich verankerte Wertung der Risikoverteilung uneingeschränkt Geltung beansprucht. Es ist somit zu fragen, ob dem Unternehmer das Leistungs- und Vergütungsrisiko auch dann obliegt, wenn der Besteller umfangreiche Planungsleistungen selbst erbracht hat und etwaige Mängel aus seiner Sphäre stammen und der Besteller hierdurch in die Entscheidungsfreiheit des Unternehmers eingreift und bestimmt, dass das Werk nach den Vorgaben des Bestellers errichtet wird.

c) Unvollständige Planung bei Abschluss des Vertrages

Der im Bürgerlichen Gesetzbuch normierte Grundtyp des Werkvertrages wird durch den punktuellen Austausch der geschuldeten Leistungen zum Abnahmezeitpunkt geprägt.[352] Die Herstellung des Werkes, welche dem Leistungsaustausch vorangeht und vor allem bei einem Bauvertrag eine längere Zeit in Anspruch nimmt, spielt auf Grund der gesetzlich verankerten Erfolgshaftung des Werkunternehmers für die Frage der Risikoverteilung zwischen den Vertragsparteien grundsätzlich keine Rolle.[353] Der Unternehmer ist verpflichtet, das versprochene Werk herzustellen. Er hat verschuldensunabhängig dafür einzustehen, dass das von ihm geschuldete Werk zum Fertigstellungszeitpunkt rechtzeitig, fehlerfrei und mit den zugesicherten Eigenschaften erstellt wird.[354] Erreicht er dieses Ziel mangelfrei nicht, so muss er grundsätzlich erneut leisten, ohne hierfür eine gesonderte Vergütung zu erhalten.

352 Vgl. 1. Teil I. 8. a).
353 Vgl. 1. Teil I. 8.
354 Vgl. 2. Teil I. 1. b).

Der Unternehmer trägt daher bis zur Abnahme in der Regel[355] das Risiko der Ordnungsmäßigkeit der Leistung und mithin das Erfolgsrisiko.[356]

Im Gegensatz zu einem „einfachen" Werkvertrag besteht bei einem Bauvertrag bei Vertragsabschluss das Werk oftmals nur in der gedanklichen Vorstellung des Bestellers, die der Unternehmer auf der Grundlage der ihm gestellten Leistungsbeschreibung nachvollziehen muss.[357] Stammt die Planung des Werkes vom Besteller, so ist fraglich, ob der Unternehmer für eine etwaige Unvollständigkeit dieser Planung uneingeschränkt einzustehen hat, oder ob seine Einstandspflicht begrenzt werden kann.

Die Herstellung eines mangelfreien Werkes erfordert in der Regel nämlich bereits zu Beginn der Ausführungsarbeiten eine detaillierte Planung seitens der Vertragsparteien. Oftmals lässt sich bei Abschluss des Bauvertrages jedoch noch nicht vorhersehen, welche Leistungen im Einzelnen konkret erforderlich sein werden, um den vertraglich vereinbarten Erfolg bewirken zu können. Dieses Risiko besteht bei allen Werkverträgen, beim Bauvertrag jedoch gesteigert, da es sich bei einem Bauwerk in der Regel um ein Unikat handelt, welches im Rahmen einer komplexen Bauausführung hergestellt wird.[358] Die genauen Umstände sind bei Vertragsschluss oftmals noch nicht im Einzelnen bestimmbar und werden erst während der Ausführungsphase erkennbar. Eine detaillierte Planung der zu erbringenden Leistungen zu Beginn der Ausführungsarbeiten ist häufig unwirtschaftlich oder gar unmöglich. Es ist daher zu fragen, ob sich der Bauunternehmer in dieser Konstellation enthaften und das Erfolgsrisiko dem Besteller zugeordnet werden kann, oder ob der Unternehmer stets für das Erreichen des Erfolges einstehen muss, auch wenn die Planungsmängel, welche aus der Sphäre des Bestellers stammen, für ihn nicht erkennbar waren.

d) Zur-Verfügung-Stellung ungeeigneter Materialien, ungeeignete Vorleistungen anderer Unternehmer sowie ungeeignete Anweisungen

Eine weitere Besonderheit des Bauvertrages liegt darin, dass das Bauwerk oftmals arbeitsteilig erreichtet wird und der Unternehmer auf Vorleistungen anderer Unternehmer aufbauen muss, oder dass der Unternehmer verpflichtet ist, Materialien zu verwenden, welche ihm der Bestseller zur Verfügung stellt.

Auch in dieser Konstellation ist zu fragen, ob das Erfolgsrisiko allein der Unternehmer trägt, oder ob dieser sich enthaften kann, wenn die Mängel der Leistung

355 BGH, Urteil vom 06.05.1985 – VII ZR 304/83, BauR 1985, 567, 568; BGH, Urteil vom 30.03.1978 – VII ZR 244/76, NJW 1977, 1966.

356 BGH, Urteil vom 30.06.1977 – VII ZR 325/74, BauR 1977, 420; BGH, Urteil vom 14.03.1996 – VII ZR 34/95, 1996, 702; *Nicklisch* in: Nicklisch/Weick, § 13 VOB/B Rn. 44; *Nicklisch* in: FS Bosch, S. 731; *Soergel*, ZfBR 1995, 165; *Raiser*, NZBau 2001, 598; *Roth*, JZ 2001, 543; *Teichmann*, ZfBR 2002, 13, 14.

357 Kleine-Möller/Merl/Glöckner/*Kleine-Möller*, § 12 Rn. 356.

358 *Leupertz*, BauR 2010, 273, 273.

auf ungeeigneten Materialien, welche ihm der Bestseller zur Verfügung gestellt hat, beruht, oder wenn ungeeignete Vorleistungen anderer Unternehmer die Mangelhaftigkeit des Werkes verursacht haben.

II. Die Enthaftungsmöglichkeiten des Unternehmers im Rahmen eines Bauvertrages

1. Vorüberlegungen

Der Unternehmer trägt bis zur Abnahme des Werkes durch den Besteller das Erfolgsrisiko.[359] Dieser Grundsatz der Zuordnung des Leistungsrisikos prägt das Werkvertragsrecht.

Bis zur Abnahme des Bauwerkes durch den Besteller wird dem Unternehmer somit auch bei einem Bauvertrag das Erfolgsrisiko auferlegt. Er muss alle Leistungen erbringen, welche nach den Regelungen des Vertrages unter Berücksichtigung der schutzwürdigen Erwartungen des Bestellers zur Herstellung des versprochenen Bauwerkes erforderlich sind.[360] Er kann hierfür grundsätzlich auch keine zusätzliche Vergütung verlangen.

Etwaige Enthaftungsmöglichkeiten des Unternehmers auf der Leistungsebene mit der Folge, dass die Erfolgshaftung des Bauunternehmers entfallen oder beschränkt werden kann, wenn der Mangel auf eine fehlerhafte Leistung des Bestellers zurückzuführen ist, sind im Gesetz nicht geregelt. An dieser Stelle schweigt das Gesetz.

Von der Mängelhaftung frei wird der Unternehmer nur hinsichtlich solcher Mängel, für die der Besteller selbst das Risiko übernommen hat. Hierzu bedarf es jedoch einer ausdrücklichen rechtsgeschäftlichen Vereinbarung der Parteien, an deren Vorliegen und Wirksamkeit strenge Anforderungen zu stellen sind.[361] In diesem Zusammenhang ist zu berücksichtigen, dass durch die Vereinbarung einer bestimmten Ausführungsart, grundsätzlich noch keine konkludente Risikoübernahme des Bestellers zu sehen ist, auch nicht darin, dass der Besteller bei Vertragsschluss bestimmte Vorstellungen vom Werk hat, oder weiß, in welcher Art und Weise die Arbeiten ausgeführt werden.

Darüber hinaus wird der Unternehmer von seiner Leistungspflicht nur dann frei, wenn das aufgetretene Leistungshindernis nach den allgemeinen Grundsätzen und den besonderen Voraussetzungen beim Werkvertrag gemäß der Vorschrift des § 275 BGB zur Unmöglichkeit der Leistungserbringung führt.

Es ist daher zu untersuchen, ob die Gefahrtragungsregelungen der §§ 644, 645 BGB für die Bestimmung der Zuordnung der Leistungsgefahr herangezogen werden

---

359 Vgl. 2. Teil III 1., 2.
360 Vgl. 2. Teil I. 2. b).
361 BGH, Urteil vom 12.05.2005 – VII ZR 45/04, BauR 2005, 1314.

können.[362] Sie betreffen nach herrschender Meinung jedoch nur die Vergütungsgefahr.[363] Die Regelung des § 644 BGB stellt eine Sonderregelung der Vergütungsgefahr dar, wenn das Werk zufällig untergeht oder sich zufällig verschlechtert.[364]

§ 645 Abs. 1 Satz 1 BGB knüpft an Handlungen des Bestellers an, die keine der Parteien zu vertreten hat. Unterlässt es der Unternehmer schuldhaft, Bedenken gegen die fehlerhafte Planung des Bestellers mitzuteilen, ist die Anwendung von § 645 BGB ausgeschlossen. Vorliegend geht es jedoch um die Frage, ob die Vorschrift des § 645 BGB in den „Delta-Fällen" herangezogen werden kann, wenn der Unternehmer die fehlerhaften Planvorgaben des Bestellers nicht erkennen konnte und es so zu einer Verlagerung des Risikos auf den Besteller kommen kann.

Im Grundsatz weist das Gesetz in § 644 BGB dem Unternehmer die Leistungs- und Vergütungsgefahr bis zur Abnahme des Werks zu, mit der Folge, dass er bis zur Abnahme des Werkes für etwaige Mängel einstehen muss. Erst mit der Abnahme hat der Besteller das Werk als im Wesentlichen vertragsgemäß anerkannt. Ab diesem Zeitpunkt stehen dem Besteller nur noch die in §§ 634 ff. BGB normierten Mängelansprüche zu.

Zunächst ist zu berücksichtigen, dass die Norm des § 645 BGB lediglich die Vergütungs- und nicht die Leistungsgefahr regelt.[365] In Abweichung von § 644 BGB bestimmt § 645 Abs. 1 Satz 1 BGB, dass die Vergütungsgefahr in dem Fall, in dem das Werk vor der Abnahme in Folge eines Mangels des von dem Besteller gelieferten Stoffes oder in Folge eines von dem Besteller für die Ausführung erteilten Anweisung untergegangen, verschlechtert oder unausführbar geworden ist, wenn kein Umstand mitgewirkt hat, den der Unternehmer zu vertreten hat, auf den Besteller übergeht.

Die besondere Risikozuordnung des § 645 Abs. 1 BGB beruht darauf, dass der Besteller durch seine Handlungen das Ausführungsrisiko beeinflusst. Die Vorschrift des § 645 BGB betrifft erstens den Fall, dass die Leistungsstörung auf einen Mangel des von dem Besteller gelieferten Stoffs zurückzuführen ist. Stoffe sind alle Gegenstände, aus denen, an denen oder mit deren Hilfe das Werk herzustellen ist.[366] Zweitens nennt § 645 Abs. 1 Satz 1 BGB den Fall, dass der Untergang oder die Unausführbarkeit auf einer Anweisung des Bestellers beruht. Anweisungen im Sinne des § 645 BGB müssen die Dispositionsbefugnis des Unternehmers beeinträchtigen und dürfen diesem keine Wahl lassen, eine Baumaßnahme in bestimmter Art und Weise auszuführen. Der Beststeller greift durch diese Anordnungen nämlich in

362 Vgl. Glöckner/von Berg/*Rehbein/Wohnseifer*, § 645 BGB Rn. 1.

363 MüKoBGB/*Busche*, § 644 BGB Rn. 4; Messerschmidt/Voit/*Merkens*, § 633 BGB Rn. 9; Glöckner/von Berg/*Glöckner*, § 644 BGB Rn. 1; Kniffka/*Pause/Vogel*, § 644 BGB Rn. 1; Staudinger/*Peters/Jacoby*, § 644 BGB Rn. 1.

364 MüKoBGB/*Busche*, § 644 BGB Rn. 4; Messerschmidt/Voit/*Merkens*, § 633 BGB Rn. 9; Glöckner/von Berg/*Glöckner*, § 644 BGB Rn. 1; Kniffka/*Pause/Vogel*, § 644 BGB Rn. 1; Staudinger/*Peters/Jacoby*, § 644 BGB Rn. 1.

365 Glöckner/von Berg/*Wohnseifer*, § 645 BGB Rn. 1.

366 BGH, Urteil vom 30.11.1972 – VII ZR 239/71, NJW 1973, 318.

die unternehmerische Entscheidungsfreiheit ein. Die entsprechende Anwendung des § 645 BGB ist in Fällen geboten, in denen die Leistung des Unternehmers aus Umständen beschädigt wird, untergeht oder unausführbar wird, die in der Person des Bestellers liegen oder auf Handlungen des Bestellers zurückgehen.

Die vorliegend zu untersuchende Konstellation, in welcher die Planung des Bestellers fehlerhaft und daher die darauf basierende Ausführung des Unternehmers mangelhaft ist, wird von § 645 Abs. 1 Satz 1 BGB nicht ausdrücklich geregelt. Es stellt sich daher die Frage, ob § 645 Abs. 1 Satz 1 BGB in entsprechender Anwendung herangezogen werden kann. Für Fälle, in denen die objektive Verantwortlichkeit des Bestellers für die Beeinträchtigung des Werkes, mit den in § 645 BGB normierten Situationen vergleichbar sind, kommt eine analoge Anwendung dieser Regelung grundsätzlich in Betracht.[367] Die Vorschrift des § 645 BGB ist als Ausnahme von dem in § 644 Abs. 1 Satz 1 BGB verankertem Grundsatz zu sehen, dass der Unternehmer bis zum Zeitpunkt der Abnahme die Gefahr für die Verschlechterung oder den Untergang seiner Werkleistung trägt.[368] Dieser Grundsatz als gesetzliches Leitbild gründet sich auf der Vorleistungspflicht des Unternehmers und der Erfolgsbezogenheit seiner Werkleistung.[369] Nach der Rechtsprechung des Bundesgerichtshofs kommt eine analoge Anwendung des § 645 Abs. 1 Satz 1 BGB nur in Betracht, in Fällen, in denen die Leistung des Unternehmers aus Umständen untergeht oder unmöglich wird, die in der Person des Bestellers liegen oder auf Handlungen des Bestellers zurückgehen, auch wenn es insoweit an einem Verschulden des Bestellers fehlt.[370]

Die Risikoverteilung des § 645 Abs. 1 Satz 1 BGB ist allerdings nur gerechtfertigt, wenn es sich um eine nachträgliche Handlung des Bestellers handelt. Bei Leistungen, welche bereits vom ursprünglichen Vertrag umfasst waren, kann die Vorschrift des § 645 Abs. 1 Satz 1 BGB nicht herangezogen werden. Das Risiko der Realisierbarkeit der vertraglichen Vereinbarung als solcher muss der Unternehmer grundsätzlich selbst tragen. Aus diesem Grund kann die Vorschrift des § 645 vorliegend weder direkt noch analog herangezogen werden.

2. „Durchbrechen der Risikozuordnung"

Es ist zu untersuchen, ob die Risikozuordnung auf Grund der Besonderheiten eines Bauvertrages durchbrochen werden kann, und die Erfolgseinstandspflicht des Unternehmers in bestimmten Situationen eingeschränkt werden muss.

---

367 BGH, Urteil vom 21.08.1997 – VII ZR 17/96, NJW 1997, 3018; Kniffka/Pause/Vogel, Stand 12.01.2015, § 645 BGB Rn. 16.

368 Glöckner/von Berg/Rehbein/Wohnseifer, § 645 BGB Rn. 45.

369 Glöckner/von Berg/Rehbein/Wohnseifer, § 645 BGB Rn. 45.

370 BGH, Urteil vom 21.08.1997 – VII ZR 17/96, NJW 1997, 3018; Urteil vom 16.10.1997 – VII ZR 64/96, NJW 1998, 456.

a) *Die Planungs- und Ausführungseinheit*

Die Konzeption der werkvertraglichen Leistungsrisikozuordnung beruht auf der Einheit von Planung und Ausführung der geschuldeten Werkleistung und erscheint bei einem typischen Bauvertrag, bei welchem die Einheit von Planung und Ausführung durchbrochen wird, nicht sachgerecht.

Die Besonderheiten eines Bauvertrages[371] werden bei der Zurechnung des Erfolgsrisikos nicht berücksichtigt. Es ist daher zu fragen, was geschieht, wenn die Einheit von Planung und Ausführung durchbrochen wird, besteht in dieser Situation die Möglichkeit, die Risikozurechnung zwischen den Vertragsparteien zu verlagern. Es geht um die Frage, ob der Unternehmer stets für das Leistungsrisiko einstehen muss, auch wenn durch zwingende Vorgaben des Bestellers eine bestimmte Ausführungsart vereinbart wurde und mit dieser das Leistungsziel nicht erreicht werden kann, oder ob in dieser Situation das Erfolgsrisiko dem Besteller zugeordnet werden kann und der Unternehmer insoweit von seiner Haftung befreit wird.

Eine Durchbrechung der Risikozurechnung kann sich möglicherweise daraus ergeben, dass der Besteller dem Unternehmer während der Herstellungsphase Anordnungen und Anweisungen erteilt und dadurch der ursprünglich geschuldete Erfolg nicht mehr erreicht werden kann. Sie kann sich auch daraus ergeben, dass der Besteller entgegen der Konzeption des Werkvertragsrechts für die Planung des Bauvorhabens verantwortlich ist und diese Planung unzureichend bzw. unvollständig ist.

b) *Unzureichende/unvollständige Planung des Bestellers*

Die vertraglichen Abreden zwischen dem Besteller und dem Unternehmer sind zum Zeitpunkt des Vertragsabschlusses oftmals unvollständig, da die erforderlichen Leistungen, welche notwendig sind, um den geschuldeten Erfolg erreichen zu können, erst im Verlauf der Werkerstellungsphase erkennbar werden.[372] Eine unzureichende oder unvollständige Planung der geschuldeten Leistung durch den Besteller erschwert jedoch die Bestimmung der wechselseitigen vertraglichen Leistungspflichten und führt zu der Frage, wer die Risiken trägt, die sich aus der Unwägbarkeit einer unvollständigen bzw. mangelhaften Planung ergeben können.

Es ist zu prüfen, ob der Unternehmer auf Grund der gesetzlichen Wertungen des Werkvertragsrechts in dieser Situation verpflichtet ist, für die Ordnungsmäßigkeit der Planungsleistung des Bestellers oder dessen Architekten einzustehen, oder ob sich das Risiko der unzureichenden und/oder unvollständigen Planung auf den Besteller verlagern kann, vor allem dann, wenn die unzureichende und unvollständige Planung für den Unternehmer nicht erkennbar ist.

Die Leistungsbestimmung und somit der Bezugspunkt der Erfolgshaftung setzt grundsätzlich eine detaillierte Planung voraus, anhand derer die Art und der Umfang

371 Vgl. 1. Teil I. 6. b).
372 Vgl. 1. Teil I. 8. b).

des geschuldeten Bauwerkes bestimmt werden kann. Eine genaue und fehlerfreie Planung ist daher essenzielle Voraussetzung für das Erreichen eines mangelfreien Werkes und mithin des vertraglich geschuldeten Erfolges. Eine solch detaillierte und vollständige Planung kann in der Praxis bei Abschluss eines Bauvertrages jedoch oftmals noch nicht erbracht werden, da dies unmöglich oder unwirtschaftlich ist. Es liegt in der Natur des Bauvertrages verankert, dass die konkreten Bestimmungen der wechselseitig geschuldeten vertraglichen Leistungspflichten zu Beginn der Ausführungsphase nur schwer festzulegen sind und daher eine detaillierte Planung, welche Leistungen für die Verwirklichung des Erfolges konkret erforderlich sein werden, oftmals noch nicht abschließend bezeichnet werden können. Die genauen Umstände und Erfordernisse, welche für die Verwirklichung des Bauerfolges erforderlich sind, werden oftmals erst im Verlauf der Arbeiten erkennbar, da es sich bei einem Bauwerk in der Regel um ein Unikat handelt, welches nach den Wünschen und Vorstellungen des Bestellers individuell angefertigt wird.[373] Diese Unwägbarkeiten sind in der Struktur des Bauvertrages verankert und haben ihre Ursache in dessen Komplexität und seines Langzeitcharakters.

Es stellt sich in diesem Zusammenhang daher die Frage, welcher Vertragspartei das Risiko der im Bauvertrag verankerten Planungsunwägbarkeiten auferlegt wird. Es ist somit zu prüfen, welche Vertragspartei das Erfolgsrisiko trägt, und welcher Partei das Vergütungsrisiko bei einer unvollständigen bzw. mangelhaften Planung aufgebürdet wird. Fraglich ist weiterhin, ob die Parteien in dieser Situation eine abweichende Risikoverteilung vertraglich vereinbaren können, oder ob die Haftung für das Erfolgsrisiko stets beim Unternehmer verbleibt.

c) *Anweisungen und Anordnungen des Bestsellers während der Herstellungsphase*

Es liegt beim Bauvertrag in der Natur der Sache, dass die Konkretisierung des Bauzieles eine detaillierte und umfangreiche Planung zum Zeitpunkt des Herstellungsbeginns voraussetzt. Die Vertragsparteien können jedoch zum Zeitpunkt des Vertragsschlusses oftmals noch nicht absehen, welche Leistungen für die Verwirklichung des Erfolges konkret erforderlich sein werden. Lückenhafte Leistungsverzeichnisse, unter denen die Fälle der unvollständigen, unklaren und fehlerhaften Leistungsverzeichnisse fallen, sind auf Grund der Struktur des Bauvertrages[374] daher allgegenwärtig.

Während der Herstellungsphase kann das Ausfüllen der Lücken, welche zum Zeitpunkt des Vertragsschlusses noch vorhanden sind, entweder durch den Unternehmer selbst erfolgen, oder durch die Vertragsparteien gemeinsam vereinbart oder vom Besteller einseitig angeordnet werden.[375] In diesem Zusammenhang ist

---

373 *Leupertz*, BauR 2010, 273.
374 Vgl. 1. Teil I. 8.
375 Nicklisch, S. 731, 733.

zu berücksichtigen, dass eine einseitige Anordnung nur bei einem VOB-Bauvertrag möglich ist. Bei einem BGB-Bauvertrag kann der Besteller den Vertrag grundsätzlich nicht einseitig ändern. Die Anordnungskompetenz ergibt sich beim VOB-Bauvertrag aus §§ 1 Abs. 3, 4, § 4 Abs. 1 Nr. 3 VOB/B. Beim BGB-Bauvertrag besteht kein gesetzlich geregeltes Anordnungsrecht, ein solches kann sich jedoch ausdrücklich oder konkludent aus den vertraglichen Vereinbarungen ergeben, welche die Parteien miteinander getroffen haben. Anordnungen und Anweisungen, welche der Besteller erteilt, können die Merkmale des Bauwerkes grundsätzlich konkretisieren oder gegenüber früheren Vereinbarungen abändern. Wird während der Bauerrichtungsphase die ursprünglich vorgesehene Leistung einseitig vom Besteller abgeändert, kann dies zu Risiken für die Qualität des zu errichtenden Werkes führen. Legt der Bauherr die gewünschten Eigenschaften des Gebäudes nicht von vornherein vertraglich fest, sondern äußert während der Bauerstellungsphase Wünsche und Anweisungen, kann der geschuldete Leistungsumfang konkretisiert oder nachträglich geändert werden. Die Einflussnahme des Bestellers kann sich sowohl auf die Bestimmung des Leistungsziels als auch auf die Art der Ausführung sowie die Rahmenbedingungen der erforderlichen Arbeiten auswirken.[376] Der Besteller kann in dieser Situation nicht davon ausgehen, dass der Unternehmer trotz seines Eingreifens in das Leistungsgeschehen weiterhin vollumfänglich das Erfolgsrisiko tragen will.[377]

Die Konstellation, dass der Besteller während der Herstellungsphase vom ursprünglich vereinbarten Leistungsziel abweichen will, ist jedoch nicht mit der vorliegend zu untersuchenden Situation, dass während der Herstellungsphase die vertraglichen Lücken, welche von Anfang an vorhandenen waren, entweder einseitig oder durch vertragliche Vereinbarungen geschlossen werden müssen, gleichzusetzen.

Es ist daher zu untersuchen, ob das Risiko der mangelfreien Bauherstellung weiterhin der Unternehmer trägt, oder ob das Leistungsrisiko auf den Besteller übergeht, wenn dieser durch seine Anweisungen, die vertraglichen Lücken schließt. Es geht um diejenigen Fälle, in denen der ursprünglich geschuldeten Leistungserfolg nicht verändert wird, der Besteller jedoch einseitig den Weg zum Ziel vorgibt und hierdurch der ursprünglich geschuldete Erfolg nicht mehr erreicht werden kann.

d) Zur Verfügung-Stellung ungeeigneter Materialien/ungeeignete Vorleistungen anderer Unternehmer

Durch die arbeitsteilige Erschaffung eines Bauwerkes muss ein Unternehmer regelmäßig auf Vorleistungen anderer Unternehmer aufbauen, um sein Werk verwirklichen zu können. Ebenso ist der Unternehmer oftmals verpflichtet, Material, welches ihm vom Bestseller zur Verfügung gestellt wird, zu verwenden. Diese „Eingriffe"

376 Glöckner/von Berg/*Rehbein/Wohnseifer*, § 645 BGB Rn. 8.

377 Vgl. Glöckner/von Berg/*Rehbein/Wohnseifer*, § 645 BGB Rn. 33; a.A. *Nicklisch* in FS Bosch, S. 731, 743.

von außen durchbrechen den Grundsatz, dass der Unternehmer seine Leistungen grundsätzlich „frei" ausführen kann und nicht an etwaige Vorgaben und Vorleistungen gebunden ist. Es stellt sich in diesem Zusammenhang die Frage, ob der Unternehmer auch dann für die Ordnungsgemäßheit des Werkes einstehen muss, wenn die Mängel von dritter Seite bzw. vom Bestseller verursacht wurden, insbesonder dann, wenn diese für den Unternehmer nicht erkennbar waren.

3. Risikoverlagerung bei einem VOB/B-Bauvertrag

Bei einem Bauvertrag, welchem die Regelungen der VOB/B zu Grunde liegen, kann der Auftragnehmer von seiner Haftung für Mängel befreit werden, wenn sich der Mangel auf Grund von ursprünglich aus der Sphäre des Bestellers stammenden Umständen realisiert und er den Auftraggeber vor der Ausführung auf dieses Risiko schriftlich[378] hingewiesen hat.[379]

Nach § 13 Abs. 3 VOB/B wird der Unternehmer von seiner Gewährleistung frei, wenn ein Mangel auf die Leistungsbeschreibung oder auf Anordnungen des Auftraggebers, auf die von diesem gelieferten oder vorgeschriebenen Stoffe oder Bauteile oder auf die Beschaffenheit der Vorleistung eines anderen Unternehmers zurückzuführen ist. Er wird nach ständiger Rechtsprechung des Bundesgerichtshofs jedoch von seiner Haftung nur frei, wenn er nicht selbst für den Mangel verantwortlich ist, sondern der Mangel auf Vorgaben und Vorleistungen Dritter beruht und er den Besteller auf die Risiken hingewiesen hat.[380]

Eine Befreiung des Auftragnehmers von der Haftung für einen Mangel kommt in Betracht, wenn dieser auf die Leistungsbeschreibung zurückzuführen ist, welche die Leistungspflicht des Auftragnehmers und damit den geschuldeten Erfolg definiert.[381] Eine die Haftungsbefreiung auslösende Leistungsbeschreibung setzt voraus, dass sie vom Auftragnehmer oder dessen Architekten aufgestellt und zum Gegenstand des Bauvertrages gemacht wurde.[382] Zwingende Voraussetzung ist jedoch, dass es sich nicht lediglich um Anregungen, Wünsche oder einfache Erklärungen handelt, sondert dass in der Leistungsbeschreibung eine verbindliche Vorgabe des Auftraggebers zu sehen ist, welche der Auftragnehmer einhalten muss.[383]

Des Weiteren wird der Auftragnehmer von seiner Haftung frei, wenn der Auftraggeber eine konkrete Ausführung anordnet. Eine Anordnung im Sinne des § 13

378 4. Teil I. 4.

379 Vgl. 4. und 5. Teil.

380 BGH, Urteil vom 14.03.1996 – VII ZR 34/95, NJW 1996, 2372; Urteil vom 23.10.1986 – VII ZR 48/85, BauR 1987, 79, Urteil vom 12.05.2005 – VII ZR 45/04, BauR 2005, 1314, Urteil vom 08.11.2007 – VII ZR 183/05, NJW 2008, 511.

381 Vgl. BeckOK/*Koenen*, § 13 Abs. 3 VOB/B Rn. 6.

382 BeckOK/*Koenen*, § 13 Abs. 3 VOB/B Rn. 6; Ingenstau/Korbion/*Wirth*, § 13 Abs. 3 VOB/B Rn. 22; Nicklisch/Weick/*Nicklisch*, § 13 VOB/B Rn. 52; Heiermann/Riedl/Rusam/*Riedl/Mansfeld*, § 13 VOB/B Rn. 51.

383 Kleine-Möller/Merl/Glöckner/*Kleine-Möller*, § 12 Rn. 119.

Abs. 3 VOB/B ist dann gegeben, wenn der Auftraggeber eine bindende Anweisung erteilt, die dem Auftragnehmer keine Wahl lässt und absolute Befolgung verlangt.[384] Derartige Anordnungen können insbesondere in der Planung durch den Auftraggeber oder dessen Architekten zu sehen sein.[385]

Eine besondere Form der Anordnung stellen vom Auftraggeber gelieferte oder „vorgeschriebene" Stoffe oder Bauteile dar.[386] Da dem Auftragnehmer durch die Anordnung die Möglichkeit einer selbstständigen Auswahl genommen wird, kann er grundsätzlich nicht für die Qualität der vorgeschriebenen Bauteile und Baustoffe verantwortlich gemacht werden.[387] Auch diese Variante setzt ein eindeutiges, die Befolgung erwartendes Verlangen des Auftraggebers voraus.[388] Dieser darf keine Wahl haben, sondern muss die vom Auftraggeber gelieferten oder vorgeschrieben Stoffe oder Bauteile verwenden.

Darüber hinaus kann eine Befreiung des Auftragnehmers von der Mangelhaftung dann in Betracht kommen, wenn der Mangel der Leistung auf Vorleistungen eines oder mehrerer anderer Auftragnehmer zurückzuführen ist.[389] Unter Vorleistungen sind Leistungen zu verstehen, welche Auswirkungen auf die Leistung des Auftragnehmers haben und diese negativ beeinflussen können,[390] weil diese die Grundlage der Leistung des Auftragnehmers bilden, und dieser seine Leistung auf dieser Grundlage aufbauen muss.[391]

Zwingende Voraussetzung für die Haftungsbefreiung des Auftragnehmers ist jedoch, dass der Mangel auf einen im Risikobereich des Auftragnehmers liegenden Umstand zurückzuführen ist[392] und auch nach wertender Betrachtungsweise der Auftraggeber für die mangelhafte Leistungserbringung des Auftragnehmers einstehen muss.[393] Darüber hinaus ist weitere Voraussetzung für die Haftungsbefreiung des Auftragnehmers, dass dieser dem Auftraggeber seine Bedenken gegen die von ihm geplante Art und Weise der Leistungsausführung mitteilt.

---

384 BGH, Urteil vom 22.05.1975 – VII ZR 204/74, BauR 1975, 421; Urteil vom 30.06.1977 – VII ZR 325/74, NJW 1977, 1966; Urteil vom 17.05.1984 – VII ZR 169/82, NJW 1984, 2457.

385 Kapellmann/Messerschmidt/*Weyer*, § 13 VOB/B Rn. 80; Ingenstau/Korbion/*Wirth*, § 13 Abs. 3 VOB/B Rn. 27.

386 BeckOK/*Koenen*, § 13 Abs. 3 VOB/B Rn. 15.

387 Heiermann/Riedl/Rusam/Riedl/Mansfeld, § 13 Abs. 3 VOB/B Rn. 53; Kapellmann/Messerschmidt/Weyer, § 13 VOB/V Rn. 81.

388 BGH, Urteil vom 17.05.1984 – VII ZR 169/82, NJW 1984, 2457; vgl. OLG Zweibrücken, Urteil vom 19.11.1991 – 8 U 132/90, BauR 1992, 770.

389 BeckOK/*Koenen*, § 13 Abs. 3 VOB/B Rn. 16.

390 BGH, Urteil vom 14.02.1974 – VII ZR 195/72, NJW 1974, 747.

391 OLG München, Urteil vom 20.02.1987 – 14 U 287/86, NJW-RR 1987, 854; Ingenstau/Korbion/Wirth § 13 Abs. 3 VOB/B Rn. 43.

392 Kapellmann/Messerschmidt/*Weyer*, § 13 VOB/B Rn. 86; BeckOK/*Koenen*, § 13 Abs. 3 VOB/B Rn. 17; OLG München, Urteil vom 20.02.1987 – 14 U 287/86, NJW-RR 1987, 854.

393 BGH, Urteil vom 14.03.1996 – VII ZR 34/95, NJW 1996, 2372.

4. Risikoverlagerung bei einem BGB-Bauvertrag

a) Der Grundsatz der Risikozuordnung bei einem BGB-Bauvertrag

Im Gegensatz hierzu bestehen im Werkvertragsrecht des Bürgerlichen Gesetzbuches keine speziellen Vorschriften, welche sich mit der Risikoverlagerung bei risikoerhöhenden Einflüssen aus der Sphäre des Bestellers befassen.

Lediglich § 645 BGB enthält eine Bestimmung für die Mitverantwortlichkeit des Bestellers bei Mängeln des Werkes.[394] Hiernach kann vor Abnahme des Werkes die Vergütungsgefahr auf den Besteller übergehen, wenn das Werk infolge eines Mangels des von dem Besteller gelieferten Stoffes oder infolge einer von dem Besteller erteilten Anweisung untergegangen, verschlechtert oder unausführbar geworden ist.[395]

Sind die Einflussnahmen des Bestellers fehlerhaft, obliegt nach der Systematik des Gesetzes das Leistungsrisiko somit auch in dieser Situation grundsätzlich dem Unternehmer. Es spielt zunächst auch keine Rolle, ob die Planungsmängel bzw. die Vorgaben und Vorleistungen für den Unternehmer überhaupt erkennbar waren. Ob diese uneingeschränkte Zurechnung der Haftung des Unternehmers sachgerecht ist, erscheint jedoch fraglich. Grundlage der verschuldensunabhängigen Haftung des Unternehmers ist die Möglichkeit, die Leistung eigenverantwortlich zu planen und zu erbringen, also im Rahmen der vertraglich festgelegten Pflichten die Leistungserbringungen und den Bauablauf selbstständig zu bestimmen, ohne Weisungen, Vorgaben und Vorleistungen des Bestellers unterworfen zu sein.[396] Nur diese Gestaltung ermöglicht es dem Unternehmer, das Erfolgsrisiko hinreichend zu kalkulieren und die Risiken durch zweckgemäße und rechtzeitige Maßnahmen zu steuern und zu begrenzen. Diese Möglichkeit der Risikobeherrschung ist als stillschweigende vertragliche Grundlage der Gewährleistungsverpflichtung des Unternehmers anzusehen.[397] Wie bereits dargelegt, wird die Einheit von Planung und Ausführung sowie die Ausführung aus einer Hand bei einem Bauvertrag durchbrochen, mit der Folge, dass der Besteller in die unternehmerische Entscheidungsfreiheit eingreift und den Unternehmer zwingt, seine planerischen Vorgaben umzusetzen sowie seine Vorleistungen zu beachten.[398]

Eine Einschränkung des Erfolgsrisikos des Unternehmers muss daher dann in Betracht kommen, wenn die Risikobeherrschung des Unternehmers durch zwingende Vorgaben und Vorleistungen des Bestellers eingeengt wird. Ob die Einflussmöglichkeiten des Bestellers während der Herstellungsphase automatisch zu einer kompletten Umkehr der Wertungen der gesetzlichen Risikoverlagerung[399] führen können, erscheint jedoch zweifelhaft. Auch in dieser Situation, obliegt dem Unternehmer

394 BeckOK/*Koenen*, § 13 Abs. 3 VOB/B Einl.
395 1. Teil I. 7. b).
396 Kleine-Möller/Merl/Glöckner/*Merl*, § 15 Rn. 108.
397 Kleine-Möller/Merl/Glöckner/*Merl*, § 15 Rn. 108.
398 Vgl. 1. Teil I. 7b).
399 Vgl. 1. Teil I. 9.

nämlich nach der Systematik des Gesetzes grundsätzlich das Erfolgsrisiko, da durch die Übernahme der Planung durch den Besteller und durch Vorgaben und Vorleistungen durch ihn die werkvertragliche Risikoverteilung grundsätzlich nicht außer Kraft gesetzt wird. Ist die Leistung des Unternehmers daher mangelhaft, stehen dem Besteller grundsätzlich seine werkvertraglichen Gewährleistungsansprüche zu, unabhängig davon, ob die Mängel auf einer fehlerhaften Planung oder auf fehlerhaften Vorgaben und Vorleistungen des Bestellers beruhen.

Eine Befreiung von der Erfolgshaftung des Unternehmers erfolgt somit nicht automatisch, sobald sich Risiken aus der Sphäre des Bestellers im Werk verwirklicht haben. Es ist somit zu prüfen, ob das Risiko der mangelfreien Leistungsausführung dem Besteller auferlegt werden kann, wenn die Mangelhaftigkeit auf einem Umstand aus der Sphäre des Bestellers beruht.

b) Erste Ausnahme: Rechtsgeschäftliche Vereinbarung der Vertragsparteien

Nimmt der Besteller Einfluss auf die Bewirkung des geschuldeten Erfolges, kann hierin grundsätzlich noch keine Haftungsbefreiung des Unternehmers gesehen werden. Das Erfolgsrisiko kann in dieser Situation jedoch dann auf den Besteller verlagert werden, wenn die Parteien eine entsprechende ausdrückliche vertragliche Abrede treffen. Ob der zwischen den Parteien geschlossene Bauvertrag derartige Befreiungen vorsieht, ist durch Auslegung des Vertrages zu ermitteln. Hierbei sind die Auslegungsgrundsätze für eine vertragliche Risikoübernahme heranzuziehen.[400] Zunächst ist der Vertrag daraufhin zu untersuchen, ob dem Besteller Spielräume bezüglich der Planung und Ausführung zustehen. Ist dies nicht der Fall, so kann das Erfolgsrisiko nicht auf den Besteller übergehen. Es gilt der Grundsatz: Kein Spielraum, kein Risiko. Sind Lücken und Spielräume vorhanden, ist somit zu prüfen, ob diese durch zwingende Vorgaben und Anweisungen des Bestellers geschlossen werden, oder ob der Unternehmer lediglich auf Anregungen, Wünsche oder einfache Erklärungen des Bestellers Rücksicht nehmen muss. Der Besteller greift nämlich nur dann in die Planung und Ausführung ein, wenn es sich um bindende Anweisungen handelt und der Unternehmer gezwungen ist, diese zu befolgen und die Leistung hiernach auszuführen.

Darüber hinaus muss der Unternehmer den Besteller in dieser Situation umfassend und abschließend über die hierdurch entstehenden Risiken aufklären und informieren. An eine vertraglich vereinbarte Risikoverlagerung sind somit strenge Anforderungen zu stellen. Eine derartige Vereinbarung in Allgemeinen Geschäftsbedingungen verstößt gegen die Vorschrift des § 307 BGB und ist daher unwirksam, da sie mit wesentlichen Grundgedanken der gesetzlichen Regelung in Widerspruch steht. Eine rechtsgeschäftliche Risikoverlagerung zwischen den Parteien ist daher nur individualvertraglich möglich.

---

400 Vgl. *Kniffka* in: Kniffka/Koeble, 5. Teil Rn. 81 ff.

c) *Zweite Ausnahme: Bedenkenhinweispflicht*

Wie bereits dargelegt, erfolgt eine Befreiung des Unternehmers von seiner Erfolgshaftung nicht automatisch, sobald sich Risiken, welche aus der Sphäre des Bestellers stammen, verwirklichen.[401] Der Unternehmer bleibt für das Erreichen des Erfolges grundsätzlich verantwortlich. Dieser Grundsatz beruht jedoch maßgeblich darauf, dass der Werkunternehmer das Werk selbst plant und ausführt und auf dieser Planungs- und Ausführungsgrundlage das Werk herstellt.

Werden dem Besteller während der Herstellungsphase jedoch Planungs- und Ausführungsspielräume eröffnet und greift er hierdurch einseitig in die unternehmerische Gestaltungsfreiheit ein, stellt sich die Frage, welche Folgen es nach sich zieht, wenn die Planung bzw. Vorgaben und Vorleistungen des Bestellers mangelhaft und die darauf basierende Ausführung des Unternehmers, den geschuldeten Erfolg nicht verwirklichen kann und Mängel am Werk vorhanden sind.

Wie bereits dargelegt, wird der Bauvertrag durch eine zeitliche Streckung des Erfüllungsstadiums auf der Leistungsebene geprägt.[402] Die hieraus folgende Komplexität des Bauens und der zwangsläufig vorgegebene zeitliche Ablauf eines Bauvorhabens erfordert ein kooperatives Zusammenwirken zwischen den Vertragsparteien miteinander und den übrigen an der Herstellung des Werkes beteiligten Dritten untereinander.[403]

Aus dem Kooperationsgedanken des Bauwerkvertragsrechts folgt, dass jeder Vertragspartner den anderen auf mögliche Fehlerquellen hinweisen muss, wenn Gefahren für das Gelingen des Werkes drohen bzw. bestehen.[404] Erkennt der Unternehmer somit während der Ausführungsarbeiten Fehler in der Planung und den Vorgaben und Vorleistungen des Bestellers, muss er den Besteller auf die Fehlerhaftigkeit hinweisen. Ob der Unternehmer darüber hinaus die planerischen und sonstigen Vorgaben des Bestellers prüfen muss, ist umstritten.[405]

Zweck der Hinweispflicht des Unternehmers ist es, den Besteller vor Schäden zu bewahren. Dieser aus Treu und Glauben resultierende Grundsatz gilt auch im Rahmen eines BGB-Bauvertrages uneingeschränkt. Es ist daher zu untersuchen, ob sich der Unternehmer von seiner uneingeschränkten Erfolgshaftung befreien kann, wenn er den Besteller auf die Fehlerhaftigkeit seiner Planungs- und Ausführungsvorgaben hinweist. Wie bereits dargelegt, wird der Grundsatz der alleinigen Planungs- und Ausführungsverantwortung des Werkunternehmers bei einem Bauvertrag oftmals durchbrochen, da die eigentlich bestehende Freiheit des Werkunternehmers von Vorgaben und Anordnungen des Bestellers sowie Vorleistungen anderer Unternehmer

401 Vgl. 2. Teil III. 1. b) dd) (3) (b) (cc).

402 Vgl. 1. Teil I. 8. a).

403 Vgl. 1. Teil I. 8. c).

404 Staudinger/*Peters*, § 633 BGB Rn. 63; Glöckner/von Berg/*Rehbein*, § 633 BGB Rn. 87.

405 MüKo-BGB/*Busche*, § 634 BGB Rn. 80; *Dähne*, BauR 1976, 225, 226; *Hochstein* in: FS Korbion, S. 165, 167; *Kaiser*, NJW 1974, 445; Staudinger/*Peters*, § 633 BGB Rn. 65; a.A.: *Siegburg* in: FS Korbion, S. 411, 425.

eingeschränkt wird. In der Situation, dass die Ursache der Mangelhaftigkeit des Werks allein aus der Sphäre und dem Verantwortungsbereich des Bestellers stammt, besteht bei einem Bauvertrag unter bestimmten Voraussetzungen die Möglichkeit, dass das Risiko der mangelfreien Leistungsausführung ausnahmsweise dem Besteller zugewiesen werden kann. Die Enthaftung des Unternehmers in dieser Situation widerspricht auch nicht dem Grundsatz der Erfolgshaftung des Werkunternehmers im Rahmen eines Bauvertrages, sondern beruht auf der Konkretisierung der Herstellungspflicht durch die Festlegung einer bestimmten Ausführungsart und der damit einhergehenden Einschränkung der Herstellungsfreiheit des Unternehmers durch den Besteller. Der Besteller soll den Unternehmer in dieser Situation nicht in die Haftung nehmen dürfen, wenn die Ursachen für die Mängel nicht in der Risikosphäre des Unternehmers liegen, sondern aus dem Verantwortungsbereich des Bestellers stammen.[406] Durch das Aufbrechen der alleinigen Planungs- und Ausführungsverantwortung des Unternehmers und der arbeitsteiligen Planung und Ausführung der Werkleistung werden Risiken verwirklicht, welche nicht der Sphäre des Unternehmers zuzuordnen sind.

Eine derartige Risikoverlagerung ist jedoch zunächst nur möglich, wenn der Leistungsmangel seine Ursache allein in der Sphäre und im Verantwortungsbereich des Bestellers hat und darüber hinaus dem Besteller ein entsprechender Planungs- und Ausführungsspielraum eingeräumt wurde. Ist dies nicht der Fall, so kommt eine Verlagerung des Erfolgsrisikos auf den Besteller nicht in Betracht. Der Unternehmer bleibt für den geschuldeten Leistungserfolg uneingeschränkt verantwortlich und muss alle Leistungen erbringen, welche unter Zugrundelegung der vertraglichen Vereinbarungen erforderlich sind, um den vereinbarten Erfolg zu bewirken.

Weitere Voraussetzung der Risikoverlagerung und somit der Enthaftung des Unternehmers ist, dass er den Besteller auf seine Bedenken hinweist. Er ist verpflichtet, den Besteller auf die Risiken seiner Vorgaben und Vorleistungen hinzuweisen.

Sowohl die Rechtsnatur[407] als auch die Reichweite[408] der Bedenkenhinweispflicht sind umstritten.

Es ist zunächst fraglich, ob die Enthaftung des Unternehmers nur dann eingreift, wenn der Hinweis tatsächlich erfolgt ist. Dies würde jedoch voraussetzen, dass der Unternehmer die Mangelhaftigkeit der Planung, die mangelnde Eignung von vorgegebenen Materialien sowie Anweisungen des Bestellers erkennen konnte. Welche Rechtsfolgen ergeben sich, wenn der Unternehmer die Vorgaben und Vorleistungen des Bestellers prüft, er deren Mangelhaftigkeit jedoch nicht erkennen kann und sich der Mangel des Bestellers in der Leistung des Unternehmers verwirklicht und zu einem mangelhaften Werk führt. Es ist zu untersuchen, ob in dieser Situation das Interesse des Bestellers an einer Haftung des Unternehmers zurücktritt, oder ob der Unternehmer auch dann für den Erfolg uneingeschränkt einstehen muss und sich nicht enthaften kann, wenn er mangels Erkennbarkeit keinen Hinweis

406 Vgl. *Clemm*, BauR 1987, 611.
407 Vgl. 4. Teil III. 2.
408 Vgl. 5. Teil.

gegenüber dem Besteller erteilen konnte. In diesen „Delta-Fällen“, in welchen der Unternehmer den Besteller zwar nicht auf die mangelnde Eignung von dessen Materialien, Anweisungen, Plänen oder Leistungsverzeichnissen hinweist, ihm jedoch auch keine Verletzung der Prüfungs- und Bedenkenhinweispflicht vorzuwerfen ist, da er Mängel nicht erkennen konnte, ist fraglich, ob danach zu differenzieren ist, ob der Hinweis pflichtwidrig unterblieben ist[409] oder nicht,[410] da sich hieraus unterschiedliche Rechtsfolgen, vor allem im Rahmen der Vergütung und der Kosten der Nacherfüllung ergeben könnten.[411]

Auf die Bedenkenanmeldung des Unternehmers muss sodann eine Reaktion des Bestellers erfolgen. Die Reaktionsmöglichkeiten des Bestellers sind vielfältig.[412]

Es ist im Folgenden zu prüfen, welche Folgen sich ergeben, wenn der Besteller den Unternehmer trotz angemeldeter Bedenken zur Ausführung anweist. Es ist daher zu untersuchen, ob in einer derartigen Anweisung die vertragliche Risikoübernahme liegt, dass die Ausführung nach den Vorgaben des Bestellers erfolgen soll, unabhängig davon, ob mit diesen Vorgaben der geschuldete Erfolg erreicht werden kann. Dies würde nämlich bedeuten, dass der Unternehmer in dieser Konstellation insoweit nicht mehr die Herbeiführung der Funktionstauglichkeit des Werkes schuldet. Seine Erfolgsverpflichtung würde sich auf die Abarbeitung der zwingenden Bestellervorgaben reduzieren. Der Unternehmer würde in dieser Situation nur noch die der Anweisung entsprechende Tätigkeit, nicht aber den Erfolg selbst, schulden.

409 Vgl. 5. Teil II.
410 Vgl. 5. Teil II. 2.
411 Vgl. 5. Teil.
412 Vgl. 5 Teil III.

4. Teil: Die Prüfungs- und Bedenkenhinweispflicht

I. Grundlagen der Prüfungs- und Bedenkenhinweispflicht

1. Allgemeines

Die Hauptpflicht des Unternehmers besteht in der Herbeiführung des werkvertraglich geschuldeten Erfolges.[413] Darüber hinausgehende Pflichten des Werkunternehmers kodifiziert das Werkvertragsrecht des Bürgerlichen Gesetzbuches nicht explizit. Neben dieser Pflicht existieren jedoch weitere Pflichten des Unternehmers, welche die Hauptleistungspflichten ergänzen und der Vorbereitung, Durchführung und Sicherung der Hauptleistung dienen. Diese Nebenleistungspflichten können in engem Zusammenhang mit der Herstellungsverpflichtung des Unternehmers bestehen. Sie können aber auch selbstständig neben der werkvertraglichen Herstellungsverpflichtung stehen.[414]

Des Weiteren ist nach Treu und Glauben im Rahmen eines Vertrages jeder Vertragspartner gehalten, gegenüber der anderen Vertragspartei Rücksicht zu üben und diese vor Schäden zu bewahren. Diese in § 241 Abs. 2 BGB normierten Verhaltens- und Schutzpflichten sollen die Rechtsgüter und Interessen des anderen Teils schützen.[415] Bei diesen Nebenpflichten geht es nicht um die Herbeiführung des geschuldeten Leistungserfolges, sondern um den Schutz der anderen Rechtsgüter des Vertragspartners.

Ausgehend von diesen Grundsätzen treffen den Unternehmer im Rahmen eines Bauvertrages neben seiner Hauptleistungspflicht somit weitere Pflichten, welche sich in Nebenpflichten und Nebenleistungspflichten unterteilen lassen.[416] Im Bauvertragsrecht haben diese Pflichten des Unternehmers eine besondere Bedeutung, da die Vertragsabwicklung oftmals über einen längeren Zeitraum andauert und häufig mit bei Vertragsschluss noch nicht absehbaren Unwägbarkeiten und Risiken verbunden ist.[417] Die Vertragsparteien müssen daher im Ausführungsstadium zur Herbeiführung des Erfolges kooperativ zusammenarbeiten, um auftretende

---

413 PWW/*Halfmeier*/*Leupertz*, Vor §§ 631 – 635 BGB Rn. 1; Staudinger/*Peters/Jacoby*, § 631 BGB Rn. 1 ff.; BGH, Urteil vom 11.10.2001 – VII ZR 475/00, BauR 2002, 315; BGH, Urteil vom 08.11.2007 – VII ZR 183/05, NJW 2008, 511.

414 Kniffka, ibr-online-Kommentar Bauvertragsrecht, Stand 12.01.2015, § 631 BGB Rn. 192.

415 MüKoBGB/*Busche*, § 631 BGB Rn. 74; Ingenstau/Korbion/*Oppler*, § 4 Abs. 3 VOB/B Rn. 2.

416 Vgl. 1. Teil I. 5. b).

417 Vgl. 1. Teil I. 8 a).

Spannungen und Schwierigkeiten während der Ausführungsphase abmildern und vermeiden zu können.[418]

Diese Verpflichtungen des Unternehmers können sich beispielsweise aus der VOB/B, sofern sie zwischen den Parteien wirksam vereinbart wurde, ergeben. Des Weiteren können die Neben(leistungs-)pflichten des Unternehmers aus dem Vertragszweck und der allgemeinen Treuepflicht, welche aus § 242 BGB abgeleitet wird, resultieren.[419]

Zu den Pflichten, welche der Unternehmer während der Bauausführungsphase wahren muss, gehört auch die Prüfungs- und Bedenkenhinweispflicht. Sie verpflichtet den Unternehmer, die planerischen und tatsächlichen Vorgaben des Bestellers, welche dieser für die Leistungserbringung zur Verfügung stellt, zu überprüfen[420] und begründete Zweifel und Bedenken an den Vorgaben des Bestellers, diesem gegenüber rechtzeitig anzumelden und geltend zu machen.[421]

In diesem Zusammenhang ist fraglich, ob bezüglich der Reichweite der Prüfungs- und Bedenkenhinweispflicht nach Art des Bauvertrages differenziert werden muss. Es ist zu untersuchen, ob die Prüfungs- und Bedenkenhinweispflicht bei einem Verbraucher als Besteller anderen Anforderungen unterliegt, als bei einem fachkundigen Besteller, welcher über die entsprechenden Sachkenntnisse verfügt.

Die Bedenkenhinweispflicht stellt in ihrer Ausprägung eine Besonderheit des Bauvertragsrechts dar, welcher auf Grund seines Langzeitcharakters[422] von jeher eine verstärkte Kooperation und Koordination zwischen den Vertragsparteien erforderte.

Sinn und Zweck der Prüfungs- und Bedenkenhinweispflicht ist es, die Leistung des Unternehmers zu schützen und sicherzustellen, dass diese mangelfrei erbracht wird, soweit diese durch andere Leistungsbereiche, welche außerhalb der Verantwortlichkeit des Unternehmers stehen, negativ beeinflusst werden kann. Darüber hinaus soll die Bedenkenhinweispflicht auch die wirtschaftlichen Interessen des Bestellers schützen, indem der Unternehmer bereits während der Ausführungsphase gehalten ist, die Leistung anderer Unternehmer zu prüfen und den Besteller auf mögliche Risiken hinzuweisen. Der Besteller soll somit durch die Prüfungs- und Bedenkenhinweispflicht vor Risiken geschützt werden, welche durch eine arbeitsteilige Bauerrichtung entstehen können. Der Unternehmer ist nämlich auf Grund seiner Leistungsnähe und seinen Fachkenntnissen oftmals der Einzige, der in der Lage ist, den Besteller vor auftretenden Mängeln und Schäden zu schützen.

---

418 MüKoBGB/*Busche*, § 631 BGB Rn. 74; Glöckner/von Berg/*Vogelheim*, § 241 BGB Rn. 2 ff.; PWW/*Halfmeier/Leupertz*, § 631 BGB Rn. 26.

419 MüKoBGB/*Roth/Schubert*, § 242 BGB Rn. 188 ff.; BeckOK BGB/*Sutschet*, § 242 BGB Rn. 39.

420 Vgl. 4. Teil II. 2.

421 *Keller* in: Franke/Kemper/Zanner/Grünhagen, § 4 VOB/B Rn. 140; Glöckner/von Berg/*Rehbein* § 633 BGB Rn. 86; Staudinger/*Peters/Jacoby*, § 633 BGB Rn. 62; *Dähne*, BauR 1976, 225, 226; *Hochstein* in: FS Korbion, S. 165, 167; Nicklisch in: Nicklisch/Weick, § 4 VOB/B Rn. 51.

422 Vgl. 1. Teil I. 8. a).

Obwohl die Rechtsnatur der Prüfungs- und Bedenkenhinweispflicht umstritten ist,[423] ist ihr Bestehen im Rahmen eines Bauvertrages in der Literatur und der Rechtsprechung allgemein anerkannt.[424] Die Prüfungs- und Bedenkenhinweispflicht findet daher nicht nur Anwendung, wenn zwischen den Parteien die Vorschriften der VOB/B wirksam in ihren Vertrag einbezogen wurden, sondern gilt auch im Bauvertragsrecht des Bürgerlichen Gesetzbuches uneingeschränkt.[425]

Ihr kommt im Rahmen des Bauvertragsrechts daher eine herausragende Bedeutung zu.

2. VOB/B-Bauvertrag

Die Prüfungs- und Bedenkenhinweispflicht wurde in der VOB/B ausdrücklich geregelt. Sie ist in der Vorschrift des § 4 Abs. 3 VOB/B verankert und im Zusammenhang mit der Haftungsbefreiung des Unternehmers nach der Regelung des § 13 Abs. 3 VOB/B zu sehen. Gemäß § 4 Abs. 3 VOB/B hat der Unternehmer dem Besteller Bedenken gegen die vorgesehene Art der Ausführung, gegen die Güte der vom Auftraggeber gelieferten Stoffe oder Bauteile oder gegen die Leistungen anderer Unternehmer unverzüglich schriftlich mitzuteilen;[426] der Auftraggeber bleibt für seine Angaben, Anordnungen oder Lieferungen verantwortlich. Es handelt sich bei dieser Regelung um eine Konkretisierung des im zivilen Vertragsrecht allgemein gültigen Grundsatzes von Treu und Glauben, den Vertragspartner vor eventuell auftretenden Schäden zu bewahren.[427] Die in § 4 Abs. 3 VOB/B geregelten Pflichten gehen über die bloße Sicherung des konkreten vertraglichen Leistungsergebnisses hinaus.[428] Dem Unternehmer „obliegt“ es auf Grund seiner Sachkunde, den Besteller auf eingetretene oder zu erwartende Schäden und Mängel hinzuweisen und ihn so vor Schäden zu bewahren.[429]

---

423 Vgl. 4. Teil III. 2. a).

424 BGH, Urteil vom 23.10.1986 – VII ZR 48/85, NJW 1987, 643; BGH, Urteil vom 08.11.2007 – VII ZR 183/05, BauR 2008, 344; MüKoBGB/*Busche*, § 634 BGB Rn. 80 ff.; Staudinger/*Peters/Jacoby*, § 633 BGB Rn. 62 ff.; Glöckner/von Berg/*Rehbein*, § 633 BGB Rn. 86; *Dähne*, BauR 1976, 225.

425 Staudinger/*Peters/Jacoby*, § 633 Rn. 63; *Kniffka* in: Kniffka/Koeble 6. Teil Rn. 41; BGH, Urteil vom 23.10.1986 – VII ZR 48/85, NJW 1987, 643; BGH, Urteil vom 14.09.1999 – X ZR 89/97, NJW 2000, 280; BGH, Urteil vom 12.05.2005 – VII ZR 45/04, BauR 2005, 1314; BGH, Urteil vom 08.11.2007 – VII ZR 183/05, BauR 2008, 344; *Motzke*, ZfBR 1988, 244.

426 4. Teil I. 4.

427 Messerschmidt/Voit/*von Rintelen*, § 631 BGB Rn. 92 ff.

428 Kapellmann/Messerschmidt/*Merkens*, § 4 VOB/B Rn. 65; Ingenstau/Korbion/*Oppler*, § 4 Abs. 3 VOB/B Rn. 2.

429 *Clemm*, BauR 1987, 609; Ingenstau/Korbion/*Oppler*, § 4 Abs. 3 VOB/B Rn. 2; BGH, Urteil vom 23.06.1960 – VII ZR 71/59, NJW 1960, 1813; BGH, Urteil vom 23.10.1986 – VII ZR 48/85, BauR 1987, 79; BGH, Urteil vom 23.10.1987 – VII ZR 267/85, BauR 1987, 86.

Der Rahmen der Prüfungs- und Bedenkenhinweispflicht und ihre Grenzen ergeben sich aus dem Grundsatz der Zumutbarkeit, wie sie sich nach den besonderen Umständen des Einzelfalles darstellt.[430] In erster Linie ist somit auf die konkreten Umstände des Einzelfalles abzustellen.[431] Entscheidende Punkte der Reichweite der Bedenkenhinweispflicht sind das beim Unternehmer im Einzelfall vorauszusetzende Wissen, die Art und der Umfang seiner Leistungsverpflichtung sowie die Person des Bestellers selbst.[432] Dies bedeutet, dass der Umfang in erster Linie von der Stellung des Unternehmers im Rahmen des Baugeschehens und seinen Fachkenntnissen[433] abhängt. Darüber hinaus können bei einem fachkundigen Besteller[434] der Umfang und die Reichweite der Prüfungs- und Bedenkenhinweispflicht des Unternehmers eingeschränkt sein.

In der Vorschrift des § 4 Abs. 3 VOB/B wird jedoch keine Pflicht des Unternehmers statuiert, während der Vertragsdurchführungsphase, das Bauwerk ganz allgemein auf Bedenken gegen die geplante Art der Ausführung und die Verwendungseignung zu untersuchen und diese dann dem Besteller mitzuteilen.[435] Die in § 4 Abs. 3 VOB/B niedergelegte Prüfungs- und Hinweispflicht des Unternehmers ist eine Konkretisierung des allgemeinen Grundsatzes von Treu und Glauben, den anderen Vertragspartner vor Schäden zu bewahren. Jeder Werkunternehmer, der seine Arbeit in engem Zusammenhang mit der Vorarbeit oder aufgrund dessen Planungen auszuführen hat, muss daher prüfen, ob diese Vorarbeiten eine geeignete Grundlage für sein Werk bieten und keine Eigenschaften besitzen, die den Erfolg seiner Arbeit in Frage stellen können.[436]

Die Regelung des § 4 Abs. 3 VOB/B dient daher in erster Linie der Förderung und Sicherung der vertraglich geschuldeten Pflicht des Unternehmers selbst, sein Werk frei von Sach- und Rechtsmängeln zu erstellen.[437] Der Unternehmer wird durch diese Norm nicht verpflichtet, zu überprüfen, ob das Bauvorhaben wie vom Besteller geplant, mangelfrei erstellt werden kann.[438] Seine Prüfverpflichtung erstreckt sich

---

430 BGH, Urteil vom 23.10.1986 – VII ZR 48/85, NJW 1987, 643.

431 BeckOK VOB/B/*Fuchs*, § 4 Abs. 3 VOB/B Rn. 1; BGH, Urteil vom 08.11.2007 – VII ZR 183/05, BauR 2008, 344; BGH, Urteil vom 23.10.1986 – VII ZR 48/85, BauR 1987, 79, 80.

432 OLG Hamm, Urteil vom 28.01.2003 – 34 U 37/02, BauR 2003, 1052.

433 4. Teil II. 3. a).

434 4. Teil II. 3. h) und i).

435 BGH, Urteil vom 14.02.1974 – VII ZR 195/72, BauR 1974, 202; *Nicklisch/Weick* in: Nicklisch/Weick, § 4 VOB/B Rn. 54; Kapellmann/Messerschmidt/*Merkens*, § 4 VOB/B Rn. 67.

436 BGH, Urteil vom 23.10.1986 – VII ZR 48/85, NJW 1987, 643.

437 Ingenstau/Korbion/*Oppler*, § 4 Abs. 3 VOB/B Rn. 2.

438 *Clemm*, BauR 1987, 609, 612.

nur auf Leistungen Dritter oder des Bestellers selbst, auf denen seine geschuldete Leistung aufbaut, darüber hinaus geht sie nicht.[439]

Der Unternehmer kann die in § 4 Abs. 3 VOB/B normierte Pflicht auf zweierlei Weise verletzen: Er kann entweder die ihm obliegende Prüfungspflicht missachten[440] oder seine Anzeigepflicht gegenüber dem Besteller verletzen, wenn er zwar ordnungsgemäß geprüft hat, das Ergebnis der Prüfung dem Besteller jedoch nicht mitteilt. In diesem Zusammenhang ist fraglich, welche Folgen sich daraus ergeben können, wenn der Unternehmer ordnungsgemäß prüft, er jedoch keine Bedenken erkennen kann.

Die in § 4 Abs. 3 VOB/B erfassten Pflichten bestehen für den Unternehmer nur bei einem bereits geschlossenen Bauvertrag. Sie bestehen nur für die Dauer des Vertrages und enden mit der Abnahme des Werkes oder der vorzeitigen Beendigung des Vertragsverhältnisses durch Kündigung.[441] Die Prüfungs- und Bedenkenhinweispflicht des § 4 Abs. 3 VOB/B setzt erst mit Abschluss des Bauvertrages ein. In den Fällen in denen die funktionale Leistungspflicht und das vom Besteller stammende Leistungsverzeichnis divergieren, greift die Vorschrift vor Vertragsabschluss noch nicht ein. Im Ausschreibungs- und Angebotsstadium besteht somit grundsätzlich keine Verpflichtung des Unternehmers, die Planung des Bestellers zu prüfen und diesen auf Fehler im Leistungsverzeichnis hinzuweisen, weil der Unternehmer in diesem Stadium die Prüfung der Vertragsunterlagen in der Regel nur unter kalkulatorischen Aspekten vornimmt.[442]

3. BGB-Bauvertrag

Das Werkvertragsrecht des BGB ist nicht speziell auf Bauverträge zugeschnitten, sondern umfasst alle Verträge, in denen ein Unternehmer die Herstellung eines Werkes schuldet. Diese Generalisierung des Werkvertragsrechts auf Verträge, in denen ein Erfolg geschuldet wird, macht es unmöglich, für jeden einzelnen Vertragstypus, welcher unter das Werkvertragsrecht fällt,[443] eigene spezielle Regelungen zu den Neben(leistungs-)pflichten der Parteien in das BGB aufzunehmen.

Aus diesem Grund wurden in den §§ 631 ff. BGB keine Pflichten, welche die Bauvertragsparteien im Rahmen der Vertragsabwicklung beachten müssen, normiert.

---

439 Ingenstau/Korbion/*Oppler*, § 4 Abs. 3 VOB/B Rn. 11; *Nicklisch* in: Nicklisch/Weick § 4 VOB/B Rn. 54 m.w.N.; Kapellmann/Messerschmidt/*Merkens*, § 4 VOB/B Rn. 67; BGH, Urteil vom 23.10.1986 – VII ZR 48/85, BauR 1987, 79.

440 A.A. *Siegburg* in: FS Korbion, S. 411, 425; *Siegburg*, Rn. 1370 ff.

441 Ingenstau/Korbion/*Oppler*, § 4 Abs. 3 VOB/B Rn. 8; Kapellmann/Messerschmidt/*Merkens*, § 4 VOB/B Rn. 66.

442 Kapellmann/Messerschmidt/*Merkens*, § 4 VOB/B Rn. 64; BeckOKVOB/B/*Fuchs*, § 4 Abs. 3 VOB/B Rn. 3.

443 Vgl. *Weyers*, AcP 182 (1982), 60 ff.; *Weyers*, Gutachten und Vorschläge II, S. 1115, 1128; Staudinger/*Peters/Jacoby*, Vorbem zu §§ 631 ff. Rn. 3; MüKoBGB/*Busche*, § 631 BGB Rn. 2.

Demgegenüber normiert die speziell für Bauverträge erlassene VOB/B zahlreiche Verhaltenspflichten sowie Obliegenheiten, welche der Unternehmer vor und während der Bauausführungsphase zu beachten hat und einhalten muss. Keine dieser Verhaltenspflichten des Unternehmers fand jedoch Eingang in das BGB-Werkvertragsrecht. Daher existiert im Bürgerlichen Gesetzbuch keine Vorschrift, in welcher dem Bauunternehmer eine Prüfungs- und Hinweispflicht auferlegt wird.

Die Verpflichtungen der Vertragsparteien beschränken sich beim BGB-Bauvertrag jedoch nicht auf die Erfüllung ihrer gesetzlich geregelten Hauptleistungspflichten. Die Parteien treffen weitere Pflichten, welche sich aus dem konkreten Schuldverhältnis ergeben, dessen Ausgestaltung den Vertragsparteien überlassen bleibt.[444] Da die Vertragsabwicklung im Bauvertragsrecht häufig mit Unwägbarkeiten verbunden ist und die Vertragsparteien zur Herbeiführung des Erfolges über einen längeren Zeitraum kooperativ zusammenwirken müssen, spielen die Neben(leistungs-)pflichten auch im BGB-Werkvertragsrecht eine erhebliche Rolle.[445]

a) Die Entstehungsgeschichte der Prüfungs- und Bedenkenhinweispflicht

Ausgangspunkt für die Geltung der Prüfungs- und Bedenkenhinweispflicht im Rahmen eines BGB-Bauvertrages ist der dem gesamten Vertragsrecht immanente Grundsatz, dass jeder Vertragsteil nach Treu und Glauben mit Rücksicht auf die Verkehrssitte verpflichtet ist, sein Verhalten so einzurichten, dass Nachteile für den anderen Vertragspartner vermieden werden.[446]

Bereits das Preußische Allgemeine Landrecht enthielt Sorgfalts- und Hinweispflichten des Werkunternehmers. Gemäß § 954 ALR musste der Unternehmer das Werk den Regeln seiner Kunst entsprechend herstellen. Nach § 957 ALR traf den Unternehmer eine Pflicht, die vom Besteller gelieferten Materialien auf ihre Tauglichkeit hin zu untersuchen, und auftretende Bedenken geltend zu machen.

Mehrere Entwürfe zum Bürgerlichen Gesetzbuch[447] sahen die Einführung einer Prüfungs- und Hinweispflicht des Unternehmers bezüglich Anordnungen des Bestellers, bei von diesem gelieferten Materialien sowie Bauplänen, vor.[448]

---

444 Staudinger(2009)/*Olzen*, § 241 BGB Rn. 1–2; Glöckner/von Berg/*Vogelheim*, § 241 BGB Rn. 1.

445 BGH, Urteil vom 28.10.1999 – VII ZR 393/98, NJW 2000, 807; *Fuchs*, NZBau 2004, 65, 67; MüKoBGB/*Busche*, § 631 Rn. 74; Glöckner/von Berg/*Vogelheim*, § 631 BGB Rn. 140.

446 BGH, Urteil vom 08.11.2007 – VII ZR 183/05, BauR 2008, 344; BGH, Urteil vom 23.06.1960 – VII ZR 71/59, NJW 1960, 1813; BGH, Urteil vom 23.10.1986 – VII ZR 48/85, BauR 1987, 79; BGH, Urteil vom 23.10.1987 – VII ZR 267/85, BauR 1987, 86.

447 Entwurf eines bürgerlichen Gesetzbuches für das Großherzogtum Hessen nebst Motiven 1842 – 1853; Entwurf eines Bürgerlichen Gesetzbuchs für das Königreich Bayern, Neudruck 1973; Dresdener Entwurf zum Obligationenrecht von 1866.

448 *Enders*, S. 39.

Die Prüfungs- und Hinweispflicht sowie weitere Neben- und Sorgfaltspflichten wurden jedoch nicht im Bürgerlichen Gesetzbuch kodifiziert. Die Verfasser des Bürgerlichen Gesetzbuches sahen es als selbstverständlich an, dass der Unternehmer, wenn er über größere Sachkunde verfügt, nach Sinn und Zweck des Vertrages verpflichtet sei, den Besteller nach Kräften vor Schaden zu bewahren und ihm mögliche Schadensursachen rechtzeitig anzuzeigen.[449] Diese Pflichten und Obliegenheiten bedurften nach Ansicht der „Väter" des Bürgerlichen Gesetzbuches keiner gesonderten gesetzlichen Ausgestaltung.[450]

b) Die Prüfungs- und Bedenkenhinweispflicht in der Rechtsprechung

Sorgfalts-, Prüfungs- und Hinweispflichten des Werkunternehmers waren in der Rechtsprechung[451] seit jeher anerkannt. Dieser musste auf Grund seiner größeren Sachkunde den Besteller vor Schäden bewahren. Begründet wurde dies mit der Annahme, dass Fehler und Gefahren, welche den Werkerfolg vereiteln können, dem Bauunternehmer auf Grund seiner Spezialkenntnisse am ehesten erkennbar sind.

Diese Pflichten des Unternehmers beanspruchten daher bereits lange vor Erlass der VOB/B Geltung zwischen den Vertragsparteien. Die in der VOB/B normierten Nebenpflichten des Unternehmers sind daher Ausfluss des aus Treu und Glauben resultierenden Prinzips, den Besteller vor Schäden zu bewahren, und existierten in dieser Form bereits vor Schaffung der VOB/B im Jahr 1926.

Dieser Schutz- und Treuegedanke wurde von der Rechtsprechung des Reichsgerichts und des Bundesgerichtshofs über die Jahre hinweg kontinuierlich weiter ausgebaut.[452]

Es „obliegt" daher jedem Bauunternehmer auch ohne entsprechende Vereinbarung, den Besteller unverzüglich von Bedenken gegen die vorgesehene Art der Ausführung, die Güte der vom Besteller gelieferten Stoffe oder Leistungen anderer Unternehmer in Kenntnis zu setzen.[453] Die Bedenkenhinweispflicht besteht während der Vertragsdurchführungsphase somit auch dann, wenn zwischen den Vertragsparteien die VOB/B nicht vereinbart wurde und der Bauvertrag sich allein nach den Vorschriften des BGB-Werkvertrages richtet.[454] Nach Auffassung des Bundesgerichtshofes hat der

---

449 Motive, B. II, 1888, S. 485, 486.

450 Motive, B. II, 1888, S. 485, 486.

451 Vgl. BGH, Urteil vom 26.09.1960 – VII ZR 131/59, BeckRS 1960, 3118891; Urteil vom 28.02.1961 – VII ZR 197/59, BeckRS 1961, 31185870; Urteil vom 19.09.1963 – VII ZR 130/62, BeckRS 1963, 00094.

452 BGH, Urteil vom 23.06.1960 – VII ZR 71/59, NJW 1960, 1813; BGH, Urteil vom 23.10.1986 – VII ZR 48/85, BauR 1987, 79; BGH, Urteil vom 23.10.1987 – VII ZR 267/85, BauR 1987, 86; BGH, Urteil vom 08.11.2007 – VII ZR 183/05, BauR 2008, 344.

453 OLG Düsseldorf, Urteil vom 31.07.1964 – 5 U 20/63; Staudinger/*Peters/Jacoby*, § 633 BGB Rn. 20.

454 BGH, Urteil vom 08.11.2007 – VII ZR 183/05, BauR 2008, 344, 348; BGH, Urteil vom 14.09.1999 – X ZR 89/97, BauR 2000, 262; BGH, Urteil vom 23.10.1987 – VII

Unternehmer gegenüber dem Besteller eine Vertrauensstellung inne. Diese Position rechtfertigt es, ihm Prüfungs- und Hinweispflichten zu übertragen, auch wenn sie nicht ausdrücklichen zwischen den Parteien vereinbart wurden.[455]

c) Die Prüfungs- und Bedenkenhinweispflicht in der Literatur

Auch in der baurechtlichen Literatur ist das Bestehen der Prüfungs- und Bedenkenhinweispflicht bei einem BGB-Bauvertrag allgemein anerkannt.[456]

Bereits Anfang des letzten Jahrhunderts gab es Stimmen in der Literatur, welche es als Pflicht des Unternehmers ansahen, dass dieser, wenn sich der vom Besteller gelieferte Stoff als unbrauchbar oder als nicht ausreichend erwiesen hatte, verpflichtet war, gegenüber dem Besteller rechtzeitig Anzeige zu machen und diesen auf seine Bedenken hinzuweisen.[457] Der Unternehmer war in dieser Situation als „Sachverständiger" verpflichtet, einem nicht sachverständigen Besteller gegenüber, den von diesem gelieferten Stoff auch daraufhin zu untersuchen, ob er brauchbar und ausreichend ist, um die vertragsgemäße Herstellung des Werkes bewirken zu können.[458] Des Weiteren musste der Unternehmer auch weitere Umstände anzeigen, welche das Erreichen des Vertragszwecks gefährden konnten.[459]

Die herrschende Meinung der neueren Literatur vertritt die Auffassung, dass die in § 4 Abs. 3 VOB/B normierten Pflichten den Werkunternehmer auch treffen, wenn zwischen den Parteien die VOB/B nicht vereinbart wurde.[460] Die Prüfungs- und Bedenkenhinweispflicht sei Ausfluss des aus Treu und Glauben abgeleiteten Grundsatzes, seinen Vertragspartner vor Schäden zu bewahren. Es sei daher selbstverständlich,

---

ZR 267/85, BauR 1987, 86; BGH, Urteil vom 23.10.1986 – VII ZR 48/85, BauR 1987, 79; BGH, Urteil vom 23.06.1960 – VII ZR 71/59, NJW 1960, 1813.

455 BGH, Urteil vom 08.11.2007 – VII ZR 183/05, BauR 2008, 344, 348; BGH, Urteil vom 14.09.1999 – X ZR 89/97, BauR 2000, 262; BGH, Urteil vom 23.10.1987 – VII ZR 267/85, BauR 1987, 86; BGH, Urteil vom 23.10.1986 – VII ZR 48/85, BauR 1987, 79; BGH, Urteil vom 23.06.1960 – VII ZR 71/59, NJW 1960, 1813.

456 Ingenstau/Korbion/*Oppler*, § 4 Abs. 3 VOB/B Rn. 3; MüKoBGB/*Busche*, § 634 BGB Rn. 80; *Dähne*, BauR 1976, 225, 226; Kleine-Möller/Merl/Glöckner/*Merl*, § 15 Rn. 132; Glöckner/von Berg/*Rehbein*, § 633 BGB Rn. 87; Staudinger/*Peters/Jacoby*, § 633 BGB Rn. 20; Kniffka/*Krause-Allenstein*, § 634 BGB Rn. 32.

457 *Dertmann*, LZ 1914, 515; Planck, S. 1023 f.

458 *Planck*, S. 1024.

459 *Dernburg*, § 319 I; *Endemann*, § 174 III 2 Anm. 21.

460 Ingenstau/Korbion/*Oppler*, § 4 Abs. 3 VOB/B Rn. 3; MüKoBGB/*Busche*, § 634 BGB Rn. 80; *Dähne*, BauR 1976, 225, 226; Kleine-Möller/Merl/Glöckner/*Merl*, § 15 Rn. 132; Glöckner/von Berg/*Rehbein*, § 633 BGB Rn. 87; Staudinger/*Peters/Jacoby*, § 633 BGB Rn. 20; Kniffka/*Krause-Allenstein*, § 634 BGB Rn. 32; *Nicklisch* in: FS Bosch, S. 731 ff.; *Jagenburg*, NJW 1978, 2485, 2486.

dass der Unternehmer den Besteller vor Gefahren warnen muss, welche er auf Grund seiner besonderen Sachkunde zu erkennen vermag.[461]

Umstritten ist jedoch seit jeher, ob es sich bei der Prüfungs- und Bedenkenhinweispflicht um eine Hauptpflicht des Unternehmers, eine Nebenleistungspflicht oder eine Nebenpflicht handelt.[462]

4. Formale Anforderungen an die Bedenkenhinweispflicht

Bedenken im Sinne der Bedenkenhinweispflicht sind anzuerkennende Befürchtungen des fachkundigen und zuverlässigen Unternehmers dahingehend, dass die vorgesehene Art der Ausführung, die Güte der vom Besteller gelieferten Stoffe oder Bauteile, sowie die Leistungen anderer Unternehmer sich nicht dafür eignen, das vertraglich festgelegte Leistungsziel zu erreichen.[463] Der Unternehmer ist in dieser Situation verpflichtet, den Unternehmer auf seine Bedenken hinzuweisen. Die Bedenkenhinweispflicht wird bereits dann ausgelöst, wenn der fachkundige Unternehmer Umstände erkannt hat, welche auf eine Fehlerhaftigkeit des Werkes schließen lassen; eine Gewissheit seinerseits ist nicht erforderlich.[464] Dies bedeutet, dass es für seine Mitteilungspflicht keine Rolle spielt, ob die Bedenken des Unternehmers sich bereits konkret aufgezeigt haben oder seine Bedenken gegen die Art der Ausführung eher allgemeiner Natur sind.

In diesem Zusammenhang ist zu berücksichtigen, dass die Bedenkenanzeige so detailliert ausfallen muss, dass der Besteller in die Lage versetzt wird, die konkreten Bedenken in angemessener Frist zu prüfen und auf Grundlage der Prüfung Entscheidungen zu treffen und die entsprechenden Maßnahmen zu ergreifen.[465] Der Besteller muss somit erkennen können, worauf die Bedenken beruhen, und wie er diese prüfen und gegebenenfalls eine ordnungsgemäße Planung veranlassen kann.[466] Dies bedeutet, dass die Anzeige der Bedenken klar, verständlich und eindeutig formuliert sein muss und die Bedeutung ihrer Nichtbefolgung erkennen lassen.[467]

---

461 Ingenstau/Korbion/*Oppler*, § 4 Abs. 3 VOB/B Rn. 3; MüKoBGB/*Busche*, § 634 BGB Rn. 80; *Dähne*, BauR 1976, 225, 226; Kleine-Möller/Merl/Glöckner/*Merl*, § 15 Rn. 132; Glöckner/von Berg/*Rehbein*, § 633 BGB Rn. 87; Staudinger/*Peters/Jacoby*, § 633 BGB Rn. 20; Kniffka/*Krause-Allenstein*, § 634 BGB Rn. 32; *Nicklisch* in: FS Bosch, S. 731 ff.; *Jagenburg*, NJW 1978, 2485, 2486; *Kraus/Kraus* in: FS Kapellmann, S. 223; *Enders*, S. 42.

462 Vgl. 4 Teil III. 2.

463 Ingenstau/Korbin/*Oppler*, § 4 Abs. 3 VOB/B Rn. 60.

464 Ingenstau/Korbin/*Oppler*, § 4 Abs. 3 VOB/B Rn. 60.

465 Beck-OK/*Fuchs*, § 4 Abs. 3 VOB/B Rn. 14.

466 Ingenstau/Korbion/*Oppler*, § 4 Abs. 3 VOB/B Rn. 62.

467 Glöckner/von Berg/*Rehbein*, § 633 Rn. 109; Ingenstau/Korbion/*Oppler*, § 4 Abs. 3 VOB/B Rn. 62; *Kniffka* in: Kniffka/Koeble, 6. Teil Rn. 50; BGH, Urteil vom 10.04.1975 – VII ZR 183/74, BauR 1975, 278; OLG Hamm, Urteil vom 30.03.1995 – 17 U 205/93, BauR 1995, 852; OLG Hamm, Urteil vom 10.12.2012 – 17 U 107/11, IBR 2013, 681; OLG Düsseldorf, Urteil vom 05.02.2013 – 23 U 185/11, IBR 2013, 602.

Die Anzeige muss allein im Rahmen des VOB/B-Bauvertrages schriftlich erfolgen.[468] Durch dieses Erfordernis soll gewährleistet sein, dass der Auftraggeber in zuverlässiger Weise von den aufgetretenen Bedenken Kenntnis erlangt.[469] Beim BGB-Bauvertrag kann hingegen ein mündlicher Hinweis des Unternehmers genügen.[470] Teilt der Auftragnehmer dem Auftraggeber bei einem Bauvertrag, welchem die VOB/B zu Grunde liegt, seine Bedenken trotz des Schriftformerfordernisses formlos, aber inhaltlich klar, verständlich und umfassend mit, so ist dies nicht von vornherein bedeutungslos. Vielmehr kann ein solcher Hinweis zu einer Verantwortlichkeit des Bestellers im Rahmen eines Mitverschuldens führen.[471] In Extremfällen kann ein mündlicher Hinweis des Unternehmers sogar zu einem Haftungsausschluss führen, solange er eindeutig, vollständig und erschöpfend erteilt wurde.[472]

Die Bedenkenanzeige hat unverzüglich (ohne schuldhaftes Zögern) zu erfolgen.[473] Der Unternehmer muss seine Bedenken möglichst schon vor Beginn der Arbeiten dem Besteller mitteilen.[474] Entstehen die Bedenken erst während der Bauausführungsphase oder nach Fertigstellung des Werkes, bleibt der Unternehmer verpflichtet, den Besteller unverzüglich auf möglicherweise entstehende bzw. entstandene Mängel hinzuweisen.[475]

Als Adressat der Bedenkenanzeige kommt zunächst der Besteller in Betracht. Die Anzeige kann grundsätzlich auch gegenüber den bauplanenden oder bauleitenden Architekten erfolgen, sofern diese als Erfüllungsgehilfen des Bestellers anzusehen sind.[476] Wird nicht der Besteller, sondern sein befugter Vertreter belehrt und verschließt dieser sich den vorgebrachten Bedenken, so muss sich der Unternehmer jedoch unmittelbar an den Besteller selbst wenden.[477] Das gilt besonders dann, wenn

---

468 Ingenstau/Korbion/*Oppler*, § 4 Abs. 3 VOB/B Rn. 64; Glöckner/von Berg/*Rehbein*, § 633 BGB Rn. 108; OLG Düsseldorf, Urteil vom 05.06.2012 – 23 U 167/11, IBR 2014, 410.

469 Ingenstau/Korbion/*Oppler*, § 4 Abs. 3 VOB/B Rn. 63.

470 Glöckner/von Berg/*Rehbein*, § 633 BGB Rn. 108; *Kniffka* in: Kniffka/Koeble, 6. Teil Rn. 49.

471 BGH, Urteil vom 10.04. 1975 – VII ZR 183/74, BauR 1975, 278; OLG Düsseldorf, Urteil vom 16.06.1998 – 21 U 194/97, BauR 1999, 498; OLG Düsseldorf, Urteil vom 05.06.2012 – 23 U 167/11, IBR 2014, 410; *Kaiser*, BauR 1981, 311; *Bschorr* in: Franke/Kemper/Zanner/Grünhagen, § 4 VOB/B Rn. 159.

472 BGH, Urteil vom 29.09.1977 – VII ZR 134/75, BauR 1978, 54; OLG Hamm, Urteil vom 30.03.1995 – 17 U 205/93; OLG Hamm, Urteil vom 10.12.2012 – 17 U 107/11; *Kniffka* in: Kniffka/Koeble, 6. Teil Rn. 49.

473 Messerschmidt/Voit/*Voit*, § 4 VOB/B Rn. 20, Kapellmann/Messerschmidt/*Merkens*, § 4 VOB/B Rn. 96.

474 *Nicklisch* in: Nicklisch/Weick, § 4 VOB/B Rn. 65; Kapellmann/Messerschmidt/*Merkens*, § 4 VOB/B Rn. 96; Ingenstau/Korbion/*Oppler*, § 4 Abs. 3 VOB/B Rn. 70.

475 *Bschorr* in: Franke/Kemper/Zanner/Grünhagen, § 4 VOB/B Rn. 160.

476 BGH, Urteil vom 18.01.1973 – VII ZR 88/70, NJW 1973, 518.

477 BGH, Urteil vom 18.01.2001 – VII ZR 457/98, NZBau 2001, 200; BGH, Urteil vom 19.12.1996 – VII ZR 309/95, BauR 1997, 301.

ein Architekt trotz ihm gegenüber geäußerter Bedenken nicht bereit ist, von seiner Planung abzugehen.[478]

5. Die Bedenkenhinweispflicht als Allgemeine Geschäftsbedingung

Nach einhelliger Auffassung in Literatur und Rechtsprechung stellen die Regelungen der VOB/B Allgemeine Geschäftsbedingungen im Sinne der §§ 305 ff. BGB dar.[479] Somit ist auch die in § 4 Abs. 3 VOB/B normierte und den Unternehmer während der Ausführungsphase treffende Prüfungs- und Bedenkenhinweispflicht als Allgemeine Geschäftsbedingung anzusehen. Wurde die VOB/B von den Vertragsparteien nicht als Ganzes wirksam in den Bauvertrag einbezogen, unterliegen die einzelnen Normen der VOB/B somit der AGB-rechtlichen Inhaltskontrolle nach Maßgabe der §§ 307 ff. BGB.[480]

a) Einbeziehung der Bedenkenhinweispflicht

Wird die Bedenkenhinweispflicht von den Vertragsparteien in den Bauvertrag einbezogen, so verstößt die Regelung des § 4 Abs. 3 VOB/B selbst nicht gegen die in §§ 308, 309 BGB verankerten Klauselverbote. Daher kommt eine Inhaltskontrolle der Prüfungs- und Bedenkenhinweispflicht nur auf Grundlage des § 307 BGB in Betracht. Es ist daher zu prüfen, ob die in § 4 Abs. 3 VOB/B normierte Bedenkenhinweispflicht gegen die Generalklausel des § 307 BGB verstößt. Ein solcher Verstoß kann vorliegen, wenn die Norm dem Transparenzgebot (§ 307 Abs. 1 S. 2 BGB) oder dem gesetzlichen Leitbild des Werkvertragsrechts (§ 307 Abs. 2 Nr. 1 BGB) widerspricht.

aa) Transparenzgebot, § 307 Abs. 1 Satz 2 BGB

Allgemeine Geschäftsbedingungen müssen „klar und verständlich" formuliert sein, dies besagt das Transparenzgebot, welches in § 307 Abs. 1 Satz 2 BGB normiert wurde. Eine unangemessene Benachteiligung kann sich somit daraus ergeben, dass eine Klausel nicht klar und verständlich formuliert und folglich intransparent ist.[481]

---

478 BGH, Urteil vom 18.01.1973 – VII ZR 88/70, NJW 1973, 518; BGH, Urteil vom 10.04.1975 – VII ZR 183/74, BauR 1975, 278.

479 *Kniffka* in: Kniffka/Koeble, 3. Teil Rn. 4; Kleine-Möller/Merl/Glöckner/*Kleine-Möller*, § 2 Rn. 40; Erman/*Schwenker*, Vor. §§ 631–651 BGB Rn. 6; vgl. BGH, Urteil vom 16.12.1982 – VII ZR 92/82, NJW 1983, 816; BGH, Urteil vom 24.07.2008 – VII ZR 55/07, NZBau 2008, 640.

480 BGH, Urteil vom 24.07.2008 – VII ZR 55/07, BauR 2008, 1603.

481 BGH, Urteil vom 12.10.1995 – I ZR 172/93; MüKoBGB/*Wurmnest*, § 307 BGB Rn. 58; Glöckner/von Berg/*Luz* § 307 BGB Rn. 29; PWW/*Berger*, § 307 BGB Rn. 13; Ulmer/Brandner/Hensen/*A. Fuchs*, § 307 BGB Rn. 323, 335 f.; *Geck*, ZfBR 2008, 436.

Nach § 4 Abs. 3 VOB/B hat der Auftragnehmer Bedenken gegen die vorgesehene Art der Ausführung, gegen die Güte der vom Auftraggeber gelieferten Stoffe oder Bauteile oder gegen die Leistungen anderer Bauteilnehmer unverzüglich und schriftlich mitzuteilen. Auf den ersten Blick erscheint die Regelung in § 4 Abs. 3 VOB/B klar und eindeutig formuliert. Erst auf den zweiten Blick begegnet sie im Hinblick auf die Transparenz Bedenken. Es erscheint nämlich fraglich, ob sich aus § 4 Abs. 3 VOB/B hinreichend klar erkennen lässt, welche konkreten Pflichten dem Auftragnehmer obliegen, und welche Folgen mögliche Verstöße gegen die Bedenkenhinweispflicht nach sich ziehen können. Es ist daher zu prüfen, ob die Regelung des § 4 Abs. 3 VOB/B die Rechte und Pflichten des Auftragnehmers verschleiert.

Bei der Beurteilung der Transparenz ist auf die Erwartungen und Erkenntnismöglichkeiten eines durchschnittlichen Vertragspartners des Verwenders im Zeitpunkt des Vertragsschlusses abzustellen.[482] Kann dieser auf Grund der Verschleierung seiner vertraglichen Verpflichtungen die wirtschaftlichen Nachteile und Belastungen nicht erkennen, ist die Klausel als intransparent und folglich unwirksam anzusehen.[483] Es stellt sich daher die Frage, ob aus dem Umstand, dass der Wortlaut des § 4 Abs. 3 VOB/B weder eine Prüfungspflicht des Auftragnehmers normiert, noch die Rechtsfolgen, welche sich ergeben, wenn der Auftragnehmer seine Bedenkenhinweispflicht (nicht) ordnungsgemäß erfüllt, regelt, die Vorschrift des § 4 Abs. 3 VOB/B wegen Verstoßes gegen das Transparenzgebot unwirksam ist.

Im AGB-Recht geht es stets um den Schutz desjenigen, der mit fremden Allgemeinen Geschäftsbedingungen konfrontiert wird.[484] Es ist daher zunächst zu differenzieren, welche Vertragspartei Verwender der Klausel ist, da sich der Verwender der Klausel nicht zu seinen Gunsten auf die Unwirksamkeit berufen kann. Er bleibt hieran gebunden.[485] Verwendet ein Unternehmer gegenüber einem Besteller die Regelung des § 4 Abs. 3 VOB/B spielt es somit keine Rolle, ob diese Klausel gegen das Transparenzgebot des § 307 Abs. 1 Satz 2 verstößt, da der Unternehmer an die Regelung gebunden ist, da er sich nicht zu seinen Gunsten auf eine etwaige Unwirksamkeit des § 4 Abs. 3 VOB/B berufen kann. Es ist daher zu fragen, ob ein Unternehmer als potenzieller Vertragspartner des Bestellers prüfen kann, welche Rechte und Pflichten er durch den Abschluss des Vertrages übernimmt. Zunächst ist zu berücksichtigen, dass gegenüber Unternehmern das Transparenzgebot nicht mit gleicher Strenge wie gegenüber Verbrauchern anzuwenden ist.[486] Insbesondere kann bei Unternehmen aufgrund ihrer Geschäftserfahrung sowie aufgrund der Maßgeblichkeit von geschäftlichen Gewohnheiten und Bräuchen in der Baubranche

482 BGH, Urteil vom 26.10.2005 – VIII ZR 48/05, NJW 2006, 996; BGH, Urteil vom 23.02.2011 – XII ZR 101/09, NJW-RR 2011, 1144.

483 BGH, Urteil vom 20.07.2005 – VIII ZR 121/04, NJW-RR 2005, 1496; BGH, Urteil vom 26.10.2005 – VIII ZR 48/05, NJW 2006, 996; BGH, Urteil vom 21.07.2010 – XII ZR 189/08, NJW 2010, 3152; Ulmer/Brandner/Hensen/*A. Fuchs*, § 307 BGB Rn. 325.

484 Geck, ZfBR, 2008, 436.

485 BeckOK-BGB/*H. Schmidt*, § 307 BGB Rn. 24.

486 Vgl. Glöckner/von Berg/*Luz*, § 307 BGB Rn. 33.

von besseren Erkenntnis- und Verständnismöglichkeiten ausgegangen werden.[487] Wie bereits ausgeführt,[488] dient die Bedenkenhinweispflicht des Unternehmers in erster Linie der Förderung und Sicherung der vertraglich geschuldeten Pflicht des Unternehmers, das Bauwerk frei von Sach- und Rechtsmängeln zu erstellen. Er ist daher bereits in seinem eigenen Interesse verpflichtet, die Vorgaben des Bestellers zu prüfen und diesen auf etwaige Bedenken hinzuweisen. Es spielt daher keine Rolle, ob § 4 Abs. 3 VOB/B gegen das Transparenzgebot verstößt, da sich der Unternehmer, unabhängig von einer etwaigen Intransparenz der Klausel seiner Prüfungs- und Bedenkenhinweispflicht nicht entziehen kann.

bb) Verstoß gegen das gesetzliche Leitbild, § 307 Abs. 2 Nr. 1 BGB

Die Prüfungs- und Bedenkenhinweispflicht (§ 4 Abs. 3 VOB/B) könnte gegen § 307 Abs. 2 Nr. 1 BGB verstoßen. Bestimmungen in Allgemeinen Geschäftsbedingungen sind dann unwirksam, wenn sie den Vertragspartner des Verwenders entgegen den Geboten von Treu und Glauben unangemessen benachteiligen. Die Regelung des § 307 Abs. 2 Nr. 1 BGB konkretisiert den durch § 307 Abs. 1 S. 1 BGB vorgegebenen Kontrollmaßstab der unangemessenen Benachteiligung.[489] Eine unangemessene Benachteiligung liegt im Zweifel vor, wenn eine Formularklausel mit wesentlichen Grundgedanken der gesetzlichen Regelung, von welcher abgewichen wird, nicht zu vereinbaren ist.[490] Maßstab der Inhaltskontrolle ist das gesetzliche Leitbild. Allerdings führt nicht jede Abweichung vom gesetzlichen Leitbild zur Unwirksamkeit der Klausel, sondern nur eine solche, die mit dessen wesentlichen Grundgedanken nicht mehr zu vereinbaren ist.[491] Dies setzt einen erheblichen Eingriff in die Schutzfunktion der abbedungenen gesetzlichen Regelung voraus.[492] Eine Abweichung vom gesetzlichen Leitbild führt somit nicht automatisch zu einer Unwirksamkeit der Klausel. Diese muss vielmehr zu einer unangemessenen Benachteiligung des Vertragspartners des Verwenders führen.

Zunächst ist festzustellen, nach welchen Kriterien die Inhaltskontrolle bauvertraglicher Formularklausen zu erfolgen hat.[493] Die VOB/B selbst kann nicht als Maßstab der Inhaltskontrolle herangezogen werden, da sie selbst Allgemeine Geschäftsbedingung ist.[494]

---

487 BGH, Urteil vom 07.05.2008 – XII ZR 5/06, BeckRS 2008, 11746.

488 Vgl. 4. Teil I. 2.

489 BT-Drs. 7/3919, S. 23; Ulmer/Brandner/Hensen/*A. Fuchs*, § 307 BGB Rn. 3 f.; MüKoBGB/*Wurmnest*, § 307 BGB Rn. 63.

490 *Leupertz/Vygen* in: FS Franke, S. 229, 231; Ulmer/Brandner/Hensen/*A. Fuchs*, § 307 BGB Rn. 193 ff.; Erman/*Roloff*, § 307 BGB Rn. 24; MüKoBGB/*Wurmnest*, § 307 BGB Rn. 64; Bamberger/Roth/*Schmidt*, § 307 BGB Rn. 51.

491 Beck'scher VOB-Kommentar, Teil B/*Sacher*, Einleitung Rn. 125.

492 Palandt/*Grüneberg*, § 307 BGB Rn. 30; *Leupertz/Vygen* in: FS Franke, S. 229, 231.

493 *Leupertz/Vygen* in: FS Franke, S. 229, 230.

494 *Voit* in: FS Ganten, S. 261; *Leupertz/Vygen* in: FS Franke, S. 229, 231.

Das der Inhaltskontrolle zugrunde liegende gesetzliche Leitbild wird durch das dispositive Recht, zu welchem Gesetze im materiellen Sinne als auch Rechtsverordnungen gehören, geprägt.[495] Des Weiteren können Maßstab für die Inhaltskontrolle alle sonstigen Rechtsgrundsätze sowie die Regeln des Richterrechts sein.[496] Ist die typologische Einordnung eines Vertrages eindeutig, so können als Maßstab der Inhaltskontrolle jedoch lediglich die entsprechenden Rechtsnormen dieses Vertragstyps herangezogen werden.[497]

Der Bauvertrag ist im Grundsatz dem gesetzlich geregelten Vertragstyp des Werkvertrages zuzuordnen,[498] so dass Ausgangspunkt der Überprüfung, ob § 4 Abs. 3 VOB/B gegen das gesetzliche Leitbild verstößt, zunächst das gesetzliche Leitbild des Werkvertragsrechts gemäß §§ 631 ff. BGB ist.[499]

Der Bauvertrag ist jedoch nicht als klassischer Werkvertrag einzuordnen, da das Werkvertragsrecht den Besonderheiten des Baugeschehens nur unzureichend Rechnung trägt.[500] Als Maßstab der Inhaltskontrolle kann daher nicht lediglich das gesetzliche Leitbild des Werkvertragsrechts herangezogen werden. Die Besonderheiten eines Bauvertrages müssen im Rahmen der Ermittlung des gesetzlichen Leitbildes Berücksichtigung finden.

Die Maßstäbe für die vorzunehmende Klauselkontrolle nach § 307 Abs. 1 S. 1, Abs. 2 Nr. 1 BGB können somit nur eingeschränkt den gesetzlichen Bestimmungen der §§ 631 ff. BGB entnommen werden.[501] Eine allein an den Vorschriften der §§ 631 ff. BGB ausgerichtete Überprüfung würde nämlich allgemein anerkannte Besonderheiten des Baugeschehens außer Betracht lassen und solcherart im Ergebnis eine praxisgerechte, den wohlverstandenen rechtsgeschäftlichen Interessen der Bauvertragsparteien entsprechende Vertragsgestaltung verhindern.[502]

Im Rahmen des Bauvertrages ist als gesetzliches Leitbild daher das Bauvertragsrecht selbst als modifiziertes Werkvertragsrecht heranzuziehen.[503] Zu diesen baurechtlichen Besonderheiten gehört auch die Prüfungs- und Bedenkenhinweispflicht. Diese das Bauvertragsrecht prägende Verpflichtung des Unternehmers wird aus Treu und Glauben (§ 242 BGB) hergeleitet und von der Rechtsprechung allgemein

---

495 Ulmer/Brandner/Hensen/*A. Fuchs*, § 307 BGB Rn. 221; Glöckner/von Berg/*Luz*, § 307 BGB Rn. 14; BeckOK-BGB/*H. Schmidt*, § 307 BGB Rn. 52.

496 Ulmer/Brandner/Hensen/*A. Fuchs*, § 307 BGB Rn. 211; Staudinger/*Coester*, § 307 BGB Rn. 234, 236; BGH, Urteil vom 10.12.1992 – I ZR 186/90, NJW 1990, 721; BGH, Urteil vom 25.02.1998 – VIII ZR 276/96, NJW 1998, 1640.

497 *Leupertz/Vygen* in: FS Franke, S. 229, 233.

498 1. Teil I. 4.

499 Beck'scher VOB-Kommentar, Teil B/*Sacher*, Einleitung Rn. 126.

500 Vgl. 1. Teil I. 6.

501 *Voit* in: FS Ganten, S. 261, 267 f.; *Leupertz/Vygen* in: FS Franke, S. 229, 230.

502 *Voit* in: FS Ganten, S. 261, 267 f.

503 *Voit* in: FS Ganten, S. 261, 267.

anerkannt.[504] Sie beruht auf der dem Bauvertrag innewohnenden Besonderheit, dass der Unternehmer seine Leistungen auf Grund von Vorgaben des Bestellers und/oder auf der Grundlage von bereits erbrachten Vorleistungen zu erbringen hat.[505] Die Bedenkenhinweispflicht ist daher im Rahmen des Bauvertrages als ein notwendiges Korrektiv anzusehen, die Haftung des Unternehmers einzuschränken, falls der Besteller in den Werkerstellungsprozess eingegriffen hat und der Unternehmer hieraus resultierende Fehler nicht erkennen konnte. Aus diesem Grund verstößt die Vereinbarung der Prüfungs- und Bedenkenhinweispflicht in Allgemeinen Geschäftsbedingungen eines Bauvertrags nicht gegen das gesetzliche Leitbild des Bauvertrages, da durch sie dessen Besonderheiten Rechnung getragen wird.

b) Abbedingung der Bedenkenhinweispflicht

Fraglich ist, ob die Prüfungs- und Bedenkenhinweispflicht von einer der Vertragsparteien wirksam abbedungen werden kann. Sowohl der Unternehmer als auch der Bestseller können nämlich ein Interesse daran haben, dass die Klausel des § 4 Abs. 3 VOB/B nicht Vertragsbestandteil wird. Unternehmer als Verwender von Allgemeinen Geschäftsbedingungen möchten sich von ihrer Pflicht lösen, die Vorgaben des Bestsellers zu prüfen und diesen auf etwaige Fehler hinzuweisen. Darüber hinaus haben sie auch ein Interesse daran, dass auch formlos erteilte Hinweise gegenüber dem Bestseller als wirksam gelten zu lassen. Demgegenüber versuchen Bestseller sich die Mängelrechte gegenüber Unternehmern vollständig zu erhalten, auch wenn der Bedenkenhinweis erfolgt ist.

Ob die Prüfungs- und Bedenkenhinweispflicht vollumfänglich wirksam abbedungen werden kann, erscheint auf den ersten Blick fraglich. Die Bedenkenhinweispflicht kann in Allgemeinen Geschäftsbedingungen nämlich nur dann wirksam abbedungen werden, wenn dies mit wesentlichen Grundgedanken der gesetzlichen Regelung, von der abgewichen wird, zu vereinbaren ist.[506] Wie zuvor dargelegt,[507] ist als Maßstab der Inhaltskontrolle ein eigenständiges Leitbild des Bauvertragsrechts in Form eines modifizierten Werkvertragsrechts heranzuziehen. Die Bedenkenhinweispflicht prägt das Bauvertragsrecht, da sie ein notwendiges Korrektiv darstellt, um den Besonderheiten[508] eines Bauvertrages Rechnung zu tragen. Sie stellt eine Konkretisierung des allgemeinen Grundsatzes von Treu und Glauben dar, welcher über den Anwendungsbereich der VOB/B hinaus für den Bauvertrag gilt. Sie kann daher weder vom Unternehmer noch vom Bestseller in Allgemeinen Geschäftsbedingungen vollumfänglich

---

504 BGH, Urteil vom 23.06.1960 – VII ZR 71/59, NJW 1960, 1813; BGH, Urteil vom 23.10.1986 – VII ZR 48/85, BauR 1987, 79; BGH, Urteil vom 23.10.1987 – VII ZR 267/85, BauR 1987, 86; BGH, Urteil vom 08.11.2007 – VII ZR 183/05, BauR 2008, 344.

505 *Leupertz/Vygen* in: FS Franke, S. 229, 236; vgl. 1. Teil I. 8.

506 Vgl. BeckOK-BGB/*H. Schmidt*, § 307 BGB Rn. 55; BGH, Urteil vom 09.05.1996 – III ZR 209/95, NJW-RR 1996, 1009.

507 Vgl. 4. Teil I. 5. a) bb).

508 Vgl. 1. Teil I. 8.

wirksam abbedungen werden. Ob die Abbedingung des Schriftformerfordernisses hingegen gegen § 307 BGB verstößt und die Klausel damit unwirksam ist, ist fraglich. Sinn und Zweck des Schriftformerfordernisses ist es, dem Bestseller die Bedenken deutlich vor Augen zu führen und diesen auf etwaige Probleme während der Ausführung hinzuweisen. Diesem Erfordernis würde der Unternehmer nicht gerecht werden, wenn jeder mündlich erteilte Hinweis genügt, um ihn möglicherweise aus seiner Haftung zu befreien, zumal es bereits aus Beweisgründen in seinem eigenen Interesse liegt, den Hinweis schriftlich zu erteilen. Werden die Vorschriften der VOB/B vom Unternehmer gestellt, verstößt die Abbedingung des Schriftformerfordernisses somit gegen § 307 BGB. Werden die Klauseln hingegen vom Bestseller gestellt, so ist fraglich, ob dieser das Schriftformerfordernis wirksam abbedingen kann, da dieses nur zu seinem Schutz besteht. Die Warnung des Erklärungsempfängers stellt jedoch keine typische Funktion der Schriftform dar.[509] Durch das Schriftformerfordernis soll der Erklärende regelmäßig davor geschützt werden, übereilte und unbedachte Handlungen vorzunehmen. Sinn und Zweck der Bedenkenhinweispflicht ist es, das Spannungsverhältnis zwischen den Vorgaben des Bestsellers, dessen Planung oder den Leistungen anderer Baubeteiligter und deren Auswirkungen auf die Pflicht des ausführenden Unternehmers, ein den vertraglichen Anforderungen entsprechendes Werkes zu erreichten, aufzulösen.[510] Diesem Zweck dient eine inhaltlich verständliche, deutliche und hinreichend klare Bedenkenmitteilung vielmehr, als allein die Form der Bedenkenmitteilung. Aus diesem Grund kann die Schriftform als Wirksamkeitsvoraussetzung für einen beachtlichen Bedenkenhinweis bei Stellung dieser Klausel durch den Bestseller wirksam abbedungen werden.

6. Sonstige ausgewählte Nebenpflichten

a) Vorvertragliche Hinweispflichten

Dem Unternehmer obliegen jedoch nicht nur während der Vertragsdurchführungsphase Hinweispflichten gegenüber dem Besteller. Hinweispflichten können sich auch bereits vor Abschluss des Vertrages ergeben. Wie bei jedem Vertrag wird durch die Anbahnung von Vertragsverhandlungen zwischen dem Besteller und dem Unternehmer bereits ein Vertrauensverhältnis begründet.[511] Verletzen Besteller oder Unternehmer die aus diesem Rechtsverhältnis begründeten Verhaltenspflichten schuldhaft, so kann die andere Partei gegebenenfalls einen Schadensersatzanspruch (§§ 280 Abs. 1, 311 Abs. 2, 241 Abs. 2 BGB) geltend machen. Grundlage

509 BT-Drs. 14/4987, S. 16; *Hummel*, BauR 2015, 329, 333.

510 *Hummel*, BauR 2015, 329, 329.

511 BT-Drs. 14/6040, S. 162; MüKoBGB/*Emmerich*, § 311 BGB Rn. 47; Erman/*Kindl*, § 311 BGB Rn. 21; Bamberger/Roth/*Sutschet*, § 311 BGB Rn. 46; Palandt/*Grüneberg*, § 311 BGB Rn. 11.

des Schadensersatzanspruches aus Verschulden bei Vertragsverhandlungen ist ein schutzwürdiges, enttäuschtes Vertrauen einer Partei.[512]

Zu den Pflichten, welche die Parteien bereits im Vertragsanbahnungsstadium wahren müssen, gehört auch die vorvertragliche Hinweispflicht der Vertragsparteien. Sowohl für den Besteller als auch den Unternehmer begründet das vorvertragliche Vertrauensverhältnis eine solche Pflicht.[513] Jede Partei muss die andere über Umstände informieren, welche den Vertragszweck gefährden oder vereiteln können und die daher für den Abschluss des Vertrages von wesentlicher Bedeutung sein können.[514] Die vorvertragliche Hinweispflicht ist weder in der Reichweite noch im Umfang mit der während der Vertragsdurchführungsphase bestehenden Bedenkenhinweispflicht gleichzusetzen. Die Reichweite der vorvertraglichen Prüfungs- und Hinweispflicht des Unternehmers ist begrenzt. Der Unternehmer muss den Besteller nur auf offensichtliche Fehler seiner Vorgaben und Vorleistungen hinweisen, welche dieser auch ohne konkrete Prüfung erkennen kann. Eine umfassende Prüfungs- und Untersuchungspflicht des Unternehmers besteht zu diesem Zeitpunkt nämlich noch nicht.

Der Unternehmer muss darüber hinaus auch für die Richtigkeit seiner dem Vertragsabschluss zu Grunde gelegten Angaben einstehen.[515] Der Besteller ist demgegenüber verpflichtet, die Leistungsbeschreibung ordnungsgemäß zu erstellen.[516] Diese muss die Beschreibung der geschuldeten Bauleistung enthalten, damit der Unternehmer die einzelnen Posten bepreisen kann.

b) Kooperationspflichten

Im Rahmen des Bauvertragsrechts spielen die Kooperationspflichten der Vertragsparteien eine erhebliche Rolle.[517] Die Verpflichtung zur Kooperation erfolgt aus dem Wesen des Bauvertrages als Langzeitvertrag, welcher erhöhte Anforderungen an das gegenseitige Zusammenwirken der Parteien stellt.[518]

---

512 BeckOK BGB/*Gehrlein/Sutschet*, § 311 BGB Rn. 58–60; Bamberger/Roth/*Sutschet*, § 311 BGB Rn. 58; BGH, Urteil vom 07.02.1980 – III ZR 23/78, NJW 1980, 1683; BGH, Urteil vom 29.03.1996 – V ZR 332/94, NJW 1996, 1984.

513 Kleine-Möller/Merl/Glöckner/*Kleine-Möller*, § 8 Rn. 10; Glöckner/von Berg/*Zahn*, § 311 BGB Rn. 11 ff.

514 BGH, Urteil vom 08.06.1978 – III ZR 48/76, NJW 1978, 1802, 1804; BGH, Urteil vom 27.02.1974 – V ZR 85/72, NJW 1974, 849, 851; BGH, Urteil vom 22.02.1973 – VII ZR 119/71, NJW 1973, 752.

515 BGH, Urteil vom 25.11.1986 – X ZR 38/85, NJW-RR 1987, 664; Kleine-Möller/Merl/Glöckner/*Kleine-Möller*, § 8 Rn. 11.

516 Kleine-Möller/Merl/Glöckner/*Kleine-Möller*, § 8 Rn. 12 ff.

517 Vgl. 1. Teil I. 8. c).

518 Messerschmidt/Voit/*van Rintelen*, § 631 BGB Rn. 114; BGH, Urteil vom 28.10.1999 – VII ZR 393/98, NJW 2000, 807.

Für den VOB/B Vertrag hat der Bundesgerichtshof entschieden, dass die Vertragsparteien während der Vertragsdurchführungsphase zur Kooperation verpflichtet sind.[519] Aus der Kooperationspflicht ergeben sich Obliegenheiten und Pflichten zur Mitwirkung und gegenseitigen Information.[520] Sie sollen gewährleisten, dass in Fällen, in denen nach der Vorstellung einer oder beider Parteien die vertraglich vorgesehene Vertragsdurchführung oder der Inhalt des Vertrages an die geänderten tatsächlichen Umstände angepasst werden muss, entstandene Meinungsverschiedenheiten oder Konflikte nach Möglichkeit einvernehmlich beigelegt werden.[521] Die Kooperationspflichten der Vertragsparteien gelten jedoch nicht nur für den VOB/B Vertrag, sondern auch gleichsam für den BGB-Bauvertrag. Die Kooperationspflichten lassen sich auf den für jedes Schuldverhältnis geltenden Grundsatz von Treu und Glauben (§ 242 BGB) zurückführen,[522] welcher auch dem BGB-Werkvertragsrecht immanent ist und die Vertragsparteien dazu zwingt, ihre Meinungsverschiedenheiten oder sonstigen Konflikte einvernehmlich beizulegen.[523]

c) Einseitige Vertragsänderung während der Vertragsdurchführungsphase

Die Herstellung eines Bauwerkes erfolgt in der Regel über einen längeren Zeitraum. Während der Dauer der Vertragsabwicklung kann es erforderlich werden, die Bauleistung einseitig durch den Besteller zu ändern. Haben die Vertragsparteien dem Bauvertrag die VOB/B zu Grunde gelegt, stehen dem Besteller nach § 1 Abs. 3 und 4 VOB/B Leistungsbestimmungsrechte zu. Nach § 1 Abs. 3 VOB/B kann der Besteller die Änderung des Bauentwurfes anordnen. § 1 Abs. 4 VOB/B regelt die Fälle, in denen sich nicht vereinbarte Leistungen nachträglich als notwendig erweisen. Diese Anordnungsrechte ermöglichen es dem Besteller, die Leistungsbeschreibung im Wege der nachträglichen Leistungsbestimmung einseitig zu ändern oder zu erweitern.[524]

Das BGB-Werkvertragsrecht sieht hingegen kein einseitiges Leistungsbestimmungsrecht des Bestellers vor.[525] Ein solches Bestimmungsrecht kann für den BGB-Bauvertrag auch nicht aus den Prinzipien von Treu und Glauben (§ 242 BGB) abgeleitet werden.[526] Will der Besteller die Leistungsbeschreibung ändern, so muss

519 BGH, Urteil vom 28.10.1999 – VII ZR 393/98, BauR 2000, 409.

520 BGH, Urteil vom 23.05.1996 – VII ZR 245/94, BauR 1996, 542; BGH, Urteil vom 28.10.1999 – VII ZR 393/98, BauR 2000, 409.

521 BGH, Urteil vom 28.10.1999 – VII ZR 393/98, BauR 2000, 409.

522 *Grieger*, BauR 2000, 969 ff.

523 *Wahl*, S. 24.

524 Glöckner/von Berg/*Vogelheim*, § 631 BGB Rn. 150.

525 Messerschmidt/Voit/*von Rintelen*, H Rn. 55; Kleine-Möller/Merl/Glöckner/*Eichberger*, § 11 Rn. 82.

526 *Vygen*, Rn. 165 f., 255; BeckOK VOB/B/*Jagenburg*, § 1 Nr. 3 VOB/B Rn. 65; Bamberger/Roth/*Voit*, § 631 BGB Rn. 37; a.A. MüKoBGB/*Busche*, § 631 BGB Rn. 123; Kleine-

er dies grundsätzlich mit dem Unternehmer vertraglich vereinbaren. Das Recht den Vertrag einseitig ändern zu können, besteht gerade nicht.

d) Hinweispflichten des Bestellers

Die Verpflichtung des Bestellers umfasst nicht nur die Abnahme und Bezahlung des Bauwerkes, sondern ihn treffen im Rahmen des Bauvertrages weitere Pflichten, unter anderem treffen ihn ebenfalls Hinweispflichten gegenüber dem Unternehmer. Diese Hinweispflichten des Bestellers wurden gesetzlich jedoch nicht geregelt. Weder im VOB/B-Bauvertrag noch im BGB-Werkvertragsrecht finden sich entsprechende Regelungen. Sie ergeben sich aus dem dem Bauvertragsrecht innewohnenden Kooperationsgedanken. Kann der Unternehmer Risiken und Gefahren nicht erkennen, so muss der Besteller ihn aufklären und auf mögliche Gefahren und Risiken hinweisen, soweit ihm diese bekannt sind.[527]

II. Die Prüfungspflicht des Werkunternehmers

1. Ausgestaltung der Prüfungspflicht (Inhalt, Form, Zeitpunkt, Adressat)

Die Verpflichtung des Unternehmers, die Vorgaben des Bestellers zu prüfen, ist nicht normiert, weder in der VOB/B noch im Bürgerlichen Gesetzbuch. Die Prüfungspflicht des Werkunternehmers ist in Rechtsprechung[528] und Literatur[529] jedoch allgemein anerkannt, lediglich die Reichweite der Prüfungspflicht ist umstritten. Die Prüfungspflicht folgt aus der Übernahme des Leistungserfolges durch den Unternehmer.[530]

Möller/Merl/Glöckner/*Eichberger*, § 11 Rn. 82; *Kapellmann/Schiffers*, Rn. 1005 ff.; *Enders*, BauR 1982, 535 ff.

527 MüKoBGB/*Busche*, § 631 BGB Rn. 108.

528 BGH, Urteil vom 15.12.1969 – VII ZR 8/68, BauR 1970, 57; BGH, Urteil vom 10.07.1975 – VII ZR 243/73, BauR 420, 421; BGH, Urteil vom 23.10.1986 – VII ZR 48/85, NJW 1987, 643; OLG Karlsruhe, Urteil vom 04.06.1987 – 9 U 151/85, BauR 1988, 598; OLG Frankfurt/Main, Urteil vom 08.02.1994 – 10 U 14/93, NJW-RR 1994, 1361.

529 Kapellmann/Messerschmidt/*Merkens*, § 4 VOB/B Rn. 63; Ingenstau/Korbion/*Oppler*, § 4 Abs. 3 VOB/B Rn. 6; *Nicklisch* in: Nicklisch/Weick, § 4 VOB/B Rn. 51; *Dähne*, BauR 1976, 225, 226; *Hochstein* in: FS Korbion, S. 165, 167; a.A. *Siegburg* in: FS Korbion, S. 411, 425.

530 BGH, Urteil vom 15.12.1969 – VII ZR 8/68, BauR 1970, 57, 58; BGH, Urteil vom 10.07.1975 – VII ZR 243/73, BauR 1975, 420, 421; OLG Karlsruhe, Urteil vom 04.06.1987 – 9 U 151/85, NJW-RR 1988, 405; Ingenstau/Korbion/*Oppler*, § 4 Abs. 3 VOB/B Rn. 6; *Nicklisch* in: Nicklisch/Weick, § 4 VOB/B Rn. 51; *Kaiser*, NJW 1974, 445; *Bschorr* in: Franke/Kemper/Zanner/Grünhagen, § 4 VOB/B Rn. 124; a.A. *Siegburg* in: FS Korbion, S. 411, 425.

Grundlage der Prüfungspflicht ist die Pflicht des Unternehmers, das Werk mangelfrei zu erstellen. Diese Pflicht würde umgangen bzw. eingeschränkt werden, müsste der Unternehmer die Vorgaben des Bestellers nicht prüfen, sondern den Besteller nur auf das Offenkundige hinweisen. Die Prüfungspflicht stellt somit eine wesentliche Verpflichtung des Unternehmers dar, welche nicht bagatellisiert werden darf.[531]

Der Besteller hat die Erwartung, dass der Unternehmer als Fachmann im Rahmen seiner Fachkompetenz Prüfungen vornimmt, um so den geschuldeten Leistungserfolg nicht zu gefährden.[532] Die im Rahmen des Bauvertrages bestehende Pflicht zur Fürsorge und Kooperation verlangt daher vom Unternehmer, dass er die Vorgaben des Bestellers auf ihre Fehlerhaftigkeit hin prüft, da die Durchführung der Prüfungspflicht in der Regel zwangsläufig Vorstufe für die Bedenkenhinweispflicht ist. Ohne Prüfung der Vorgaben des Bestellers kann der Unternehmer den Besteller nicht zuverlässig auf etwaige Fehler hinweisen. Die Prüfungspflicht des Unternehmers besteht jedoch nicht uneingeschränkt, sondern findet ihre Grenze in der Leistungsverpflichtung des Unternehmers.[533]

Haben die Vertragsparteien nichts Gegenteiliges vereinbart, so ist objektiv darauf abzustellen, welches Fachwissen unter üblichen Umständen bei einem auf dem gleichen Fachgebiet tätigen Unternehmer vorausgesetzt werden kann.[534] Besitzt der Unternehmer eine besondere Fachkompetenz, führt dies zu einer gesteigerten Prüfungspflicht seinerseits.

Die umfassende Prüfungspflicht des Werkunternehmers setzt einen zwischen den Parteien wirksam abgeschlossenen Bauvertrag voraus. Treten daher während der Vertragsdurchführungsphase Bedenken auf, so müssen diese dem Besteller unverzüglich mitgeteilt werden. Die Prüfungspflicht besteht grundsätzlich nur während der Dauer der Ausführungsphase. Sie beginnt mit dem Vertragsschluss und endet mit der Abnahme des Werkes durch den Besteller. Kündigt der Besteller den Vertrag ganz oder teilweise, so erlischt auch in diesem Umfang die Prüfungspflicht des Unternehmers vorzeitig. Sie kann jedoch nach Treu und Glauben fortbestehen, wenn durch die bisherigen Baumaßnahmen die konkrete Gefahr des Auftretens von Mängeln besteht.[535]

---

531 BGH, Urteil vom 24.02.2005 – VII ZR 328/03, BauR 2005, 1016; *Kniffka* in: Kniffka/Koeble, 6. Teil Rn. 46.

532 Kapellmann/Messerschmidt/*Merkens*, § 4 VOB/B Rn. 69.

533 Vgl. 4. Teil II. 3. j).

534 BGH, Urteil vom 11.10.1990 – VII ZR 228/89, BauR 1991, 79; BGH, Urteil vom 12.12.2001 – X ZR 192/00, BauR 2002, 945; Ingenstau/Korbion/*Oppler*, § 4 Abs. 3 VOB/B Rn. 10; *Bschorr* in: Franke/Kemper/Zanner/Grünhagen, § 4 VOB/B Rn. 131.

535 Ingenstau/Korbion/*Oppler*, § 4 Abs. 3 VOB/B Rn. 8.

2. Reichweite und Rechtsfolgen der Prüfungspflicht

Wie bereits festgestellt, ist die Prüfungspflicht als zwingende Vorstufe der Bedenkenhinweispflicht des Unternehmers anzusehen.[536] Sie ist Ausfluss der Pflicht des Unternehmers, das Werk mangelfrei zu erstellen und verlangt daher mehr, als dem Besteller das ohnehin schon offenkundige mitzuteilen. Wahrt der Unternehmer seine Prüfungspflicht nicht, so ist fraglich, welche Folgen sich aus einer nicht gewahrten Prüfungspflicht ergeben.

Die Reichweite und die Rechtsfolgen der Prüfungspflicht bestimmen sich danach, ob die Parteien dem Vertrag eine funktionale oder eine detaillierte Leistungsbeschreibung zu Grunde gelegt haben.

a) Funktionale Leistungsbeschreibung

Schuldet der Unternehmer ein rein funktionales Werk, so geht die Prüfungspflicht des Unternehmers in dessen Erfolgsbewirkungspflicht auf. Sie hat im Hinblick auf die Leistungspflicht keine selbstständige Bedeutung.

Der Unternehmer bleibt für den Eintritt des geschuldeten Erfolges verantwortlich, unabhängig davon, ob er seine Prüfungspflicht wahrt oder nicht. Es ist deshalb gerechtfertigt, die Rechtsfolgen der Verletzung einer Prüfungspflicht analog den Rechtsfolgen der nicht vertragsgemäßen Erfüllung anzusehen. Dies hat zur Folge, dass dem Besteller in dieser Vertragskonstellation bei Verletzung der Prüfungspflicht durch den Unternehmer seine werkvertraglichen Mängelrechte zustehen. Der Unternehmer ist in dieser Situation verpflichtet, die vorhandenen Mängel zu beseitigen, ohne hierfür eine gesonderte Vergütung verlangen zu können.

b) Detaillierte Leistungsbeschreibung

Hat der Besteller dem Unternehmer hingegen detailliert vorgegeben wie er bauen soll, so besteht der vertraglich vereinbarte Werkerfolg darin, dass der Unternehmer diese Leistungsvorgaben mangelfrei umsetzt.[537] Wie bereits ausgeführt, gehen die Vertragsparteien in dieser Konstellation davon aus, dass der geschuldete Leistungserfolg durch die der Ausführung zugrunde gelegten Vorgaben des Bestellers erreicht werden kann und darüber hinaus keine weiteren Leistungen des Unternehmers erforderlich sind, um den dem Vertrag zu Grund liegenden Werkerfolg bewirken zu können.[538]

536 BGH, Urteil vom 15.12.1969 – VII ZR 8/68, BauR 1970, 57, 58; BGH, Urteil vom 10.07.1975 – VII ZR 243/73, BauR 1975, 420, 421; OLG Karlsruhe, Urteil vom 04.06.1987 – 9 U 151/85, NJW-RR 1988, 405; Ingenstau/Korbion/*Oppler*, § 4 Abs. 3 VOB/B Rn. 6; *Nicklisch* in: Nicklisch/Weick, § 4 VOB/B Rn. 51; *Bschorr* in: Franke/Kemper/Zanner/Grünhagen, § 4 VOB/B Rn. 124; a.A *Siegburg* in: FS Korbion, S. 411, 425.

537 Vgl. 2. Teil IV. 2 b).

538 Vgl. 2. Teil II. 1. b) bb) (2).

Der Unternehmer ist in dieser Situation verpflichtet, zu prüfen, ob durch die Vorgaben des Bestellers der vereinbarte Werkerfolg eintreten kann. Der Umfang der gebotenen Untersuchung durch den Unternehmer hängt von den Umständen des Einzelfalles ab. Entscheidend für die Reichweite der Prüfungspflicht ist zunächst die Sachkunde bzw. die Fachkenntnisse des Unternehmers, welche bei ihm in Bezug auf die von ihm übernommene Leistungsverpflichtung und des Leistungsobjekts vorhanden sein müssen.[539] Sie wird begrenzt durch den übernommenen Leistungsumfang, sie reicht somit nicht über die vom Unternehmer übernommene vertragliche Leistungspflicht hinaus.[540] Umstritten ist, inwieweit ein sachkundiger Besteller die Prüfungspflicht des Unternehmers einschränken kann.[541]

Der Umfang der Prüfungspflicht bestimmt sich nach dem vom Unternehmer zu erwartenden Fachwissen, sowie allen Umständen, welche für den Unternehmer bei hinreichend sorgfältiger Prüfung als bedeutsam erkennbar sind.[542] Entscheidende Punkte sind das beim Unternehmer im Einzelfall vorauszusetzende Wissen, sowie die Art und der Umfang der Leistungsverpflichtung und des Leistungsobjekts.[543] Der Unternehmer muss die nach der konkreten Sachlage gebotenen Prüfungen durchführen. Er hat Vorarbeiten und Vorleistungen, Stoffe oder Bauteile dahingehend zu überprüfen, ob sie eine geeignete Grundlage für sein Werk bieten und keine Eigenschaften besitzen, die den Erfolg seiner Arbeit in Frage stellen können.[544] Er ist in diesem Zusammenhang auch verpflichtet, ausreichende Erkundigungen einzuziehen, um die Mangelfreiheit des Werkes zu gewährleisten.[545] Die Prüfungsverpflichtung des Unternehmers ist umso intensiver, je deutlicher sich ihm eine fehlerhafte Planung aufdrängt oder er die Unbrauchbarkeit der Vorleistungen anderer Unternehmer erkennen kann und muss. Die Prüfungspflicht des Unternehmers bezieht sich jedoch nur auf die Vorgaben des Bestellers. Hierunter fallen sowohl die Anordnungen/Anweisungen des Bestellers zur Bauausführung, als auch die vom Besteller gelieferten oder vorgeschriebenen Baustoffe und Bauteile, sowie fehlerhafte Bauleistungen von Vorunternehmern. Für eigene Vorgaben des Unternehmers

---

539 *Nicklisch* in: Nicklisch/Weick, § 4 VOB/B Rn. 55; Ingenstau/Korbion/*Oppler*, § 4 Abs. 3 VOB/B Rn. 9.

540 Vgl. BGH, Urteil vom 10.07.1975 – VII ZR 243/73, BauR 1975, 420; Urteil vom 23.10.1986 – VII ZR 48/85, BauR 1987, 79, 80; Urteil vom 02.11.1995 – X ZR 81/93, NJW-RR 1996, 789, 791.

541 4. Teil II. 3. h).

542 *Siegburg*, Rn. 1389.

543 BGH, Urteil vom 08.11.2007 – VII ZR 183/07, BauR 2008, 344; OLG Hamm, Urteil vom 28.01.2003 – 34 U 37/02, BauR 2003, 1052; OLG Saarbrücken, Urteil vom 17.03.1970 – 2 U 193/66, BauR 1970, 109, 110.

544 BGH, Urteil vom 08.11.2007 – VII ZR 183/05, BauR 2008, 344; BGH, Urteil vom 23.10.1986 – VII ZR 48/85, BauR 1987, 79.

545 BGH, Urteil vom 08.11.2007 – VII ZR 183/05, BauR 2008, 344 Rn. 24; BGH, Urteil vom 23.10.1986 – VII ZR 48/85, BauR 1987, 79; Ingenstau/Korbion/*Oppler*, § 4 Abs. 3 VOB/B Rn. 9.

besteht keine gesonderte Prüfungspflicht, da er für die Richtigkeit dieser Angaben schon auf Grund seiner Erfolgsbewirkungspflicht einstehen muss.

Der Unternehmer obliegt in dieser Situation somit einer Prüfungspflicht. Verletzt er diese Pflicht und wird das Bauwerk aus diesem Grund mangelhaft errichtet, so ist fraglich, welche Rechtsfolgen sich hieraus ergeben. Es ist zu untersuchen, ob dem Besteller neben seinen Gewährleistungsansprüchen auch Schadensersatzansprüche zustehen können. Dies hängt in erster Linie von der rechtlichen Einordnung der Bedenkenhinweispflicht ab, da die Prüfungspflicht des Unternehmers als Vorstufe der Bedenkenhinweispflicht anzusehen ist. Diese Einordnung wird in Teil 4. unter Ziffer III. erörtert.

3. Die Prüfungspflicht des Unternehmers anhand ausgewählter Fallgruppen

Wie bereits ausgeführt, hängt der Maßstab der Prüfungspflicht von den Umständen des konkreten Einzelfalles ab und lässt sich nicht abstrakt bestimmen.[546] Ihr Umfang lässt sich daher nicht abschließend anhand einer generellen Formel festmachen.[547]

a) Zu erwartendes Fachwissen des Unternehmers („der Spezialist muss auch Spezialwissen haben")

Der Umfang der Prüfungspflicht wird objektiv bestimmt.[548] Die zu erwartenden Kenntnisse des Unternehmers bestimmen sich in erster Linie danach, was unter normalen Umständen bei einem auf dem betreffenden Fachgebiet tätigen Unternehmer vorausgesetzt werden muss.[549] Sie bestimmen sich also nach der Sorgfalt eines ordentlichen Unternehmers, welcher über den jeweils anerkannten Stand der Regeln der Technik informiert ist.[550] Auf das wirkliche Wissen und Können des Unternehmers kommt es grundsätzlich nicht an.[551] Das Bestehen der für die Herstellung des

---

546 BGH, Urteil vom 24.02.2005 – VII ZR 328/03, NZBau 2005, 400; OLG Hamm, Urteil vom 28.01.2003 – 34 U 37/02, BauR 2003, 1052; OLG Karlsruhe, Urteil vom 04.06.1987 – 9 U 151/85, NJW-RR 1988, 405; OLG Saarbrücken, Urteil vom 17.03.1970 – 2 U 193/66; BauR 1970, 109, 110; Ingenstau/Korbion/*Oppler*, § 4 Abs. 3 VOB/B Rn. 9; *Siegburg*, Rn. 1390 ff.; Glöckner/von Berg/*Rehbein*, § 633 BGB Rn. 90.

547 Ingenstau/Korbion/*Oppler*, § 4 Abs. 3 VOB/B Rn. 9.

548 Ingenstau/Korbion/*Oppler*, § 4 Abs. 3 VOB/B Rn. 10; *Bschorr* in: Franke/Kemper/Zanner/Grünhagen, § 4 VOB/B Rn. 129; Messerschmidt/Voit/*Voit*, § 4 VOB/B Rn. 15.

549 Ingenstau/Korbion/*Oppler*, § 4 Abs. 3 VOB/B Rn. 10; *Bschorr* in: Franke/Kemper/Zanner/Grünhagen, § 4 VOB/B Rn. 129; Messerschmidt/Voit/*Voit*, § 4 VOB/B Rn. 15.

550 OLG Köln, Urteil vom 11.12.1996 – 11 U 28/96, BauR 1997, 831; Ingenstau/Korbion/*Oppler*, § 4 Abs. 3 VOB/B Rn. 10; *Bschorr* in: Franke/Kemper/Zanner/Grünhagen, § 4 VOB/B Rn. 132; Kapellmann/Messerschmidt/*Merkens*, § 4 VOB/B Rn. 70.

551 BGH, Urteil vom 23.10.1986 – VII ZR 48/85, NJW 1987, 643; Glöckner/von Berg/*Rehbein*, § 633 BGB Rn. 94; Heiermann/Riedl/Rusam/*Riedl*, § 13 VOB/B Rn. 56.

Werkes erforderlichen Kenntnisse und Fähigkeiten wird vorausgesetzt.[552] Verfügt der Unternehmer nicht über diese, so muss er sie sich aneignen.[553] Er hat daher für das nötige Fachwissen und Können einzustehen, sogar wenn er nicht über selbiges verfügt.[554] Der Unternehmer ist für die unterlassene Prüfung der Vorgaben des Bestellers somit verantwortlich, wenn er Mängel mit den bei einem Fachmann seines Gebiets zu erwartenden Kenntnissen hätte erkennen können.

Besitzt der Unternehmer eine erhöhte Fachkompetenz führt dies zu einer gesteigerten Prüfungsverpflichtung.[555] Wird der Unternehmer auf Grund besonderer Spezialkenntnisse beauftragt, muss er sich diese Kenntnisse zurechnen lassen und unterliegt einer verstärkten Prüfungspflicht.[556]

Der Umfang der Prüfungspflicht hängt des Weiteren entscheidend davon ab, welche Position der Unternehmer innerhalb der am Bau Beteiligten innehat.[557] In diesem Zusammenhang ist insbesondere die Reichweite der Prüfungspflicht eines Generalunternehmers zu hinterfragen. Die Besonderheit eines Generalunternehmervertrages liegt darin, dass er die Gesamtleistung versprochen hat, der Besteller somit in der Regel nur diesen mit der Erbringung der Bauleistung beauftragt hat. Er schuldet sämtliche Bauarbeiten, die erforderlich sind, um das vereinbarte Bauwerk herzustellen.[558] Dem Generalunternehmer obliegen Planungsleistungen jedoch in der Regel nicht. Diese stammen auch bei einem Generalunternehmervertrag vom Besteller. Der Generalunternehmer ist daher ebenfalls verpflichtet, die vertraglich vereinbarte Ausführungsart daraufhin zu überprüfen, ob der geschuldete Werkerfolg erreicht werden kann. Weist sich der Unternehmer hinsichtlich der Ausführung als Spezialunternehmer mit entsprechenden Fachkenntnissen aus, trifft ihn eine gesteigerte Prüfungspflicht.[559] Es werden in einer derartigen Situation hohe Anforderungen an seine Fachkompetenz gestellt, denen er nachkommen muss.[560] Sind für ihn Mängel und Lücken erkennbar, so muss er diese beheben und darf sich nicht auf die Kompetenz der für das Gewerk zuständigen Fachunternehmer verlassen.

---

552 Kniffka/*Krause-Allenstein*, § 634 BGB Rn. 38.

553 BGH, Urteil vom 09.07.1987 – VII ZR 208/86, NJW-RR 1987, 1305; Kniffka/*Krause-Allenstein*, § 634 BGB Rn. 38.

554 BGH, Urteil vom 09.07.1987 – VII ZR 208/86, NJW-RR 1987, 1305; Kniffka/*Krause-Allenstein*, § 634 BGB Rn. 38.

555 BGH, Urteil vom 23.10.1986 – VII ZR 48/85, BauR 1987, 79; BGH, Urteil vom 18.12.1980 – VII ZR 43/80, BauR 1981, 201; Kapellmann/Messerschmidt/*Merkens*, § 4 VOB/B Rn. 72; Glöckner/von Berg/*Rehbein*, § 633 BGB Rn. 94.

556 Kapellmann/Messerschmidt/*Merkens*, § 4 VOB/B Rn. 72.

557 Kniffka/*Kniffka*, § 634 BGB Rn. 38.

558 Vgl. Kleiner-Möller/Merl/Glöckner/*Kleine-Möller*, § 3 Rn. 50 ff.

559 Kniffka/*Kniffka*, § 634 BGB Rn. 38; BGH, Urteil vom 23.10.1986 – VII ZR 267/85, NJW-RR 1987, 338.

560 Kniffka/*Kniffka*, § 634 BGB Rn. 38; BGH, Urteil vom 23.10.1986 – VII ZR 267/85, NJW-RR 1987, 338.

b) Bedenken gegen die vorgesehene Art der Ausführung

Der Unternehmer muss prüfen, ob gegen die vorgesehene Art der Ausführung Bedenken bestehen. Unter Art der Ausführung wird der Gesamtrahmen der von der Bestellerseite angeordneten Planung verstanden.[561] Hierunter fallen die Planung als Solche,[562] die Leistungsbeschreibung,[563] die Einhaltung öffentlich-rechtlicher Bauvorschriften[564] sowie die Einhaltung der technischen Regelwerke.[565] Er muss anhand des Leistungsverzeichnisses überprüfen, ob der Besteller bei der Ausschreibung die anerkannten Regeln der Technik eingehalten hat[566] oder ob erkennbare Lücken im Leistungsverzeichnis bestehen.[567]

Der Unternehmer muss somit prüfen, ob die Planung des Bestellers zur Verwirklichung des geschuldeten Werkerfolges geeignet ist.[568]

Seine Prüfungsverpflichtung ist in dieser Fallgruppe am geringsten, da bei Anweisungen zur Art der Ausführung vor allem der Planungsbereich betroffen ist und dieser in aller Regel vom Besteller bzw. von einem von ihm beauftragten Architekten verantwortet wird.[569]

c) Bedenken gegen die Güte der vom Besteller gelieferten Stoffe oder Bauteile

Die Prüfungspflicht des § 4 Abs. 3 VOB/B bezieht sich nur auf vom Besteller gelieferte Stoffe oder Bauteile oder solche, welche vom Besteller vorgeschrieben wurden.[570] Die Prüfungspflicht des Unternehmers wegen Bedenken gegen die Güte der vom Besteller gelieferten Stoffe oder Bauteile ist stark ausgeprägt, weil er auf diesem

---

561 Ingenstau/Korbion/*Oppler*, § 4 Abs. 3 VOB/B Rn. 21; BeckOK VOB/B/*Ganten*, § 4 Abs. 3 VOB/B Rn. 28; Messerschmidt/Voit/*Voit*, § 4 VOB/B Rn. 16; BGH, Urteil vom 23.10.1986 – VII ZR 48/85, NJW 1987, 643.

562 OLG Dresden, Urteil vom 23.04.2002 – 15 U 77/01, BauR 2003, 262, 263.

563 BGH, Urteil 10.04.1975 – VII ZR 183/74, BauR 1975, 278; OLG Zweibrücken, Urteil vom 10.03.1994 – 4 U 143/93, BauR 1994, 509.

564 *Bschorr* in: Franke/Kemper/Zanner/Grünhagen, § 4 VOB/B Rn. 141; Ingenstau/Korbion/*Oppler*, § 4 Abs. 3 VOB/B Rn. 21; BGH, Urteil vom 25.02.1982 – VII ZR 161/80, BauR 1982, 277.

565 BGH, Urteil vom 10.07.1975 – VII ZR 243/73, BauR 1975, 420; OLG Celle, Urteil vom 30.03.1984 – 15 U 145/83, BauR 1984, 522; *Döbereiner*, BauR 1980, 296.

566 OLG Celle, Urteil vom 24.03.1999 – 14a (6) U 216/97, NJW-RR 1999, 1693.

567 OLG Dresden, Urteil vom 29.11.1999 – 17 U 1606/99, NZBau 2000, 333.

568 BGH, Urteil vom 10.07.1975 – VII ZR 243/73, BauR 1975, 420; OLG Dresden, Urteil vom 23.04.2002 – 15 U 77/01, BauR 2003, 262.

569 Ingenstau/Korbion/*Oppler*, § 4 Abs. 3 VOB/B Rn. 12; *Siegburg* Rn. 1396; *Dähne*, BauR 1976, 225; OLG Hamm, Urteil vom 28.01.2003 – 34 U 37/02, BauR 2003, 1052.

570 Ingenstau/Korbion/*Oppler*, § 4 Abs. 3 VOB/B Rn. 39; *Bschorr* in: Franke/Kemper/Zanner/Grünhagen, § 4 VOB/B Rn. 149; BeckOK VOB/B/Fuchs, § 4 Rn. 5; *Siegburg*, Rn. 1350; BGH, Urteil vom 01.03.1973, VII ZR 82/71, BauR 1973, 188.

Gebiet am ehesten die Sachkenntnis besitzen muss, da er normalerweise verpflichtet ist, die benötigten Materialien selbst zu beschaffen.[571] Der Unternehmer muss die vom Besteller gelieferten Materialien jedoch nur im gewerbeüblichen Rahmen überprüfen.[572] Hierfür sind eine optische und fühlende Untersuchung sowie das Lesen der Materialbeschreibung grundsätzlich ausreichend.[573] Die Hinzuziehung eines externen Sachverständigen kann vom Unternehmer jedoch nicht gefordert werden.[574]

Der genaue Prüfungsumfang richtet sich nach den Umständen des Einzelfalles. Er beschränkt sich jedoch auf die vom Unternehmer zu erstellende Bauleistung.[575] Wird der Unternehmer angewiesen, neuartige Baustoffe oder Bauteile zu verwenden, so muss er über den neuesten Stand der Technik auf seinem Fachgebiet informiert sein oder geeignete Erkundigungen einziehen.[576]

d) Prüfung der Vorleistungen anderer Unternehmer oder des Bestellers

Die Pflicht des Unternehmers die Leistungen anderer Unternehmer oder des Bestellers zu prüfen, besteht nur, wenn die Leistungen anderer Unternehmer im Zusammenhang mit seiner eigenen Leistungspflicht stehen.[577] Die Prüfungspflicht des Unternehmers in Bezug auf Vorgaben und Vorleistungen des Bestellers ist somit darauf beschränkt, ob die Vorgaben zur Verwirklichung des eigenen geschuldeten Leistungserfolges geeignet sind. Eine darüber hinausgehende Pflicht besteht nicht.[578] Die Vorleistung selbst muss nicht mangelhaft sein, die Prüfungs- und Bedenkenhinweispflicht greift auch dann ein, wenn die Leistung des Vorunternehmers für die Zweckbestimmung des Bauwerkes ungeeignet ist.[579]

Steht die Arbeit eines Werkunternehmers in engem Zusammenhang mit der Vorarbeit eines anderen Unternehmers oder ist sie aufgrund dessen Planung auszuführen, muss der Unternehmer prüfen und gegebenenfalls auch geeignete Erkundigungen einziehen, ob diese Vorarbeiten, Stoffe oder Bauteile eine geeignete Grundlage für sein Werk bilden und keine Eigenschaften besitzen, die den Erfolg seiner Arbeit in Frage stellen können.[580]

---

571 *Nicklisch* in: FS Bosch, S. 747; Ingenstau/Korbion/*Oppler*, § 4 Abs. 3 VOB/B Rn. 12.

572 Ingenstau/Korbion/*Oppler*, § 4 Abs. 3 VOB/B Rn. 40; *Bschorr* in: Franke/Kemper/Zanner/Grünhagen, § 4 VOB/B Rn. 150.

573 OLG Karlsruhe, Urteil vom 04.06.1987 – 9 U 151/85, NJW-RR 1988, 405.

574 *Kniffka* in: Kniffka/Koeble, 6. Teil Rn. 46.

575 Ingenstau/Korbion/*Oppler*, § 4 Abs. 3 VOB/B Rn. 43.

576 Ingenstau/Korbion/*Oppler*, § 4 Abs. 3 VOB/B Rn. 42.

577 OLG Düsseldorf, Urteil vom 08.07.1998 – 21 U 196/97, OLGR 1999, 45; OLG Bamberg, Urteil vom 25.10.2005 – 4 U 182/05, BauR 2007, 893; Kapellmann/Messerschmidt/*Merkens*, § 4 VOB/B Rn. 67.

578 Ingenstau/Korbion/*Oppler*, § 4 Abs. 3 VOB/B Rn. 21.

579 BGH, Urteil vom 07.11.2007 – VII ZR 183/05, BauR 2008, 77.

580 BGH, Urteil vom 07.11.2007 – VII ZR 183/05, BauR 2008, 77.

e) Übernahme von Planungsverantwortung durch den Unternehmer

Übernimmt der Unternehmer die Planungsverantwortung für das zu errichtende Bauwerk, unterliegt er keiner selbstständigen Prüfungspflicht.[581] Die Planung und Herstellung des Werkes liegen in einer Hand. Die Prüfungspflicht des Unternehmers geht daher in seiner Erfolgsbewirkungspflicht auf.[582] Er haftet für Mängel des Werkes unabhängig davon, ob er seiner Prüfungsverpflichtung nachgekommen ist oder nicht.

f) Unerprobte Techniken oder Materialien

Das Wissen des Unternehmers muss dem neuesten Stand der Technik entsprechen.[583] Ein darüber hinausgehendes Wissen kann der Besteller weder erwarten noch verlangen. Schreibt der Besteller bewusst ein nicht erprobtes Material vor, so ist der Unternehmer nur in engen Grenzen verpflichtet, auf diese Mängelrisiken hinzuweisen.[584] In dieser Konstellation ist nämlich in aller Regel von einem stillschweigenden Verzicht auf die Wahrung der Prüfungspflicht auszugehen, da dem Besteller das Risiko der Bauausführung bewusst gewesen ist.[585]

g) Keine Einschränkung durch DIN-Normen

Muss sich der Unternehmer an DIN-Normen halten, so wird hierdurch seine Überprüfungspflicht nicht eingeschränkt. Auch in diesen Fällen bleibt der Unternehmer verpflichtet, das Werk auf seine Eignung für eine mangelfreie Herstellung zu untersuchen.

h) Prüfungspflicht und besondere Fachkunde des Bestellers

Die Reichweite der Prüfungspflicht hängt nicht nur von den Kenntnissen des Unternehmers ab, sondern auch davon, ob der Besteller über eigene Fachkunde verfügt.[586] Die Prüfungspflicht des Unternehmers entfällt nicht dadurch, dass der Besteller oder sein Architekt über eigene Sachkunde verfügen.[587] Der Umstand, dass eine Fachplanung vorliegt, entlastet ihn insoweit grundsätzlich nicht. Der Umfang der

---

581 OLG Düsseldorf, Urteil vom 11.07.1996 – 5 U 18/96, BauR 1997, 475; Staudinger/*Peters/Jacoby*, § 633 BGB Rn. 70.

582 Vgl. 4. Teil III. 2. a) ee) (3) (a).

583 OLG Köln, Urteil vom 11.12.1996 – 11 U 28/96, BauR 1997, 831; Ingenstau/Korbion/*Oppler*, § 4 Abs. 3 VOB/B Rn. 10; *Bschorr* in: Franke/Kemper/Zanner/Grünhagen, § 4 VOB/B Rn. 132; Kapellmann/Messerschmidt/*Merkens*, § 4 VOB/B Rn. 70.

584 OLG Hamm, Urteil vom 04.04.2002 – 34 U 132/01, IBR 2003, 409.

585 *Siegburg*, Rn. 1403.

586 Ingenstau/Korbion/*Oppler*, § 4 Abs. 3 VOB/B Rn. 17.

587 Vgl. BGH, Urteil vom 30.06.1977 – VII ZR 325/74, BauR 1977, 420; Urteil vom 18.01.2001 – VII ZR 457/98, BauR 2001, 622.

Prüfungspflicht des Unternehmers kann jedoch in dieser Konstellation begrenzt sein. Durfte der Unternehmer auf Planungen und Ausführungsunterlagen des Bestellers vertrauen, wird er entlastet. Der Unternehmer darf sich auf eine solche Planung nur verlassen, wenn er auf die größere Fachkunde des Fachplaners vertrauen durfte.[588] Erkennt der Unternehmer dagegen in der Planung Mängel und Lücken, ist er verpflichtet, seiner Prüfungspflicht verstärkt nachzukommen.[589]

Werden Anordnungen durch eine sachkundigen Bauleitung getroffen, muss der Unternehmer trotzdem eine eigene Prüfung durchführen,[590] welche umso gründlicher ausfallen muss, je größer die Wahrscheinlichkeit ist, dass diese Vorgaben nicht geeignet sind, die Mängelfreiheit des Bauwerkes zu erreichen. Er darf sich nicht auf ungeprüfte Angaben der Vorunternehmer oder des Auftraggebers verlassen, dies gilt auch dann, wenn er die Anforderungen an sein Werk diesen Personen entsprechend bekanntgegeben hat.

i) Sonderwissen des Bestellers

Verfügt der Besteller oder sein Architekt über Sonderwissen, so wird ihm dieses zugerechnet. Der Besteller ist verpflichtet, dieses Wissen mit dem Unternehmer zu teilen. Die Prüfungspflicht des Unternehmers entfällt in dieser Situation nicht vollständig, sie kann jedoch reduziert sein.

III. Die Bedenkenhinweispflicht des Werkunternehmers

1. Allgemeines

Wie bereits dargelegt, ist der Bauvertrag von zahlreichen Strukturelementen geprägt, welche bei einem „einfachen“ Werkvertrag keine oder lediglich eine untergeordnete Rolle spielen.[591] Diese bauvertraglichen Besonderheiten führen zu einer Vielzahl von für das Bauvertragsrecht ausgeprägten Pflichten, unter welche auch die Bedenkenhinweispflicht des Unternehmers fällt. Wie bereits ausgeführt, ist die Bedenkenhinweispflicht von zentraler Bedeutung für die Abwicklung eines Bauvertrages.[592] Normiert ist die Bedenkenhinweispflicht bei einem Bauvertrag, in welchen die Regelungen der VOB/B einbezogen wurden, in § 4 Abs. 3 VOB/B. Nach dieser Bestimmung hat der Unternehmer dem Besteller Bedenken gegen die vorgesehene Art der Ausführung, gegen die Güte der vom Besteller gelieferten Stoffe oder Bauteile oder die Leistungen anderer Unternehmer, unverzüglich schriftlich mitzuteilen. Wie bereits dargelegt, entspricht der in der Bedenkenhinweispflicht zum Ausdruck

---

588 BGH, Urteil vom 30.06.1977 – VII ZR 325, 74, BauR 1977, 420.
589 *Siegburg*, Rn. 1391; OLG Düsseldorf, Urteil vom 02.12.1993 – 5 U 85/93, BauR 1994, 545.
590 BGH, Urteil vom 18.01.2001 – VII ZR 457/98, NZBau 2001, 200.
591 Vgl. 1 Teil I. 8.
592 Vgl. 2. Teil III. 1. b) dd) (3) (b) (cc).

kommende Rechtsgedanke jedoch einem allgemeinem Prinzip, welcher auch im Rahmen eines BGB-Bauvertrages Geltung beansprucht und daher auch anwendbar ist, wenn dem Bauvertrag die Regelungen der VOB/B nicht zu Grunde liegen.[593]

Obwohl in der Literatur und der Rechtsprechung allgemein anerkannt, ist die Rechtsnatur der Bedenkenhinweispflicht und ihre Bedeutung für die Sachmängelhaftung des Werkunternehmers umstritten.

2. Rechtsnatur der Bedenkenhinweispflicht

a) Allgemeines

Die dogmatische Einordnung der Bedenkenhinweispflicht wird seit jeher kontrovers diskutiert.[594] Die Einordnung spielt vor allem auf der Rechtsfolgenseite eine erhebliche Rolle. Sie hat entscheidenden Einfluss darauf, ob der Besteller gegenüber dem Unternehmer Mängelansprüche geltend machen kann, oder ob sich der Unternehmer Schadensersatzansprüchen des Bestellers ausgesetzt sieht.

Die systematische Stellung der Bedenkenhinweispflicht in § 4 Abs. 3 VOB/B im Gefüge der Regelungen der VOB/B hilft bei der dogmatischen Einordnung der Prüfungs- und Hinweispflicht nicht weiter. Die Vorschriften der VOB/B folgen nicht einer bestimmten rechtssystematischen Gliederung, sondern weitgehend dem Ablauf des Baugeschehens.[595]

Nach einer Ansicht[596] handelt es sich bei der Bedenkenhinweispflicht um eine vertragliche Hauptleistungspflicht des Werkunternehmers, deren Verletzung nach der Abnahme Mängelansprüche des Bestellers begründen soll.

Nach anderer Ansicht[597] handelt es sich bei der Bedenkenhinweispflicht um eine akzidentelle Verpflichtung des Unternehmers im Rahmen der Hauptverpflichtung zur Werkserstellung und damit um eine Nebenleistungspflicht. Nach dieser Auffassung bestimmen sich die Rechte des Bestellers ebenfalls nach §§ 633, 634 ff. BGB, denn der Unternehmer hat die Erreichung eines Erfolgs zugesagt und es war seine

---

593 Vgl. 4. Teil I. 3.; BGH, Urteil vom 08.11.2007 – VII ZR 183/05, BauR 2008, 344; BGH, Urteil vom 23.06.1960 – VII ZR 71/59, NJW 1960, 1813; BGH, Urteil vom 23.10.1986 – VII ZR 48/85, BauR 1987, 79; BGH, Urteil vom 23.10.1987 – VII ZR 267/85, BauR 1987, 86; Ingenstau/Korbion/*Oppler*, § 4 Abs. 3 VOB/B Rn. 3; MüKoBGB/*Busche*, § 634 BGB Rn. 80; *Dähne*, BauR 1976, 225, 226; Kleine-Möller/Merl/Glöckner-*Merl*, § 15 Rn. 132; Glöckner/von Berg/*Rehbein*, § 633 BGB Rn. 87; Staudinger/*Peters/Jacoby*, § 633 BGB Rn. 20; Kniffka/*Krause-Allenstein*, § 634 BGB Rn. 32.

594 Vgl. 4. Teil III. 2. a).

595 *Hochstein* in: FS Korbion, S. 165, 166.

596 Ingenstau/Korbion/*Oppler*, § 4 Abs. 3 VOB/B Rn. 4; *Pastor* in: Werner/Pastor Rn. 2037; *Kaiser*, BauR 1981, 311; *Bühl*, BauR 1992, 26; *Fuchs*, Jahrbuch Baurecht 2009, S. 43, 46 f.; Kleine-Möller/Merl/Glöckner/*Merl*, § 15 Rn. 133; *Keldungs/Brück*, Rn. 165; *Dähne*, BauR 1976, 225 f.

597 Vgl. MüKo-BGB/*Busche*, § 631 BGB Rn. 74.

Sache auf die mangelnde Eignung der Leistung des Bestellers hinzuweisen.[598] Ist er dieser Verpflichtung nicht nachgekommen, stehen dem Besteller die werkvertraglichen Gewährleistungsansprüche zu.

Nach einer dritten Ansicht[599] stellt die Bedenkenhinweispflicht eine Nebenpflicht des Werkunternehmers dar, welche den Erfüllungsanspruch des Bestellers unberührt lässt und zu einem Schadensersatzanspruch des Bestellers gegenüber dem Unternehmer wegen Verletzung einer vertraglichen Nebenpflicht führen kann.

Eine weitere Ansicht[600] sieht in der Verletzung der Bedenkenhinweispflicht eine Obliegenheitsverletzung des Unternehmers, welche nicht zu einem Schadensersatzanspruch des Bestellers führt, sondern lediglich einen Enthaftungstatbestand des Unternehmers begründen können soll.

Die Differenzierung, ob eine Hauptleistungspflicht oder eine Nebenleistungspflicht vorliegt, erfolgt danach, ob sich die Handlung auf die „vertragstypischen", also den Vertragstyp charakterisierenden Leistungspflichten des Schuldners bezieht. Ist dies der Fall, dann ist die Pflicht als Hauptleistungspflicht einzuordnen. Bezieht sich die Verbindlichkeit nur auf „akzidentielle", nicht den Vertragstypus bestimmende Leistungspflichten, liegt eine Nebenleistungspflicht vor.[601] Ob eine Nebenpflicht oder eine Nebenleistungspflicht vorliegt, bestimmt sich danach, ob es sich um eine Pflicht handelt, welche vom Unternehmer zu erbringen ist, um das Werk überhaupt mangelfrei erstellen zu können[602] oder um eine Verhaltenspflicht oder Schutzpflicht des Unternehmers handelt, welche dem Schutz der anderen Rechtsgüter des Bestellers dient.[603]

Im Folgenden werden die Auffassungen, welche sich in der Literatur und Rechtsprechung bezüglich der rechtlichen Einordnung der Bedenkenhinweispflicht entwickelt haben, dargestellt. Die Auseinandersetzung mit den jeweiligen Argumenten und die eigene Ansicht erfolgt in Kapitel 4 unter Ziffer III. a) ff).

---

598 BeckOK-BGB/*Voit*, § 631 BGB Rn. 54.

599 *Nicklisch* in: Nicklisch/Weick, § 4 VOB/B Rn. 51, 68; *Ganten* in: Ganten/Jagenburg/Motzke, § 4 Nr. 3 VOB/B Rn. 6; *Vygen/Joussen*, Rn. 956; *Clemm*, BauR 1987, 609; Kapellmann/Messerschmidt/*Merkens*, § 4 VOB/B Rn. 68; *Bschorr* in: Franke/Kemper/Zanner/Grünhagen, § 4 VOB/B Rn. 176; *Leupertz* in: FS Kapellman, S. 253, 259; *Wirth/Galda* in: FS Kapellmann, S. 475; Glöckner/von Berg/*Rehbein*, § 633 BGB Rn. 121.

600 Heiermann/Riedl/Rusam/*Riedl/Mansfeld*, § 4 VOB/B Rn. 47; *Kraus/Kraus* in: FS Kapellmann, S. 223, 235.

601 MüKoBGB/*Kramer*, § 241 BGB Rn. 16; *Clemm*, BauR 1987, 609, 610; *Larenz*, I § 2 I; *Esser/Schmidt*, AT/1 § 6 III.

602 MüKo-BGB/*Busche*, § 631 BGB Rn. 74.

603 BeckOK-BGB/*Sutschet*, § 241 BGB Rn. 15.

aa) Die Einordnung der Bedenkenhinweispflicht als Hauptleistungspflicht des Werkunternehmers

Zu den Hauptleistungspflichten gehören alle Pflichten, die die Eigenart des jeweiligen Schuldverhältnisses prägen, also den Vertragstyp charakterisieren. Im Schrifttum wird die Bedenkenhinweispflicht des Werkunternehmers überwiegend als Hauptleistungspflicht angesehen.

Nach Ansicht von *Oppler*[604] handelt es sich bei den in § 4 Abs. 3 VOB/B geregelten Verpflichtungen des Unternehmers zur Prüfung, Unterrichtung und Anzeige nicht bloß um vertragliche Nebenpflichten, sondern um vertragliche Hauptpflichten, die der Unternehmer im Rahmen seiner Leistungsverpflichtung zur Erstellung eines mängelfreien Bauwerks erbringen müsse.[605] Die Regelung des § 4 Abs. 3 VOB/B erweitere oder ergänze die in § 4 Abs. 2 Nr. 1 VOB/B enthaltene grundlegende Vertragsverpflichtung des Unternehmers, die Leistung unter eigener Verantwortung nach dem Vertrag auszuführen. Dass § 4 Abs. 3 VOB/B in den Bereich der Hauptpflichten des Unternehmers zu rechnen sei, folge nach seiner Auffassung nicht nur aus § 4 Abs. 7 VOB/B, sondern vor allem auch aus der Regelung des § 13 Abs. 3 VOB/B, wo die Verletzung der betreffenden Pflichten des Unternehmers auch in den Bereich der Gewährleistung eingeordnet werde.[606]

Pastor vertritt die Meinung, dass nach neuem Schuldrecht die Prüfungs- und Hinweispflicht eine vertragliche Hauptpflicht darstelle.[607] Diese folge nach seiner Ansicht unmittelbar aus der Herstellungs- und Verschaffungspflicht der Vorschriften des §§ 631 Abs. 1, 633 Abs. 1 BGB.[608] Durch eine Verletzung der Hinweispflichten verliere der Unternehmer seinen Vergütungsanspruch für erbrachte Mehrleistungen allerdings noch nicht; er sei indes Mängelrechten des Auftraggebers ausgesetzt.[609]

Nach *Kaiser*[610] gehören die Pflichten des Unternehmers aus § 4 Abs. 3 VOB/B zu dessen Hauptpflichten. Die Prüfungs- und Hinweispflicht stehe im Zusammenhang mit der Erfüllungspflicht des § 4 Abs. 7 S. 1 VOB/B, nach der der Unternehmer schon während der Ausführung der Leistung verpflichtet sei, diese frei von Mängeln zu erbringen.[611]

Bühl[612] meint, der VOB/B-Bauvertrag mache in § 4 Abs. 3 VOB/B diese allgemeinen Treuepflichten für den Auftragnehmer zu vertraglichen Hauptpflichten.[613]

604 Ingenstau/Korbion/*Oppler*, § 4 Abs. 3 VOB/B Rn. 4.
605 Ingenstau/Korbion/*Oppler*, § 4 Abs. 3 VOB/B Rn. 4.
606 Ingenstau/Korbion/*Oppler*, § 4 Abs. 3 VOB/B Rn. 4.
607 *Pastor* in: Werner/Pastor Rn. 2037.
608 *Pastor* in: Werner/Pastor Rn. 2037.
609 *Pastor* in: Werner/Pastor Rn. 2037.
610 *Kaiser*, BauR 1981, 311.
611 *Kaiser*, BauR 1981, 311.
612 *Bühl*, BauR 1992, 26.
613 *Bühl*, BauR 1992, 26.

Merl[614] zählt die Prüfungs- und Hinweispflicht des Auftragnehmers zu seinen vertraglichen Hauptpflichten im Rahmen der grundsätzlichen Leistungsverpflichtung zur Herstellung eines mangelfreien Werks durch den Unternehmer. Die Verletzung der Prüfungs- und Hinweispflicht begründe nicht die Mängelhaftung, vielmehr sei die Erfüllung der Prüfungs- und Hinweispflicht ein Tatbestand, der den Unternehmer von der Sach- und Rechtsmängelhaftung befreie.[615]

Keldungs/Brück[616] sehen die Pflichten nach § 4 Abs. 3 VOB/B nicht lediglich als eine vertragliche Nebenpflicht, sondern als Hauptpflicht des Auftragnehmers an, aus deren Verletzung Gewährleistungsansprüche erwachsen könnten.

Dähne[617] ist ebenfalls der Ansicht, dass die Prüfungs- und Hinweispflicht eine vertragliche Hauptpflicht darstelle. Die Mitteilung des Auftragnehmers an den Auftraggeber diene unmittelbar dazu, eine mangelfreie Ausführung der Bauarbeiten zu erreichen. Wegen dieses engen sachlichen Zusammenhanges zwischen § 4 Abs. 3 VOB/B und § 4 Abs. 7 VOB/B erscheine es daher gerechtfertigt, die Prüfungs- und Benachrichtigungspflicht des Unternehmers seinen vertraglichen Hauptpflichten zuzuordnen, dies umso mehr, als § 13 Abs. 3 VOB/B und damit auch § 4 Abs. 3 VOB/B auf die schon während der Ausführung erkennbaren Mängel im Sinne von § 4 Abs. 7 VOB/B entsprechend anwendbar sei.[618]

bb) Die Einordnung der Bedenkenhinweispflicht als Nebenleistungspflicht des Werkunternehmers

Zu den Nebenleistungspflichten gehören alle Handlungen, die der Schuldner zur Vorbereitung, Durchführung und Sicherung der Hauptleistung erbringen muss.[619] Im neueren Schrifttum vollzieht sich ein Wandel der Einordnung der Bedenkenhinweispflicht. Ging früher lediglich eine Mindermeinung von der Annahme einer vertraglichen Nebenleistungspflicht aus, so gewinnt diese Sichtweise immer mehr Anhänger.

Nach Ansicht von *Clemm*[620] ist die Prüfungs- und Bedenkenhinweispflicht keine den Werkvertrag charakterisierende Pflicht, keine essentielle Leistungspflicht des Unternehmers. Die Prüfungs- und Hinweispflicht bestehe nicht bei allen Werkverträgen, nämlich dann nicht, wenn der Besteller keine Stoffe für das herzustellende Werk liefere, keine weiteren Unternehmen hiermit befasst seien und die Art der Ausführung vom Unternehmer selbst bestimmt werde.[621] Die Prüfungs- und Hinweispflicht könne somit nur dann als Hauptpflicht angesehen werden, wenn ihr

614 Kleine-Möller/Merl/Glöckner/*Merl*, § 15 Rn. 133.
615 Kleine-Möller/Merl/Glöckner/*Merl*, § 15 Rn. 133.
616 *Keldungs/Brück*, Rn. 165.
617 *Dähne*, BauR 1976, 225 f.
618 *Dähne*, BauR 1976, 225, 226.
619 *Clemm*, BauR 1987, 609, 610; BeckOK BGB/*Sutschet*, § 241 BGB Rn. 14; MüKoBGB/*Bachmann/Roth*, § 241 BGB Rn. 83.
620 *Clemm*, BauR 1987, 609, 610 f.
621 *Clemm*, BauR 1987, 609, 610 f.

nach dem Willen der Vertragspartner wesentliche Bedeutung für die Durchführung des Werkvertrages zukomme.[622] Der Mangel als solcher führe zu Gewährleistungsansprüchen und nicht die Verletzung der Prüfungs- und Hinweispflicht.[623] Die Vorschrift des § 4 VOB/B regle keineswegs nur Hauptpflichten des Unternehmers. § 4 Abs. 3 VOB/B beziehe sich allein auf die Pflicht des Unternehmers, die von ihm geschuldete Leistung vertragsgemäß und mangelfrei zu erbringen.[624] Nur wenn durch die in § 4 Abs. 3 VOB/B genannten Umstände die Gefahr bestehe, dass der Unternehmer seine Leistung nicht fehlerfrei ausführen könne, sei er dem Besteller insoweit zum Hinweis verpflichtet.[625] § 4 Abs. 3 VOB/B diene somit der Sicherung und ordnungsgemäßen Durchführung der Bauleistung des Unternehmers, also der Erfüllung seiner Hauptpflicht.[626] Eine Pflicht, die der Vorbereitung, Sicherung oder Förderung einer Hauptpflicht diene, wird eben noch nicht dadurch selbst zur Hauptpflicht.[627] § 4 Abs. 3 VOB/B soll nach der Ansicht von *Clemm* die vertragsgemäße und mangelfreie Ausführung der Leistung des Unternehmers gewährleisten[628] und ist somit nach seiner Ansicht als Nebenleistungspflicht einzuordnen.

Ganten[629] begründet seine Einordnung als Nebenleistungspflicht damit, dass § 4 Abs. 3 VOB/B als Ausprägung der mit dem Kooperationscharakter verbundenen Mitwirkungs-, Informations- und Rügeverpflichtung betrachtet werden müsse. Ein Teil dieser Folgen der Verletzung der in § 4 Abs. 3 VOB/B genannten Verpflichtungen werde in § 13 Abs. 3 VOB/B formuliert, nämlich Folgen für die Zurechnung von Mängeln.[630] Die Prüfungs- und Hinweispflichten des § 4 Abs. 3 VOB/B diene demgegenüber der Vermeidung von Pannen, Mängeln und Irrtümern.[631] Er sieht in § 4 Abs. 3 VOB/B die Konkretisierung von Rücksichtspflichten des Auftragnehmers auf das Leistungsinteresse des Auftraggebers.[632] Das Rücksichtsgebot diene vor allem dem vertraglichen Hauptinteresse der Parteien, der mangelfreien Werkschöpfung, sei aber zugleich Ausdruck der allgemeinen Treuepflicht des Auftragnehmers (§ 242 BGB).[633]

Wirth/Galda[634] sehen in der Prüfungs- und Bedenkenhinweispflicht eine Nebenleistungspflicht. Zweck der Hinweispflicht sei die möglichst umfassende Information

622 *Clemm*, BauR 1987, 609, 610 f.
623 *Clemm*, BauR 1987, 609, 610 f.
624 *Clemm*, BauR 1987, 609, 610 f.
625 *Clemm*, BauR 1987, 609, 610 f.
626 *Clemm*, BauR 1987, 609, 610 f.
627 *Clemm*, BauR 1987, 609, 610 f.
628 *Clemm*, BauR 1987, 609, 610 f.
629 Ganten/Jagenburg/Motzke/*Ganten*, § 4 Nr. 3 VOB/B Rn. 6.
630 Ganten/Jagenburg/Motzke/*Ganten*, § 4 Nr. 3 VOB/B Rn. 6.
631 Ganten/Jagenburg/Motzke/*Ganten*, § 4 Nr. 3 VOB/B Rn. 6.
632 Ganten/Jagenburg/Motzke/*Ganten*, § 4 Nr. 3 VOB/B Rn. 6.
633 Ganten/Jagenburg/Motzke/*Ganten*, § 4 Nr. 3 VOB/B Rn. 6.
634 *Wirth/Galda* in: FS Kapellmann, S. 475.

des Bestellers, damit dieser eine Entscheidungsgrundlage für das weitere Vorgehen habe.[635]

Ebenso ordnet *Merkens*[636] die Prüfungs- und Hinweispflicht als Nebenleistungspflicht des Werkunternehmers ein. Die Haftung aus § 13 VOB/B erfolge nicht wegen der Verletzung der Prüfungs- oder Hinweispflicht, sondern auf der Grundlage eines Mangels des Gewerks.[637] Auch wenn der Mangel seine Ursache in einer Verletzung einer Prüfungs- und Hinweispflicht haben könne, könne nach seiner Ansicht diese zusätzliche Pflichtverletzung des Auftragnehmers nur neben den Mängelansprüchen des Auftraggebers von Bedeutung sein.[638]

Rehbein[639] ist der Meinung, dass es sich bei der Prüfungs- und Hinweispflicht um eine vertragliche Nebenleistungspflicht handle. § 4 Abs. 3 VOB/B diene allein der Sicherung und der ordnungsgemäßen Durchführung der Bauleistung des Auftragnehmers und damit der Förderung der Hauptleistung und sei folglich selbst in der Regel keine Hauptleistungspflicht, sondern stelle eine Nebenleistungspflicht des Unternehmers dar.[640]

cc) Die Einordnung der Bedenkenhinweispflicht als Nebenpflicht des Werkunternehmers

Eine dritte Ansicht sieht in der Bedenkenhinweispflicht eine Nebenpflicht des Werkunternehmers, welche zu einem Schadensersatzanspruch des Bestellers führen kann, wenn der Unternehmer seiner Pflicht, gegenüber dem Besteller Bedenken zu äußern, nicht nachkommt.

Nicklisch[641] führt aus, dass es sich bei der Bedenkenhinweispflicht um eine Konkretisierung der dem Prinzip von Treu und Glauben (§ 242 BGB) zu entnehmenden allgemeinen vertraglichen Pflicht, den Vertragspartner vor eventuellen Schäden zu bewahren, handle. Es liege daher nach seiner Ansicht eine vertragliche Nebenpflicht und nicht eine Hauptleistungspflicht vor.[642] Im Bauvertragsrecht habe diese Pflicht ihre besondere Bedeutung, weil der Unternehmer aufgrund seiner besonderen Fach- und Sachkenntnisse prädestiniert sei, den Besteller auf zu erwartende Mängel des Bauwerks aufmerksam zu machen.[643]

Peters/Jacoby[644] ordnen die Prüfungs- und Anzeigepflicht ebenfalls als eine vertragliche Nebenpflicht nach § 241 Abs. 2 BGB ein.

---

635 *Wirth/Galda* in: FS Kapellmann, S. 475.
636 Kapellmann/Messerschmidt/*Merkens*, § 4 VOB/B Rn. 68.
637 Kapellmann/Messerschmidt/*Merkens*, § 4 VOB/B Rn. 68.
638 Kapellmann/Messerschmidt/*Merkens*, § 4 VOB/B Rn. 68.
639 Glöckner/von Berg/*Rehbein*, § 633 BGB Rn. 121.
640 Glöckner/von Berg/*Rehbein*, § 633 BGB Rn. 121.
641 *Nicklisch* in: Nicklisch/Weick, § 4 VOB/B Rn. 51, 68.
642 *Nicklisch* in: Nicklisch/Weick, § 4 VOB/B Rn. 51, 68.
643 *Nicklisch* in: Nicklisch/Weick, § 4 VOB/B Rn. 51, 68.
644 Staudinger-*Peters/Jacoby*, § 633 BGB Rn. 65.

Bschorr[645] ordnet die Prüf- und Hinweispflicht als vertragliche Nebenpflicht des Auftragnehmers ein. Neben der Mängelbeseitigung hafte der Unternehmer daher auch aus Pflichtverletzung gem. § 280 Abs. 1 BGB für einen unterlassenen Hinweis.[646]

Stretz[647] ist der Ansicht, dass die Prüfungs- und Hinweispflicht eine Nebenpflicht nach § 241 Abs. 2 BGB sei. Ihre Verletzung könne lediglich einen Anspruch nach dem allgemeinen Gewährleistungsrecht aus §§ 280 ff. BGB auslösen.

Leupertz[648] ordnet die Bedenkenhinweispflicht als Nebenpflicht ein. Bei der Bedenkenhinweispflicht handle es sich nach seiner Auffassung um eine Ausprägung vertraglicher Schutz-, Aufklärungs- und Kooperationspflichten des Unternehmers im Sinne des § 241 Abs. 2 BGB und damit um eine vertraglich Nebenpflicht und keine Hauptleistungspflicht.[649]

dd) Die Einordnung der Bedenkenhinweispflicht als Obliegenheit des Werkunternehmers

Eine weitere Auffassung sieht in der Prüfungs- und Bedenkenhinweispflicht eine Obliegenheit des Unternehmers gegen sich selbst, welche nicht zu einem Schadensersatzanspruch des Bestellers gegenüber dem Unternehmer führen kann.

Riedl/Mansfeld[650] sind der Auffassung, dass die Prüfungs- und Anzeigepflicht in der Erfolgshaftung des Unternehmers begründet sei. Sie sei keine vertragliche Nebenpflicht des Unternehmers, welche im Falle ihrer Verletzung zu einem Schadensersatzanspruch des Bestellers wegen einer Pflichtverletzung nach §§ 280 Abs. 1, 241 Abs. 2 BGB führe oder ein eigenes Rücktrittsrecht nach § 324 BGB begründe.[651] Sie sei vielmehr als eine Obliegenheit des Unternehmers anzusehen, d.h. ein Gebot eigenen Interesses, um für ihn nachteilige Rechtsfolgen zu vermeiden. Diese Einordnung der Bedenkenhinweispflicht als Obliegenheit sei deshalb geboten, weil Mängel oder Schäden, die darauf zurückzuführen seien, dass die Vorarbeiten nicht für darauf aufbauende nachfolgende Unternehmer geeignet seien, nicht allein auf der Pflicht, auf die Ungeeignetheit hinzuweisen, sondern allein auf der Verletzung der vertraglichen Hauptpflicht des Unternehmers beruhen, die eigene Leistung ordnungsgemäß auszuführen.[652] Die Annahme einer solchen Pflicht könne nicht daraus hergeleitet werden, dass die Mangelhaftigkeit der Leistung ihre eigentliche Ursache in der Verletzung der Pflicht nach § 4 Abs. 3 VOB/B habe.[653] Denn die Verletzung der Prüfungs- und Hinweispflicht durch den Unternehmer ziehe nicht

645 *Bschorr* in: Franke/Kemper/Zanner/Grünhagen, § 4 VOB/B Rn. 176.
646 *Bschorr* in: Franke/Kemper/Zanner/Grünhagen, § 4 VOB/B Rn. 176.
647 *Stretz*, S. 188 ff.
648 *Leupertz* in: FS Kapellmann, S. 253, 259.
649 *Leupertz* in: FS Kapellmann, S. 253, 259.
650 Heiermann/Riedl/Rusam/*Riedl/Mansfeld*, § 4 VOB/B Rn. 47.
651 Heiermann/Riedl/Rusam/*Riedl/Mansfeld*, § 4 VOB/B Rn. 47.
652 Heiermann/Riedl/Rusam/*Riedl/Mansfeld*, § 4 VOB/B Rn. 47.
653 Heiermann/Riedl/Rusam/*Riedl/Mansfeld*, § 4 VOB/B Rn. 47.

unmittelbar die Mängelhaftung gemäß § 13 VOB/B nach sich, sondern habe lediglich die Rechtsfolge, dass die in § 13 Abs. 3 VOB/B angeordnete Befreiung von der Haftung für Mängel zugunsten des Unternehmers nicht eintrete. Verletze der Unternehmer seine Prüfungs- und Hinweispflicht, so werde dadurch nur die Befreiung von der Mängelhaftung nach § 13 Abs. 3 VOB/B ausgeschlossen mit der Folge, dass der Unternehmer für die Mängel hafte, obwohl sie auf die Leistungsbeschreibung oder auf Anordnungen des Bestellers zurückzuführen seien.[654] Die Verletzung der Prüfungs- und Hinweispflicht sei kein Tatbestand, der die Mängelhaftung begründe. Vielmehr sei die Erfüllung der Prüfungs- und Hinweispflicht ein Tatbestand, der den Unternehmer von der Mängelhaftung befreie.[655]

Nach Ansicht von *Kraus/Kraus*[656] ist die Prüfungs- und Hinweispflicht regelmäßig nur Obliegenheit des Unternehmers, die der Unternehmer im Interesse der Erhaltung seiner Ansprüche aus § 645 Abs. 1 Satz 1 BGB bzw. §§ 280 Abs. 1, 241 Abs. 2 BGB (§ 311 Abs. 2 BGB) zu wahren habe. Der Unternehmer habe aus seiner Erfolgshaftung heraus, umfassend für die Mangelfreiheit seines Werkes einzustehen.[657] Es bestehe keine Veranlassung, ihn zusätzlich aus einer Prüfungs- und Hinweispflicht haften zu lassen.[658]

Nach Meinung von *Vygen/Joussen*[659] ist klarzustellen, dass die Verletzung der Prüf- und Hinweispflicht nicht für sich genommen zu einer Mangelhaftigkeit der Werkleistung führe. Für eine solche Annahme gebe es keinen Anlass. Vielmehr sei § 4 Abs. 3 VOB/B ein Sondertatbestand, der den Auftragnehmer von seiner Mängelhaftung befreie.[660]

Fuchs[661] legt dar, dass die Beachtung der Prüfungs- und Hinweispflicht des Auftragnehmers diesem eine Chance gebe, von seiner grundsätzlich stets vorhandenen Verpflichtung zur Verschaffung eines mangelfreien Werkes befreit zu werden, wenn die Umstände dies im Einzelfall bei wertender Betrachtung gebieten.[662] Eine Verletzung der Prüfungs- und Hinweispflicht könne nicht zu einem Schadensersatzanspruch des Bestellers nach § 280 Abs. 1 BGB führen, sondern der Auftragnehmer könne stattdessen eine Befreiung von seiner Mangelhaftungspflicht reklamieren.[663]

---

654 Heiermann/Riedl/Rusam/*Riedl/Mansfeld*, § 4 VOB/B Rn. 47.
655 Heiermann/Riedl/Rusam/*Riedl/Mansfeld*, § 4 VOB/B Rn. 47.
656 *Kraus/Kraus* in: FS Kapellmann, S. 223, 235.
657 *Kraus/Kraus* in: FS Kapellmann, S. 223, 233.
658 *Kraus/Kraus* in: FS Kapellmann, S. 223, 233.
659 *Vygen/Joussen*, Rn. 956.
660 *Vygen/Joussen*, Rn. 956.
661 *Fuchs*, Jahrbuch Baurecht 2009, S. 43, 46 f.
662 *Fuchs*, Jahrbuch Baurecht 2009, S. 43, 46 f.
663 *Fuchs*, Jahrbuch Baurecht 2009, S. 43, 47.

ee) Die Einordnung der Bedenkenhinweispflicht nach Ansicht des Bundesgerichtshofes

Nach Auffassung des Bundesgerichtshofes haftet der Unternehmer auch dann, wenn die von ihm hergestellte Leistung mangelhaft ist und die Mangelursache (auch) im Verantwortungsbereich des Bestellers oder eines Vorunternehmers liegt.[664] Der Unternehmer kann sich von der Mängelhaftung jedoch befreien, sofern er gegenüber dem Besteller Bedenken gegen dessen Anordnungen, gegen die von ihm gelieferten beziehungsweise vorgeschriebenen Stoffe oder Bauteile, gegen die Beschaffenheit der Vorleistung eines anderen Unternehmers oder des Bestellers selbst Bedenken anmeldet. Die Bedenkenanmeldung ist nach der Rechtsprechung des Bundesgerichtshofs somit ein Entlastungstatbestand, welcher als „notwendiges Korrektiv" zur verschuldensunabhängigen Erfolgsverpflichtung des Unternehmers dient.[665]

ff) Eigene Ansicht der rechtlichen Einordnung der Bedenkenhinweispflicht

(1) Verpflichtung des Unternehmers zur Mitteilung von Bedenken

Den bauvertraglichen Regelungen wohnen wechselseitig bestehende Auskunfts-, Aufklärungs- und Obhutspflichten inne, welche auf die ordnungsgemäße Erstellung des Werkes gerichtet sind.[666] Die Prüfungs- und Bedenkenhinweispflicht ist Ausfluss des im Zivilrecht bestehenden Rechtsgedankens, seinen Vertragspartner vor Schäden zu bewahren.[667] Sie stellt eine spezifische Ausprägung der den Unternehmer treffenden Sorgfaltsanforderungen während eines Bauvorhabens dar.[668] Diese Pflicht des Unternehmers wurde für den VOB/B-Bauvertrag in § 4 Abs. 3 VOB/B ausdrücklich normiert, findet nach herrschender Meinung über den Grundsatz von Treu und Glauben aber auch bei reinen BGB-Bauverträgen Anwendung.[669] Der Unternehmer ist somit verpflichtet, gegenüber dem Besteller Bedenken anzumelden.

Wie bereits dargelegt, kommt dem Kooperationsgedanken bei Bauverträgen eine entscheidende Bedeutung zu.[670] Aus dieser Pflicht zur Kooperation folgt, dass jeder Vertragspartner den anderen auf mögliche Fehlerquellen hinweisen muss, welche den vertraglich geschuldeten Erfolgseintritt gefährden können. Diese Verbindlichkeit zur Fürsorge und zur Kooperation verpflichtet den Unternehmer grundsätzlich,

---

664 BGH, Urteil vom 09.07.1981 – VII ZR 40/80, NJW 1981, 2801; BGH, Urteil vom 22.03.1984 – VII ZR 286/82, NJW 1984, 1679.

665 *Merl* in: FS Motzke, S. 262.

666 MüKoBGB/*Busche*, § 631 BGB Rn. 105 ff.; Messerschmidt/Voit/*von Rintelen*, § 631 BGB Rn. 92 ff.; Kniffka/*Kniffka*, § 631 BGB Rn. 176 ff.

667 BGH, Urteil vom 23.06.1960 – VII ZR 71/59, NJW 1960, 1813; BGH, Urteil vom 23.10.1986 – VII ZR 48/85, BauR 1987, 79; Glöckner/von Berg/*Rehbein*, § 633 BGB Rn. 87; Ingenstau/Korbion/*Oppler*, § 4 VOB/B Rn. 2.

668 Glöckner/von Berg/*Rehbein*, § 633 BGB Rn. 86.

669 BGH; Urteil vom 23.10.1986 – VII ZR 48/85, NJW 1987, 643; *Dühne*, BauR 1976, 225; Ingenstau/Korbion/*Oppler*, VOB/B § 4 Abs. 3 Rn. 2.

670 Vgl. 1. Teil I. 8. c); 4. Teil I. 6. a).

dem Besteller vorhandene Bedenken mitzuteilen und die planerischen und sonstigen Voraussetzungen seiner zu erbringenden Leistung zu überprüfen.[671] Notwendige Voraussetzung der Bedenkenmitteilung ist daher zunächst, dass der Unternehmer überhaupt erkennen kann, dass er gegenüber dem Besteller Bedenken anmelden muss. Fraglich ist, ob sich der Unternehmer nur dann von seiner Haftung befreien kann, wenn er dem Besteller seine Bedenken mitteilt, oder ob er auch dann nicht für die Mangelfreiheit des Werkes einstehen muss, wenn er die Fehler in den Vorgaben des Bestellers nicht erkennen konnte.

(2) Anwendungsbereich der Bedenkenhinweispflicht anhand der vertraglichen Ausgestaltung des Bauvertrages

Der Unternehmer muss den von ihm vertraglich geschuldeten Erfolg erbringen und kann von seinem ihm obliegenden Erfolgsrisiko grundsätzlich nicht befreit werden.[672] Er schuldet je nach vertraglicher Ausgestaltung einen bestimmten Werkerfolg, welcher durch den geschuldeten Leistungsumfang bestimmt wird und durch Auslegung der vertraglichen Vereinbarungen zu ermitteln ist.[673]

Haben die Parteien vertraglich vereinbart, dass der geschuldete Werkerfolg lediglich die Abarbeitung der Bestellervorgaben umfassen soll, so schuldet der Unternehmer nur die Abarbeitung dieser Vorgaben des Bestellers. Er ist in dieser Konstellation grundsätzlich nicht verpflichtet, einen darüber hinausgehenden funktionalen Werkerfolg zu bewirken.[674] Ob in dieser Situation der Bedenkenhinweispflicht daher eine selbstständige Bedeutung zukommen kann, ist fraglich.

Liegt den vertraglichen Vereinbarungen ein funktionales Leistungsverzeichnis zu Grunde, so wird der vom Unternehmer geschuldete Erfolg rein funktional umschrieben. Der Unternehmer entscheidet, wie er den geschuldeten Erfolg erreichen will, ohne an Vorgaben des Bestellers gebunden zu sein.[675] Ob in dieser Konstellation der Bedenkenhinweispflicht eine selbstständige Bedeutung zukommen kann, ist zu prüfen.

Wird die funktionale Umschreibung des geschuldeten Erfolges durch detaillierte Vorgaben des Bestellers konkretisiert, umfasst die Erfolgsverpflichtung des Unternehmers im Regelfall gleichwohl ein funktionstaugliches Gesamtwerk unter Berücksichtigung der Bestellervorgaben.[676] Der Unternehmer muss in dieser vertraglichen Konstellation nicht nur die ausgeschriebenen und bepreisten Leistungen abarbeiten, sondern ist darüber hinaus auch verpflichtet nicht ausgeschriebene Leistungen, welche zur Verwirklichung des Bauerfolges erforderlich sind, zu erbringen.[677] Auf Grund

---

671 *Rehbein*, S. 164, 165.
672 Vgl. 1. Teil I. 9 b).
673 Vgl. 2. Teil V.
674 2. Teil IV. 2. b); 2. Teil V. 1. b) dd) (1).
675 2. Teil IV. 2. a); 2. Teil V. 1. b) dd) (2).
676 2. Teil V. 1. b) dd) (3).
677 2. Teil V. 1. c).

seiner Erfolgsverpflichtung ist der Unternehmer in dieser Konstellation verpflichtet, zu prüfen, ob der funktionale Bauerfolg mit den Leistungsvorgaben des Bestellers überhaupt erreicht werden kann.[678] Ist dies nicht der Fall, so muss er den Besteller auf seine fehler- und/oder lückenhaften Ausführungsvorgaben hinweisen, um einer eventuellen Mängelhaftung nicht ausgesetzt zu sein und seinen Anspruch auf eine angepasste Vergütung durchsetzen zu können.

(3) Die Bedeutung der Bedenkenhinweispflicht in den einzelnen Vertragskonstellationen

(a) Die Bedeutung der Bedenkenhinweispflicht bei einer funktionalen Leistungsbeschreibung

Legen die Parteien dem Vertrag eine rein funktionale Leistungsbeschreibung zu Grunde, geht die Bedenkenhinweispflicht des Werkunternehmers in dessen Erfolgsbewirkungspflicht auf. Eine selbstständige Bedeutung kommt der Bedenkenhinweispflicht in dieser Vertragskonstellation nicht zu. Der Unternehmer schuldet den funktionalen Werkerfolg. Er ist auf dem Weg zum Erfolg „frei“ und kann selbstständig bestimmen, welche Leistungen er ausführen muss, um den Erfolg zu erreichen. Im Hinblick auf die Erfüllungspflicht des Unternehmers ist die Verletzung der Prüfungs- oder Bedenkenhinweispflicht bei einer rein funktionalen Leistungsbeschreibung daher unmaßgeblich, da dieser keine gesonderte Bedeutung zukommt.[679] Ansprüche können nicht auf die Verletzung der Bedenkenhinweispflicht gestützt werden, sondern nur unmittelbar auf die Mangelhaftigkeit des Bauwerkes selbst. Der Unternehmer ist in dieser Situation verpflichtet, alle Leistungen zu erbringen, welche erforderlich sind, um den geschuldeten Erfolg zu bewirken. Ihm steht, wie bereits ausgeführt[680] auch kein Anspruch auf eine zusätzliche Vergütung bzw. auf Erstattung der Folgekosten der Nacherfüllung zu.

(b) Die Bedeutung der Bedenkenhinweispflicht bei einer detaillierten Leistungsbeschreibung

Beschreiben die Vertragsparteien den geschuldeten Erfolg detailliert, „obliegt“ dem Unternehmer die Hinweispflicht nur insoweit, wie der vertraglich geschuldete Werkerfolg selbst reicht. Liegt dem Vertrag eine detaillierte Leistungsbeschreibung zugrunde, so erfüllt der Unternehmer in der Regel seine vertragliche Verpflichtung, wenn er die Vorgaben des Bestellers ordnungsgemäß abarbeitet.[681] Der Unternehmer muss daher grundsätzlich nicht prüfen, ob der funktionale Werkerfolg durch die Vorgaben des Bestellers erreicht werden kann. Bei einer detaillierten Leistungsbeschreibung muss der Besteller vom Unternehmer deshalb nur auf solche Mängel

678 *Leupertz*, BauR 2010, 273, 277.
679 Vgl. 4. Teil III. 2. a) ee) (3) (a).
680 Vgl. 2. Teil III. 1. a).
681 Vgl. 2. Teil V. 1. b) dd) (1).

oder Bedenken hingewiesen werden, welche offensichtlich sind und seine Leistung unmittelbar gefährden.

In dieser Situation ist jedoch zu berücksichtigen, dass die Parteien davon ausgehen, dass die detaillierten Vorgaben des Bestellers genügen, um den geschuldeten Leistungserfolg zu erreichen und zusätzliche Leistungen des Unternehmers nicht erforderlich sein werden. Erkennt der Unternehmer, dass dieses Ziel mit den Vorgaben des Bestellers nicht erreicht werden kann, so muss er den Besteller darauf hinweisen. In dieser Situation kommt auch bei einer detaillierten Leistungsbeschreibung der Bedenkenhinweispflicht eine selbstständige Bedeutung zu. Der Bedenkenhinweispflicht kommt jedoch nur insoweit Bedeutung für die Sachmängelhaftung zu, als sich die Mängel direkt aus den abzuarbeitenden Vorgaben des Bestellers ergeben. Der Unternehmer haftet nicht für Fehler, welche die weitergehende Brauchbarkeit des Bauwerks beeinträchtigen.

Auf Grund der dem Werkvertragsrecht immanenten Erfolgsverpflichtung muss dieses Regelungsmodell zwischen den Parteien jedoch ausdrücklich vereinbart worden sein.[682] Der Unternehmer trägt die Beweislast, dass allein die „Abarbeitung" der einzelnen benannten Leistungen und darüber hinaus kein funktionaler Erfolg geschuldet war.

(c) Die Bedeutung der Bedenkenhinweispflicht bei einer detaillierten Leistungsbeschreibung mit funktionaler Zielrichtung

Liegt dem zwischen den Parteien geschlossenen Vertrag eine detaillierte Leistungsbeschreibung mit funktionaler Zielrichtung zu Grunde, muss der Unternehmer den Besteller auf Bedenken gegen seine Vorgaben und Vorleistungen hinweisen. Liegen dem Vertrag nicht mit der Funktionalitätserwartung in Einklang zu bringende Ausführungsvorgaben des Bestellers zu Grunde, darf der Unternehmer die rechtsgeschäftlich vereinbarte Beschaffenheit nämlich nicht ignorieren und eigenmächtig so bauen, dass der geschuldete funktionale Erfolg verwirklicht wird.[683] Er ist in dieser Situation vielmehr verpflichtet, den Besteller auf die Fehler seiner Vorgaben und Vorleistungen hinzuweisen, da dieser die Entscheidung zu treffen hat, in welcher Art und Weise weitergebaut werden soll. Er unterliegt insoweit einer selbstständigen Bedenkenhinweispflicht, welche er gegenüber dem Besteller wahren muss. Die Reichweite und der Umfang dieser Pflicht sind jedoch fraglich. Dies soll im nachfolgenden Abschnitt untersucht werden.

(aa) Umfang der Bedenkenhinweispflicht bei einer detaillierten Leistungsbeschreibung mit funktionaler Zielrichtung

Wie weit die Bedenkenhinweispflicht bei einer detaillierten Leistungsbeschreibung mit funktionaler Zielrichtung reicht, ist umstritten. Durch die Notwendigkeit einer

682 Vgl. 2. Teil III. 1. b) dd) (3) (a).
683 *Leupertz* in: FS Kapellmann, S. 253, 257.

anderen Ausführungsart als der ursprünglich vereinbarten und die dadurch erfolgte Anpassung des geschuldeten Leistungsumfanges des Unternehmers, wird in der Regel ein Anspruch des Unternehmers auf eine Zusatzvergütung ausgelöst.[684] Diese Zusatzvergütung kann die Kalkulation des Bestellers erheblich stören. Es entspricht daher der wechselseitigen Pflicht zur Rücksichtnahme, dass der Unternehmer diese Entwicklung dem Besteller mitteilen muss, damit dieser entsprechend reagieren kann.

Kommt der Unternehmer in dieser Situation seiner Bedenkenhinweispflicht gegenüber dem Besteller nicht nach, ist fraglich, welche Rechtsfolgen sich aus der Verletzung der Bedenkenhinweispflicht herleiten lassen. Dies hängt davon ab, ob der Unternehmer durch die Nichterteilung des Bedenkenhinweises eine Haupt- oder eine Neben(leistungs)pflicht verletzt oder ob es sich um eine Obliegenheit handelt.

i. Einordnung der Bedenkenhinweispflicht des Unternehmers als Hauptleistungspflicht

Hauptleistungspflichten sind jene Pflichten, die einen bestimmten Vertragstypus charakterisieren oder solche, um derentwillen der Vertrag abgeschlossen wird.[685] Die Hauptleistungspflicht des Unternehmers im Rahmen eines Bauvertrages besteht in der Herstellung des versprochenen Bauwerkes.[686] Der Unternehmer schuldet den vertraglich vereinbarten Erfolg. Erbringt er diesen Erfolg nicht, so ist das Werk mangelhaft, unabhängig davon ob er gegen die Prüfungs- und Bedenkenhinweispflicht verstoßen hat.[687] In dieser Situation stehen dem Besteller gegenüber dem Unternehmer die Mängelansprüche nach den §§ 634 ff. BGB bzw. § 13 VOB/B zu.

Wie bereits dargestellt,[688] kommt der Prüfungs- und Bedenkenhinweispflicht eine selbstständige Bedeutung nur zu, wenn der Unternehmer, um seiner Erfolgsbewirkungspflicht zu genügen, von der zwischen den Parteien vereinbarten Ausführungsart abweichen muss. Ordnet man die Bedenkenhinweispflicht in dieser Konstellation als Hauptleistungspflicht ein, würde der Verstoß gegen diese Verpflichtung die Mangelhaftung des Unternehmers begründen, unabhängig davon, ob das Werk tatsächlich mangelhaft errichtet wurde oder nicht. Die Bedenkenhinweispflicht ist jedoch keine der Erfolgsverpflichtung des Unternehmers immanente Pflicht, deren Verletzung Mängelansprüche des Bestellers auslöst. Sie ist „lediglich" dem Bedürfnis des Bestellers geschuldet, rechtzeitig darüber aufgeklärt zu werden, ob seine Ausführungsvorgaben, die von ihm bereitgestellten Stoffe oder die Leistungen der von ihm beauftragten Unternehmer geeignet sind, den vereinbarten Erfolg sicherzustellen.[689] Kann mit den Bestellervorgaben der geschuldete Erfolg nicht

684 Vgl. 2. Teil V. 1. b) dd) (3) (b) (cc).
685 *Wahl*, S. 143.
686 Palandt/*Sprau*, Einf v § 631 BGB Rn. 1; Kniffka/*Jansen/von Rintelen*, § 631 BGB Rn. 162.
687 *Leupertz* in: FS Kapellmann, S. 253, 258.
688 4. Teil III. 2. a) ee) (3).
689 *Leupertz* in: FS Kapellmann, S. 253, 259.

erreicht werden, so muss der Unternehmer von der vereinbarten Ausführungsart abweichen und kann vom Besteller eine Zusatzvergütung fordern. Es entspricht der wechselseitigen Pflicht zur Rücksichtnahme, dass der Unternehmer diese Entwicklung dem Besteller zur Kenntnis zu bringen hat, damit dieser reagieren kann. Die Bedenkenhinweispflicht ist somit nicht als Hauptleistungspflicht einzuordnen, da sich aus ihr kein eigenständiger Haftungstatbestand ableiten lässt.

ii. Die Einordnung der Bedenkenhinweispflicht des Unternehmers als Nebenpflicht

Verletzt der Unternehmer eine Nebenpflicht, so stehen dem Besteller Schadensersatzansprüche nach den §§ 280 Abs. 1, 241 Abs. 2 BGB zu. Jede Verletzung nicht leistungsbezogener Pflichten begründet eine Pflichtverletzung nach § 280 Abs. 1 BGB.[690]

Fraglich ist somit, ob es sich bei der Prüfungs- und Bedenkenhinweispflicht des Unternehmers um eine vertragliche Nebenpflicht handelt, welche zu einem Schadensersatzanspruch des Bestellers nach §§ 280 Abs. 1, 241 Abs. 2 BGB führen kann,[691] oder ob sie über eine allein schadensersatzbewehrte Nebenpflicht hinausgeht.[692] Die Bedenkenhinweispflicht dient nicht dem Schutz der übrigen Rechtsgüter des Bestellers, sondern ist zunächst auf die Herbeiführung des Leistungserfolges gerichtet. Der Unternehmer muss die Vorgaben und Vorleistungen des Bestellers prüfen und ihn darauf hinweisen, wenn mit diesen Vorgaben der geschuldete Erfolg nicht erreicht werden kann. Sie dient somit zunächst der Herbeiführung des geschuldeten Werkes und kann daher auf der Leistungsebene nicht als Nebenpflicht eingeordnet werden.

iii. Die Einordnung der Bedenkenhinweispflicht des Unternehmers als Nebenleistungspflicht

Wie bereits dargelegt, dienen Nebenleistungspflichten dazu, die Erfüllung der Hauptpflichten der Vertragspartner vorzubereiten, zu unterstützen und zu sichern.[693] Sie sind auf die Herbeiführung des Leistungserfolges gerichtet und ergänzen die Hauptleistungspflichten der Vertragsparteien.[694] Die Auffassung,[695] dass sich bei Verletzung einer leistungsbezogenen Nebenpflicht, die Rechte des Bestellers nach den §§ 633, 634 ff. BGB bestimmen, ist abzulehnen. Die Verletzung einer leistungsbezogenen Nebenpflicht kann keine Gewährleistungspflicht des Unternehmers begründen. Ihre Verletzung begründet einen Schadensersatzanspruch nach §§ 280 ff. BGB.

---

690 Glöckner/von Berg/*Glöckner*, § 280 BGB Rn. 38.

691 Bejahend: *Leupertz* in: FS Kapellmann, S. 253, 259; *Clemm*, BauR 1987, 609; Kapellmann/Messerschmidt/*Merkens*, § 4 VOB/B Rn. 66; *Nicklisch* in: Nicklisch/Weick § 4 VOB/B Rn. 68.

692 Vgl. BeckOK-BGB/*Voit*, § 631 BGB Rn. 54; *Werner/Pastor*, Rn. 2037.

693 Vgl. 1. Teil I. 5. b).

694 *Wahl*, S. 143.

695 BeckOK-BGB/*Voit*, § 631 BGB Rn. 54.

Auf den ersten Blick ist die Bedenkenhinweispflicht als eine leistungsbezogene Nebenpflicht einzuordnen, da der Unternehmer seiner Verpflichtung, die Vorgaben des Bestellers zu prüfen, nicht nachkommt und damit eine Pflichtverletzung begeht. Auf den zweiten Blick erscheint dieses Ergebnis jedoch widersprüchlich. Der Unternehmer ist verpflichtet, den geschuldeten Erfolg zu bewirken. Die Verletzung der Prüfungs- und Bedenkenhinweispflicht führt auf der Leistungsebene jedoch nicht automatisch dazu, dass das Werk mangelhaft errichtet wurde. Kommt der Unternehmer seiner Erfolgsverpflichtung nach und errichtet das Werk mangelfrei, so stellt sich die Frage, welcher Schaden dem Besteller aus der Verletzung der Prüfungs- und Bedenkenhinweispflicht entstanden sein könnte. Der Unternehmer haftet aus seiner Erfolgshaftung heraus für die Mangelfreiheit des Werkes. Kommt er dieser Pflicht nach, führt die Verletzung der Prüfungs- und Hinweispflicht auf der Leistungsebene nicht zu einem Schadensersatzanspruch des Bestellers. Die Bedenkenhinweispflicht kann somit nicht als leistungsbezogene Nebenpflicht eingeordnet werden. Diese Pflicht muss vom Unternehmer im eigenen Interesse gewahrt werden, damit er sich nicht gegenüber dem Besteller Ansprüchen ausgesetzt sieht.

iv. Die Einordnung der Bedenkenhinweispflicht als Enthaftungstatbestand

Liegt dem zwischen den Parteien geschlossenen Vertrag eine detaillierte Leistungsbeschreibung mit funktionaler Zielrichtung zu Grunde, so ist auf Grund der werkvertraglichen Erfolgsbewirkungspflicht das Werk mangelhaft, wenn es nicht funktionstauglich ist.[696]

Im Hinblick auf die Erfüllungspflicht des Unternehmers ist die Verletzung der Prüfungs- und Bedenkenhinweispflicht in dieser vertraglichen Konstellation daher grundsätzlich unmaßgeblich für die Mängelhaftung des Werkunternehmers. Der Unternehmer muss in dieser Lage den funktional umschriebenen Erfolg bewirken und schuldet nicht nur die Abarbeitung der Leistungsvorgaben des Bestellers. Tritt der geschuldete Erfolg nicht ein, sind die Mängelansprüche nicht auf die Verletzung der Bedenkenhinweispflicht zu stützen, sondern auf die Verfehlung des Leistungsprogrammes des Werkunternehmers. Diese Zusammenhänge werden durch die Vorschrift des § 13 Abs. 3 VOB/B bestätigt. Diese Norm setzt das Vorhandensein eines Mangels der Bauleistung voraus und stellt klar, dass der Unternehmer grundsätzlich auch dann nach den Vorschriften der §§ 633 ff. BGB für die Folgen seiner vertragswidrigen Leistung einzustehen hat, wenn der haftungsauslösende Baumangel ursächlich auf die bautechnisch beanstandungsfreie Umsetzung fehlerhafter Ausführungsvorgaben des Bestellers zurückzuführen ist.[697]

Die vom Besteller vorgegebenen Spezifikationen sollen die Erfolgsbewirkungspflicht des Unternehmers lediglich konkretisieren und nicht einschränken. Verfehlt der Unternehmer trotz vollständiger und mangelfreier Umsetzung der Leistungsbeschreibung den vereinbarten funktionalen Werkerfolg, so muss der Unternehmer

696 Vgl. 2. Teil V. 1. b) (3) (c).
697 *Leupertz* in: FS Kapellmann S. 253, 260.

nach den Vorschriften des werkvertraglichen Sachmängelhaftungsrechts für die aufgetretenen Baufehler, zu welchen auch die Einschränkung der Brauchbarkeit gehört, einstehen.

Diese werkvertragliche Risikozuweisung wird jedoch begrenzt durch den an die rechtzeitige Wahrnehmung der Bedenkenhinweispflicht geknüpften Haftungsausschlusstatbestand.

Der Unternehmer wird von der Mängelhaftung nach §§ 633 ff. BGB, § 13 VOB/B frei, wenn er den Besteller nach gebotener Prüfung auf die Unzulänglichkeit seiner Vorgaben und Vorleistungen rechtzeitig hingewiesen hat. Erkennt der Unternehmer Fehler in den Vorgaben und Vorleistungen des Bestellers oder hätte er solche bei einer entsprechenden sorgfältigen Prüfung erkennen müssen, so ist er verpflichtet, diese dem Besteller unverzüglich mitzuteilen. Erteilt der Unternehmer den Bedenkenhinweis und reagiert der Besteller entsprechend, führt dies auf der Leistungsebene grundsätzlich zu einer Enthaftung des Unternehmers.[698]

Hat der Besteller die Art der Ausführung fehler- und/oder lückenhaft vorgegeben, so ist demgegenüber fraglich, ob der Unternehmer dann nicht haftet, wenn er die Unzulänglichkeiten der Leistungsbeschreibung unter Berücksichtigung seiner gewerbebezogenen Fachkenntnisse nicht erkennen konnte.[699] Er kann in dieser Situation mangels Erkennbarkeit nicht verpflichtet werden, dem Besteller eine Bedenkenhinweismitteilung zu erteilen. Es ist daher zu prüfen, ob der Unternehmer auch in diesen „Delta-Fällen" für die Fehlerhaftigkeit des Werkes einstehen muss und es bei der Zuweisung des Erfolgsrisikos auf den Unternehmer verbleibt, oder ob der Besteller, da in dessen Sphäre die Ursache des Mangels begründet wurde, in dieser Konstellation für den verfehlten Erfolg einstehen muss.

b) Ergebnis

Die Bedenkenhinweispflicht ist somit als Enthaftungstatbestand einzuordnen, mit der Folge, dass die Erfolgsbewirkungspflicht des Unternehmers teleologisch reduziert wird.

Der gebotene Hinweis führt jedoch nicht zu dem Automatismus, dass der Unternehmer ein funktionstaugliches Werk herstellen muss. Maßgeblich ist vielmehr, welche Entscheidung der Besteller nach Erteilung des Bedenkenhinweises in Bezug auf die Ausführung des Bauvorhabens trifft.[700]

Wird der funktionale Erfolg durch konkrete – gegenständliche Vorgaben des Bestellers beschrieben und stehen diese Positionen in Widerspruch zueinander, so muss der Unternehmer zwei sich nicht deckende rechtsgeschäftliche Abreden miteinander in Einklang bringen. Wie bereits erörtert,[701] ist in dieser Konstellation grundsätzlich von einem Vorrang der funktionalen Erfolgsabrede auszugehen.

---

698 Vgl. 5. Teil III.
699 Vgl. 4. Teil II. 3. a).
700 Vgl. 5. Teil I. 3.
701 Vgl. 2. Teil V. 1. b) (3) (b) (cc).

Dies hat zur Folge, dass der Unternehmer auf der Leistungsebene verpflichtet ist, alle Leistungen zu erbringen, welche erforderlich sind, um den funktionalen Werkerfolg zu verwirklichen.

Er muss dieser Verpflichtung unabhängig davon nachkommen, ob die notwendigen Leistungen in der vertraglichen Abmachung zwischen den Parteien bereits vereinbart und bepreist wurden. Der Interessenausgleich der Vertragsparteien erfolgt auf der Vergütungsseite, indem der Vergütungsanspruch des Unternehmers entsprechend angepasst wird.[702]

Obwohl der Unternehmer auf Grund seiner Erfolgsbewirkungspflicht verpflichtet ist, diese zusätzlichen Leistungen zu erbringen, ist zu berücksichtigen, dass der Unternehmer auf der Leistungsseite dennoch von den vereinbarten Ausführungsvorgaben nicht ohne weiteres abweichen kann. Er kann grundsätzlich nicht einseitig in das Vertragsgefüge eingreifen, da er ansonsten der Gefahr ausgesetzt ist, dass er zusätzliche Leistungen erbringt, ohne hierfür vom Besteller eine gesonderte Vergütung zu erhalten. Diese Einschränkung der vertraglichen Freiheiten des Unternehmers steht im Widerspruch zur funktionalen Erfolgsabrede, welche die Parteien miteinander getroffen haben.

Muss der Unternehmer von der vereinbarten Ausführungsart abweichen, um den funktionalen Werkerfolg zu erreichen, steht ihm grundsätzlich ein Anspruch auf eine angepasste Vergütung zu.[703] Wie bereits ausgeführt, darf der Unternehmer die Vorgaben des Bestellers daher nicht einseitig ändern und in dessen Vermögensdispositionsfreiheit eingreifen. Sinn und Zweck der Erfolgshaftung des Unternehmers ist es, den Besteller davor zu bewahren, ein funktionsuntaugliches Werk zu erhalten. Ob das Werk funktionstauglich errichtet wird, liegt somit allein in der Hand des Bestellers, dieser muss die Möglichkeit zur Disposition haben, in welcher Art und Weise das von ihm bestellte Werk errichtet werden soll.

Der Unternehmer unterliegt bezüglich seines Anspruches auf angepasste Vergütung somit einer selbstständigen Hinweispflicht gemäß § 241 Abs. 2 BGB. Klärt er den Besteller nicht über seinen Anspruch auf eine Zusatzvergütung auf,[704] so macht er sich im Grundsatz schadensersatzpflichtig. Durch den Eingriff des Unternehmers in die Vermögensdispositionsfreiheit des Bestellers, begeht er gegenüber dem Besteller eine selbstständige Pflichtverletzung, welche zu einem Schadensersatzanspruch des Bestellers führt.

Die Bedenkenhinweispflicht kann somit auf zwei verschiedenen Ebenen verletzt werden, welche unterschiedliche Anknüpfungstatsachen zum Gegenstand haben.

Bei der rechtlichen Einordnung der Bedenkenhinweispflicht ist daher zu differenzieren, ob der Hinweis auf der Leistungsebene oder der Vergütungsebene unterblieben ist. Auf der Leistungsseite führt der erteilte Bedenkenhinweis zu einer Enthaftung des Werkunternehmers, während ein nicht erteilter Bedenkenhinweis

702 Vgl. 2. Teil V. 1. b) (3) (b) (cc).
703 Vgl. 2. Teil V. 1. b) (3) (b) (cc).
704 Vgl. 2. Teil V.

auf der Vergütungsseite zu einer Pflichtverletzung des Unternehmers führt, mit der Folge, dass dem Besteller ein Schadensersatzanspruch gegenüber dem Unternehmer gemäß §§ 280 Abs. 1, 242 Abs. 2 BGB zusteht, da dieser eine vertragliche Nebenpflicht verletzt hat.

Die Bedenkenhinweispflicht ist somit januskopfig ausgestaltet.

Welche Rechtsfolgen die (Nicht-) Einhaltung der Bedenkenhinweispflicht nach sich ziehen kann, soll im folgenden Abschnitt erörtert werden.

5. Teil: Die Rechtsfolgen der (Nicht-) Einhaltung der Bedenkenhinweispflicht

I. Allgemeines

1. Das Spannungsverhältnis zwischen Planung und Realität

Der Bauvertrag ist von einem Spannungsverhältnis zwischen Planung und Realität geprägt. Die Prüfungs- und Bedenkenhinweispflicht steht im Zentrum dieses Spannungsfeldes und soll die Errichtung eines mangelhaften und nicht funktionstauglichen Bauwerkes verhindern, indem der Unternehmer dem Besteller während der Ausführungsphase etwaige Bedenken gegen die geplante Ausführungsart mitteilen muss.

Die Rechtsfolgen, welche die Einhaltung bzw. die Nichteinhaltung der Bedenkenhinweispflicht nach sich ziehen, sind umstritten und weder in der Rechtsprechung noch in der Literatur abschließend geklärt.

Durch den Bauvertrag wird der Unternehmer zur Herstellung des versprochenen Werkes verpflichtet. Er muss auf der Leistungsebene alle Leistungen erbringen, welche nach den Regelungen des Vertrages[705] unter Berücksichtigung der schutzwürdigen Erwartungen des Bestellers zur Herstellung des Werkes erforderlich sind.[706] Hierin ist der vertraglich geschuldete Leistungserfolg des Werkunternehmers zu sehen. Um dieses Ziel erreichen zu können, muss der Unternehmer die Vereinbarungen, welche die Parteien miteinander getroffen haben, umsetzen und die Vorgaben des Bestellers abarbeiten. Ist es ihm nicht möglich, den geschuldeten Werkerfolg mit den Vorgaben und Vorleistungen des Bestellers zu erreichen, so ist der Unternehmer verpflichtet, dies dem Besteller mitzuteilen und diesen auf seine Bedenken hinzuweisen.

2. Das Leistungsbestimmungsrecht des Bestellers

Erteilt der Unternehmer dem Besteller den erforderlichen Bedenkenhinweis, führt dies jedoch nicht automatisch zu einem funktionstauglichen Bauwerk. Das Recht, die Planungs- und Materialvorgaben des Bestellers einseitig zu ändern, steht dem Unternehmer nicht zu. Übernimmt der Besteller die Planung des Bauwerkes und/oder weist den Unternehmer an, bestimmte Stoffe und Materialien zu verwenden, hat er nämlich das Recht, den weiteren Fortgang der Bauausführung selbst zu bestimmen, und nur er kann und darf entscheiden, in welcher Art und in welchem Umfang weiter gebaut werden soll. Dies hängt maßgeblich damit zusammen, dass der Unternehmer nicht einseitig in das Leistungsbestimmungsrecht, insbesondere

705 Vgl. 2. Teil III. 1.
706 Vgl. 2. Teil III. 4.

die Vermögensdispositionsfreiheit des Bestellers eingreifen darf. Der Unternehmer muss eine Reaktion des Bestellers herbeiführen, diese abwarten und sodann befolgen. Die Antwort des Bestellers auf den Bedenkenhinweis des Unternehmers stellt eine erforderliche Mitwirkungshandlung im Sinne der Vorschrift des § 642 BGB und mithin eine Obliegenheit dar.[707]

3. Die Reaktionsmöglichkeiten des Bestellers

Nach Erteilung des Bedenkenhinweises durch den Unternehmer kommt es darauf an, welche Entscheidung der Besteller in Bezug auf die weitere Bauausführung trifft.[708]

a) Der Bestseller reagiert auf den Bedenkenhinweis des Unternehmers

Dem Besteller stehen verschiedene Reaktionsmöglichkeiten zur „Anpassung des Vertrages" zur Verfügung, unter welchen er wählen kann. In dieses Wahlrecht des Bestellers darf der Unternehmer grundsätzlich nicht einseitig eingreifen, sondern muss eine Entscheidung des Bestellers herbeiführen, in welcher Art und Weise das Werk errichtet werden soll.

Es steht dem Besteller zunächst frei, die vom Unternehmer vorgeschlagenen Änderungen abzulehnen und den Unternehmer anzuweisen, wie ursprünglich geplant zu bauen. In diesem Zusammenhang ist zu untersuchen, ob der Unternehmer weiterhin für den funktionalen Erfolg einstehen muss, oder ob das Erfolgsrisiko in dieser Konstellation auf den Besteller übergeht und der Unternehmer sich insoweit wie der Besteller seine Vorschläge ablehnt, von der Haftung freizeichnen kann.

Des Weiteren ist zu untersuchen, ob der Besteller den Vorschlag des Unternehmers annehmen kann und diesen anweisen, die für die Verwirklichung des ursprünglich vereinbarten funktionalen Erfolges zusätzlich erforderlichen Leistungen auszuführen. In diesem Kontext ist darüber hinaus zu prüfen, welche Folgen sich aus dieser Anpassung bezüglich der Haftung des Unternehmers für etwaige Mängel und der Anpassung seiner Vergütung ergeben können.

Der Besteller kann möglicherweise auch einen dritten Weg einschlagen und die erforderlichen Zusatzarbeiten partiell verweigern oder eine Änderung verlangen, welche ihn auf der Vergütungsseite am wenigsten belastet. Auch in diesem Zusammenhang ist zu prüfen, inwieweit eine derartige Änderung des ursprünglichen Leistungsziels den Unternehmer enthaften kann und welche Folgen sich aus einer derartigen Entscheidung des Bestellers auf der Vergütungsseite ergeben können.

---

707 *Leupertz*, BauR 2010, 273, 279.
708 *Leupertz*, BauR 2010, 273, 277.

b) *Der Bestseller reagiert auf den Bedenkenhinweis des Unternehmers nicht*

Darüber hinaus ist es ebenfalls möglich, dass der Besteller auf den vom Unternehmer erteilten Bedenkenhinweis überhaupt nicht reagiert. Reagiert der Besteller nicht, ist zu fragen, welche Wahlmöglichkeiten dem Unternehmer in dieser Situation zur Verfügung stehen. Es ist in dieser Situation zu untersuchen, welche Möglichkeiten dem Unternehmer verbleiben. In diesem Zusammenhang ist zu prüfen, ob sich der Unternehmer von seiner Erfolgshaftung freizeichnen kann, oder ob er gar verpflichtet ist, die zusätzlich erforderlichen Leistungen auf eigenes Risiko zu erbringen, und/oder ob er hierfür eine gesonderte, vertraglich nicht vereinbarte Vergütung vom Besteller beanspruchen kann. Da es sich bei der „Nicht-Reaktion" des Besteller um eine Obliegenheitsverletzung handelt, steht es dem Unternehmer möglicherweise auch frei gemäß § 643 BGB nach Fristsetzung vom Vertrag zurückzutreten oder nach „doppelter Fristsetzung" in geänderter Ausführung zu bauen.

Die Unklarheiten, welche die (Nicht-)Erteilung des Bedenkenhinweises, auf der Rechtsfolgenseite nach sich zieht, sollen im Rahmen der nachfolgenden Ausführungen untersucht werden.

Auf der ersten Ebene ist zunächst danach zu differenzieren, ob der Unternehmer seiner Verpflichtung nicht nachkam, einen Bedenkenhinweis zu erteilen, oder ob er einen entsprechenden Bedenkenhinweis gegenüber dem Besteller erteilt hat.

II. Der Bedenkenhinweis des Unternehmers unterbleibt

1. Rechtliche Einordnung der Bedenkenhinweispflicht

Nach obigen Ausführungen handelt es sich bei der Bedenkenhinweispflicht auf der Leistungsebene um einen Enthaftungstatbestand. Der Unternehmer ist während der Vertragsdurchführungsphase verpflichtet, die Vorgaben und Vorleistungen des Bestellers zu prüfen und ihn gegebenenfalls auf etwaige Fehler seiner Vorgaben und Vorleistungen hinzuweisen. Kommt der Unternehmer seiner Hinweispflicht gegenüber dem Besteller nach, kann er sich auf der „Leistungsebene" von seiner uneingeschränkten Mängelhaftung grundsätzlich freizeichnen. In dieser Situation wird die in § 633 Abs. 1 BGB normierte uneingeschränkte Erfolgshaftung des Unternehmers teleologisch reduziert. Der Unternehmer muss für Mängel, welche darauf beruhen, dass der Besteller ungenügende Planungs- und Ausführungsvorgaben erteilt hat und der Unternehmer auf diese Risiken hingewiesen hat und der Besteller den Hinweis nicht beachtet hat, nicht einstehen.

Die Bedenkenhinweispflicht des Unternehmers erschöpft sich jedoch nicht in dem Hinweis, dass der Erfolg mit den Vorgaben und Vorleistungen nicht herbeigeführt werden kann. Dem Unternehmer obliegt in dieser Situation darüber hinaus eine selbstständige Pflicht, den Besteller darauf hinzuweisen, dass er von den ursprünglich vereinbarten Spezifikationen abweichen muss, um den vertraglich geschuldeten Werkerfolg überhaupt erreichen zu können und er zusätzliche Leistungen erbringen muss, welche noch nicht bepreist waren und er hierfür eine zusätzliche Vergütung verlangen kann.

Es entspringt, wie oben bereits ausgeführt, der wechselseitigen Pflicht zur Rücksichtnahme, dass der Unternehmer diese Entwicklung dem Besteller zur Kenntnis bringen muss, damit dieser die Möglichkeit hat, entsprechend zu handeln. Kommt der Unternehmer dieser Verpflichtung gegenüber dem Besteller nicht nach, begeht er eine selbstständige Pflichtverletzung, welche Schadensersatzansprüche des Bestellers gegenüber dem Unternehmer nach sich ziehen kann. Diese Pflichtverletzung auf der Vergütungsebene steht selbstständig neben der Enthaftungsmöglichkeit des Unternehmers auf der Leistungsebene und kann von dieser auch unabhängig verletzt werden.

Die Bedenkenhinweispflicht ist somit janusköpfig ausgestaltet, indem sie auf der Leistungs- und der Vergütungsebene unterschiedliche Anknüpfungstatsachen schafft, welche rechtlich unterschiedliche Folgen nach sich ziehen können.

Unterbleibt der Bedenkenhinweis des Unternehmers, ist zunächst danach zu differenzieren, ob der Hinweis pflichtwidrig unterblieben ist, oder ob der Unternehmer die Fehler der Vorgaben und Vorleistungen nicht erkennen konnte und ein Hinweis daher nicht pflichtwidirg unterblieben ist.

Hat der Unternehmer die Fehler in den Bestellervorgaben erkannt, ist in Bezug auf die Rechtsfolgen des unterbliebenen Hinweises des Weiteren danach zu unterscheiden, ob der Unternehmer das Werk funktionstauglich, aber anders als spezifiziert ausgeführt hat, oder ob er sich an die Vorgaben des Bestellers gehalten hat und er das Werk daher funktionsuntauglich, mithin mangelhaft errichtet hat.

Hat der Unternehmer die Fehler in den Bestellervorgaben nicht erkannt und diese auch nicht erkennen können, ist zunächst zu untersuchen, ob das Merkmal der Erkennbarkeit im Rahmen der Bedenkenhinweispflicht überhaupt herangezogen werden darf, oder ob es auf die Erkennbarkeit für die Reichweite der Bedenkenhinweispflicht des Unternehmers nicht ankommen kann.

2. Der Unternehmer ist von den vereinbarten Spezifikationen abgewichen, hat die Leistung aber mangelfrei erbracht

Hat der Unternehmer die geschuldete Leistung mangelfrei, aber abweichend von den vertraglichen Leistungsvorgaben erbracht, ist zunächst danach zu unterscheiden, ob der Bedenkenhinweis pflichtwidrig unterblieben ist, oder ob es der Unternehmer in nicht vorwerfbarer Weise unterlassen hat, den Besteller auf die unzureichende Planung hinzuweisen.

Im Fall des vorwerfbaren Unterlassens können dem Besteller nämlich möglicherweise Schadensersatzansprüche gegenüber dem Unternehmer zustehen, da er den Besteller nicht darüber aufgeklärt hat, dass er von den vereinbarten Spezifikationen abweichen muss und ihm daher ein Anspruch auf zusätzliche Vergütung zustehen könnte.

a) Der Bedenkenhinweis ist pflichtwidrig unterblieben

Es ist im Folgenden auszuführen, welche Folgen es für den Unternehmer nach sich zieht, wenn der Bedenkenhinweis pflichtwidrig unterblieben ist, der Unternehmer das Werk jedoch mangelfrei errichtet hat, da er in dieser Situation zusätzliche Leistungen erbracht hat, für welche ihm auf der Vergütungsebene grundsätzlich ein Anspruch auf zusätzliche Vergütung zusteht. Fraglich ist, ob dem Besteller, da der Unternehmer in seine Vermögensdispositionsfreiheit eingegriffen hat, Schadensersatzansprüche gegenüber dem Unternehmer zustehen.

aa) Anspruch des Bestellers auf Schadensersatz

Zu untersuchen ist daher, ob dem Besteller in dieser Situation auf der Vergütungsebene ein Schadensersatzanspruch gegenüber dem Unternehmer zustehen kann.

Voraussetzung eines Schadensersatzanspruches ist zunächst, dass der Unternehmer eine Pflichtverletzung begangen hat. Der Begriff der Pflichtverletzung ist weit zu verstehen und umfasst sowohl den Verstoß gegen Leistungspflichten als auch gegen Schutzpflichten.[709] Eine Pflichtverletzung des Unternehmers ist daher zu bejahen, wenn seine Leistung einem objektiven Leistungsstandard nicht entspricht. Der Unternehmer ist in der vorliegenden Situation verpflichtet, den Besteller darauf hinzuweisen, dass er von den ursprünglich vereinbarten Spezifikationen abweichen muss, um den vereinbarten Werkerfolg zu verwirklichen, da er nicht einseitig in die Vermögensdispositionsfreiheit des Bestellers eingreifen darf. Dem Unternehmer steht nämlich für die Erbringung dieser zusätzlichen Leistungen ein Zusatzvergütungsanspruch zu. Erkennt der Unternehmer daher etwaige Mängel in den Vorgaben und Vorleistungen des Bestellers, so muss er den Besteller auf die Fehler seiner Leistung hinweisen.[710] Andernfalls begeht er gegenüber dem Besteller eine Pflichtverletzung, welche zu einem selbstständigen Schadensersatzanspruch des Bestellers gegenüber dem Unternehmer führen kann. Ein pflichtwidriges Unterlassen ist immer dann anzunehmen, wenn der Unternehmer den/die Planungsfehler des Bestellers erkannt hat und von den vorgegebenen Leistungsspezifikationen abgewichen ist, ohne den Besteller auf diese(n) Fehler hinzuweisen. Für die Bejahung einer Pflichtverletzung kommt es grundsätzlich allein auf ein objektives Fehlverhalten des Unternehmers an.[711] Der Tatbestand der Pflichtverletzung darf grundsätzlich nicht durch einen subjektiven Einschlag begrenzt werden.

Auf das konkrete Wissen des Unternehmers ist jedoch dann abzustellen, wenn er gegenüber dem Besteller als Spezialunternehmer aufgetreten ist, denn der Spezialist muss über Spezialwissen verfügen[712] oder wenn er über Sonderwissen verfügt, welches dem Besteller nicht bekannt ist. Verfügt er hierüber, so ist er

709 BT-Drs. 14/6040, S. 136.

710 *Leupertz*, BauR 2010, 273, 277.

711 Vgl. Beck OK-BGB/Unberath, § 280 BGB Rn. 12.

712 Vgl. 3. Teil II. 3. a).

ebenfalls verpflichtet, dieses konkrete Wissen dem Besteller mitzuteilen. Kommt er dieser ihn treffende Bedenkenhinweispflicht vorsätzlich oder fahrlässig nicht nach, so macht er sich im Ausgangspunkt gegenüber dem Besteller schadensersatzpflichtig.

Dem Besteller steht daher gegenüber dem Unternehmer in dieser Situation ein selbstständiger Schadensersatzanspruch nach §§ 280 Abs. 1, 241 Abs. 2 BGB zu.

Durch das pflichtwidrige Unterlassen der Erteilung des Bedenkenhinweises verletzt der Unternehmer jedoch nicht seine Erfolgsbewirkungspflicht, sondern eine selbstständige Pflicht nach § 241 Abs. 2 BGB, welche Teil des zwischen den Parteien geschlossenen Bauvertrages ist. Wie bereits ausgeführt, ist der Unternehmer verpflichtet, den Besteller darauf hinzuweisen, dass er von den ursprünglich vereinbarten Spezifikationen abweichen muss, um den vertraglich geschuldeten Werkerfolg überhaupt erreichen zu können und er zusätzliche, vertraglich noch nicht bepreiste Leistungen erbringen muss. Hierbei handelt es sich um eine selbstständige Pflicht des Unternehmers, welche neben der Erfolgsbewirkungspflicht des Unternehmers steht und von dieser unabhängig verletzt werden und zu einem Schadensersatzanspruch des Bestellers führen kann. Die Nichterfüllung der Bedenkenhinweispflicht auf der Vergütungsebene begründet in dieser Situation daher einen selbstständigen Haftungsanknüpfungspunkt.

Diese Pflichtverletzung kann ihm der Besteller ohne weiteres nachweisen, da der Unternehmer die vereinbarte Leistung entgegen den vertraglichen Vorgaben ausgeführt hat. Das für einen Anspruch auf Schadensersatz erforderliche Vertretenmüssen des Unternehmers wird nach § 280 Abs. 1 Satz 2 BGB vermutet. Der Unternehmer kann sich nicht exkulpieren wenn ihm bewusst war, dass er von den Ausführungsvorgaben des Bestellers abgewichen ist, um den geschuldeten Erfolg zu verwirklichen.

bb) Die Höhe des Schadensersatzanspruches

Die Höhe des Schadensersatzanspruches ist eine Frage des Einzelfalles und hängt entscheidend davon ab, welche Reaktion vom Besteller im konkreten Fall auf die Mitteilung des Bedenkenhinweises durch den Unternehmer zu erwarten gewesen wäre.

Dem Besteller stehen in dieser Situation mehrere Möglichkeiten zur weiteren Vertragsgestaltung zur Verfügung. Es steht ihm frei, eine Änderung zu verlangen, welche keine Zusatzkosten verursacht oder eine solche zu verlangen, welche ihn auf der Kostenseite am geringsten belastet. Darüber hinaus kann er den Vertrag kündigen. Diese hypothetische subjektive Entscheidung des Bestellers ist anhand objektiver Kriterien zu bestimmen. Kann nicht eindeutig festgestellt werden, für welche Möglichkeit sich der Besteller in der konkreten Situation entschieden hätte, geht dies zu Lasten des Unternehmers, da dieser es vorliegend in der Hand gehabt hätte, den Besteller darauf hinzuweisen, dass er zusätzliche Leistungen erbringen muss, für welche ihm ein Vergütungsanspruch zusteht.

cc) Entlastungsmöglichkeiten des Unternehmers

Auch wenn der Unternehmer es pflichtwidrig unterlassen hat, den Besteller auf seine Bedenken hinzuweisen, kann er sich in dieser Situation möglicherweise dennoch in zweifacher Hinsicht entlasten.

(1) „Notgeschäftsführung"

Der Unternehmer kann sich gegebenenfalls dadurch rechtfertigen, dass ein Fall der sog. „Notgeschäftsführung" vorliegt. Dies ist dann anzunehmen, wenn der Besteller in der konkreten Situation nicht in der Lage war, rechtzeitig eine Entscheidung zu fällen und die unverzügliche Fortsetzung des Vorhabens den Anforderungen des § 683 Satz 1 BGB entsprach. Da es sich bei diesem Rechtfertigungstatbestand um eine Sonderregelung auf Grund auftragsloser Geschäftsführung handelt, ist dessen Anwendungsbereich eng auszulegen. Die Übernahme der Geschäftsführung muss dem Interesse und dem wirklichen oder mutmaßlichen Willen des Geschäftsherrn entsprechen. Erstattet werden jedoch nur die Kosten, welche der Unternehmer für erforderlich halten durfte. Der Unternehmer muss anhand der konkreten Umstände des Einzelfalles prüfen, ob der Aufwand in einem angemessenen Verhältnis zur Bedeutung des Geschäfts für den Besteller und zum erwarteten Erfolg steht.[713] Liegt ein Fall der „Notgeschäftsführung" jedoch nicht vor, kann sich der Unternehmer nicht entlasten und sieht sich einem Schadensersatzanspruch des Bestellers nach §§ 280 Abs. 1, 241 Abs. 2 BGB ausgesetzt.

(2) Fehlender Pflichtwidrigkeitszusammenhang

Des Weiteren kann sich der Unternehmer durch den Nachweis des fehlenden Pflichtwidrigkeitszusammenhangs entlasten. Er haftet dann nicht für den Mangel, wenn der Besteller dem Bedenkenhinweis ohnehin keine Bedeutung beigemessen hätte und auch bei einem entsprechenden Hinweis nicht von seinen Vorgaben abgewichen wäre.[714] In diesem Fall ist der Verstoß gegen die Prüfungs- und Bedenkenhinweispflicht ohne Folgen geblieben, da der Mangel auch entstanden wäre, hätte der Unternehmer den Besteller ordnungsgemäß aufgeklärt. Er kann ihm damit letztlich auf der Wertungsebene nicht zugerechnet werden.[715] Dieser Rechtfertigungsgrund greift jedoch nur dann ein, wenn bei jeder denkbaren Reaktion der Besteller vermögensmäßig schlechter gestanden hätte, als dies nach der abweichenden Ausführung durch den Unternehmer der Fall ist. Auch dieser Rechtsfertigungstatbestand ist eng auszulegen.

---

713 BGH, Urteil vom 10.11.1988 – XI ZR 85/88, NJW 1989, 1285.

714 BGH, Urteil vom 10.07.1975. VII ZR 243/73, BauR 1975, 419; Urteil vom 08.11.2007 – VII ZR 183/05, BauR 2008, 344; Urteil vom 19.05.2011 – VII ZR 24/08, BauR 2011, 1494.

715 Vgl. *Hummel*, BauR 2015, 329, 335.

dd) Gewährleistungsansprüche des Bestellers

Eine Haftung des Unternehmers auf der Leistungsebene nach §§ 631, 633 Abs. 2, 634 BGB kommt in dieser Situation nicht in Betracht. Voraussetzung eines Mängelgewährleistungsanspruches des Bestellers ist das Vorliegen eines Sachmangels.[716] Ein Sachmangel liegt vor, wenn die erbrachte Bauleistung (Ist-Beschaffenheit) von der vertraglich geschuldeten Leistung (Soll-Beschaffenheit) abweicht. Dies ist vorliegend jedoch gerade nicht der Fall.

Bei einer detaillierten Leistungsbeschreibung mit funktionaler Zielrichtung muss der Unternehmer, um seiner Erfolgsbewirkungspflicht zu genügen, im Zweifel ein funktionstaugliches Werk errichten.[717] Erbringt der Unternehmer die hierfür notwendigen Zusatzleistungen, so weicht er nicht von der vertraglich geschuldeten Soll-Beschaffenheit ab. Es liegt in dieser Konstellation mithin kein Sachmangel vor, welcher zu einem Gewährleistungsanspruch des Bestellers führen kann. Verletzt der Unternehmer die Bedenkenhinweispflicht und errichtet das Werk abweichend von den vereinbarten Spezifikationen, so entsteht ein mangelfreies Bauwerk. Dem Besteller stehen trotz der Abweichungen von den vorgegebenen Leistungsspezifikationen keine Mängelansprüche zu, da diese einen Sachmangel voraussetzen. Ein solcher ist bei einer detaillierten Leistungsbeschreibung mit funktionaler Zielrichtung jedoch gerade nicht gegeben, wenn der funktionale Erfolg erreicht wird.

b) Der Bedenkenhinweis ist mangels Erkennbarkeit unterblieben

aa) Schadensersatzanspruch des Bestellers

Fraglich ist, ob dem Besteller ein Schadensersatzanspruch zustehen kann, wenn der Bedenkenhinweis mangels Erkennbarkeit unterblieben ist. Unterbleibt der Bedenkenhinweis, ohne dass dies dem Unternehmer zur Last gelegt werden kann, ist fraglich, ob ein Schadensersatzanspruch des Bestellers gegenüber dem Unternehmer ausscheidet. Dies wäre dann der Fall, wenn es im Rahmen des Umfanges der Bedenkenhinweispflicht auf der Vergütungsebene auf die Erkennbarkeit der fehlerhaften Angaben des Bestellers für den Unternehmer ankommen würde. Kann der Unternehmer die Fehlerhaftigkeit nicht erkennen, würde dem Besteller nämlich gegenüber dem Unternehmer kein Schadensersatzanspruch zustehen, da ihm in dieser Situation keine Pflichtverletzung vorzuwerfen wäre.

Ob die Kategorie der Erkennbarkeit im Rahmen der Bedenkenhinweispflicht eine Rolle spielt, ist umstritten.[718] In diesem Zusammenhang ist zu berücksichtigen, dass die Bedenkenhinweispflicht nach den obigen Ausführungen janusköpfig ausgestaltet

---

716 Vgl. 2. Teil III. 3.

717 Vgl. 2 Teil V. 1. b) dd) (3) (c).

718 Vgl. Messerschmidt/Voit/Voit, § 13 VOB/B Rn. 5; Kapellmann/Messerschmidt/Weyer, § 13 VOB/B Rn. 82; a.A. Fuchs, BauR 2009, 404, 409.

ist und sie sowohl auf der Leistungsebene als auch auf der Vergütungsebene verletzt werden kann.[719]

Auf der Leistungsebene ist die Bedenkenhinweispflicht als Enthaftungstatbestand ausgestaltet,[720] welcher den Unternehmer von der Mängelhaftung befreit, wenn er seine Bedenken gegen die Planung und die Vorgaben und Vorleistungen dem Besteller mitteilt. Würde man auf der Leistungsebene auf die Erkennbarkeit abstellen, so würde der verschuldensunabhängige Nacherfüllungsanspruch des Bestellers systemwidrig mit einem Verschuldenselement, nämlich der Erkennbarkeit, vermischt werden.[721] Dies würde zu diametralen Wertungswidersprüchen mit zentralen Grundgedanken des Werkvertragsrechts führen. Das Werkvertragsrecht ist geprägt von dem Grundsatz, dass der Unternehmer auf der Leistungsebene verschuldensunabhängig für den vereinbarten Erfolg einstehen muss und sich hiervon nur freizeichnen kann, wenn die Parteien gemeinsam oder der Besteller einseitig die Erfolgsparameter ändern. Auf der Leistungsebene kann sich der Unternehmer von seiner Erfolgshaftung somit nicht freizeichnen, sollte er die Fehlerhaftigkeit der Vorgaben des Bestellers nicht erkennen können. Die Erkennbarkeit der Fehlerhaftigkeit der Vorgaben und Vorleistungen des Bestellers spielt daher auf der Leistungsebene keine Rolle. Der Unternehmer muss seine vertragliche Verpflichtung uneingeschränkt verwirklichen.

Kommt der Unternehmer hingegen auf der Vergütungsebene seiner Bedenkenhinweispflicht mangels Erkennbarkeit nicht nach, indem er den Besteller nicht darauf hinweist, dass durch die abweichende Ausführung von den ursprünglich vereinbarten Vorgaben zusätzlich Leistungen erforderlich werden und ihm hierfür ein Anspruch auf eine Zusatzvergütung zusteht, haftet der Unternehmer in diesen Fällen nicht nach §§ 280 Abs. 1, 241 Abs. 2 BGB auf Ersatz des dem Besteller entstandenen Schadens. Dieser Anspruch des Bestellers ist als verschuldensabhängiger Schadensersatzanspruch ausgestaltet, mit der Konsequenz, dass im Rahmen dieses Anspruches auf der Vergütungsebene die Kategorie der Erkennbarkeit herangezogen werden kann, zumal das Leistungshindernis in qualifizierter Weise aus der Sphäre des Bestellers stammt.

Fraglich ist jedoch, ob in dieser Situation bereits eine Pflichtverletzung des Unternehmers nicht gegeben ist, oder ob der Unternehmer die Pflichtverletzung nicht zu vertreten hat, wenn er den Besteller nicht darauf hinweist, dass er zusätzliche Leistungen erbringen muss, für welche ihm eine Zusatzvergütung zusteht. Die Beantwortung spielt bei der Frage, welcher Vertragspartei die Beweislast für die Erkennbarkeit der Ausführungsabweichung und damit das „Bedenkenhinweisrisiko" auf der Vergütungsebene auferlegt wird, die entscheidende Rolle.

---

719 4. Teil III. 2. a) ff) (c) (iv.).

720 4. Teil III. 2. a) ff) (c) (iv.).

721 Vgl. Staudinger/Peters/*Jacoby*, § 633 BGB Rn. 64; *Siegburg* in: FS Korbion, S. 411, 413; Glöckner/von Berg/*Rehbein*, § 633 BGB Rn. 142.

Der Besteller trägt die Beweislast für das Vorliegen einer Pflichtverletzung,[722] während der Unternehmer beweisen muss, dass er die Pflichtverletzung nicht zu vertreten hat.[723] Grundsätzlich ist der Unternehmer verpflichtet, den funktionalen Werkerfolg zu erreichen. Ihm verbleibt lediglich ein „kleines Fenster der Enthaftung", wenn er den Besteller rechtzeitig und umfassend über seine Bedenken aufklärt. Ob sich dieses Fenster zu Lasten des Bestellers öffnet oder zu Lasten des Unternehmers schließt, ist fraglich.

Bei der rechtlichen Einordnung der Erkennbarkeit (Pflichtverletzung oder Vertretenmüssen) muss in erster Linie die Risikoverteilung der vertraglichen Abreden zwischen den Parteien berücksichtigt werden. Bei einem detaillierten Bauvertrag mit funktionaler Zielrichtung entscheiden sich die Parteien bewusst, die Einheit von Planung und Ausführung zu durchbrechen, und dem Besteller die Planungsverantwortung und dem Unternehmer die Ausführungsverantwortung aufzuerlegen. Das Risiko, welches sich auf Grund dieser Trennung verwirklicht, stammt aus der Sphäre des Bestellers. Dieser ist gegenüber dem Unternehmer verpflichtet, eine Planung vorzulegen, welche den funktionalen Erfolg bewirken kann. Ist es einem Unternehmer nicht möglich, die „Fehlplanung" des Bestellers zu erkennen, geht dies zu Lasten des Bestellers, dieser ist an seiner Planung „näher dran" und trägt damit das Risiko einer Fehlplanung und die Gefahr, dass der Unternehmer etwaige Fehler nicht erkennt und den Bedenkenhinweis nicht erteilt.

Die Erkennbarkeit ist somit im Rahmen der Prüfung, ob der Unternehmer eine Pflichtverletzung begangen hat, zu berücksichtigen, mit der Folge, dass der Besteller darlegen und beweisen muss, dass die fehlerhaften Vorgaben für einen Unternehmer in der konkreten Situation nicht erkennbar waren.

(1) Mangelnde Erkennbarkeit der fehlerhaften Vorgaben

Der Maßstab der Erkennbarkeit ist grundsätzlich objektiv zu bestimmen. Es ist darauf abzustellen, ob einem objektivem Dritten in der konkreten Situation die Fehlerhaftigkeit der Planung auffallen musste oder nicht. Der Unternehmer handelt somit dann nicht pflichtwidrig, wenn er objektiv die Fehler und Vorgaben des Bestellers nicht erkennen konnte. In dieser Situation ist ihm kein Fehlverhalten vorzuwerfen. Der Unternehmer kann sich nicht mit dem Argument entlasten, dass die Abweichung für ihn subjektiv nicht erkennbar war. Auf die subjektive Erkenntnismöglichkeit des Unternehmers muss jedoch dann abgestellt werden, wenn dieser über Spezialkenntnisse verfügt. Da von einem Spezialunternehmer erwartet werden kann, dass er über Spezialwissen verfügt, welches über das Wissen eines objektiven Dritten hinausgeht.

---

722 MüKoBGB/*Ernst*, § 280 BGB Rn. 30a; BeckOK BGB/*Voit*, § 280 BGB Rn. 79; Palandt/*Grüneberg*, § 280 BGB Rn. 34.

723 MüKoBGB/*Ernst*, § 280 BGB Rn. 30a; BeckOK BGB/*Voit*, § 280 BGB Rn. 95; Palandt/*Grüneberg*, § 280 BGB Rn. 34.

(2) Eilbedürftigkeit der Bauausführung

Der Unternehmer handelt ebenfalls nicht pflichtwidrig, wenn ein Fall der Eilbedürftigkeit der Bauausführung besteht. Dieser kann vorliegen, wenn der Unternehmer die Bauausführung unverzüglich fortsetzen muss und der Besteller nicht in der Lage ist, rechtzeitig eine Entscheidung zu treffen. An diese Eilbedürftigkeit sind strenge Anforderungen zu stellen, da der Besteller die Planungsverantwortung trägt und diese nicht einseitig durch den Unternehmer ausgehöhlt werden darf.

bb) Gewährleistungsansprüche des Bestellers

Dem Besteller stehen keine Gewährleistungsansprüche gegenüber dem Unternehmer in dieser Situation zu. Voraussetzung für das Bestehen etwaiger Gewährleistungsansprüche wäre das Vorliegen eines Sachmangels. Ein solcher liegt in der vorliegenden Konstellation jedoch gerade nicht vor, da der Unternehmer den vertraglich geschuldeten funktionalen Erfolg jedoch (unbewusst) verwirklicht hat.

c) Folgen für den Vergütungsanspruch des Unternehmers

Hat der Unternehmer die Leistung mangelfrei, aber nicht den Vorgaben entsprechend umgesetzt, ist fraglich, ob ihm ein Anspruch auf eine zusätzliche Vergütung zusteht. Der Unternehmer kann einen Anspruch auf eine zusätzliche Vergütung geltend machen, wenn er über die vorgegebenen Spezifikationen hinaus Leistungen erbringen muss, welche nicht Bestandteil des ursprünglich zwischen den Parteien vereinbarten Vertrages waren und er, um den funktionalen Werkerfolg zu verwirklichen, verpflichtet ist, diese Leistungen zu erbringen.[724]

Dieser Vergütungsanspruch des Unternehmers besteht unabhängig davon, ob er die Änderung der Ausführung dem Besteller mitteilt oder nicht, da dieser Anspruch verschuldensunabhängig entsteht und eine etwaige Pflichtverletzung des Unternehmers beim Vergütungsanpassungsanspruch des Unternehmers nicht berücksichtigt werden muss. Nach obigen Ausführungen[725] ergibt sich der Anspruch des Unternehmers auf eine zusätzliche Vergütung aus einer Auslegung des geschlossenen und wirksamen Vertrages. Dem Besteller stehen in dieser Situation keine Gegenrechte aus etwaigen Schadensersatzansprüchen gegenüber dem Unternehmer zu. Da es dem Unternehmer in dieser Situation nicht erkennbar war, dass die Leistungsvorgaben des Bestellers nicht zum vereinbarten Erfolg führen können, hat er sich, trotz des nicht erteilten Bedenkenhinweises nicht pflichtwidrig verhalten. Eine derartige Pflichtverletzung wäre jedoch Voraussetzung, um etwaige Schadensersatzansprüche auf Grund der eingetretenen Mehrkosten gegenüber dem Unternehmer geltend machen zu können.

---

724 Vgl. 2. Teil V. 1. b) dd) (3) (c).
725 Vgl. 2. Teil IV. 3. b) bb) (4).

3. Der Unternehmer hat die Spezifikationen des Bestellers beachtet, aber das Werk mangelhaft errichtet

Errichtet der Unternehmer das Werk nach den vom Besteller vorgegebenen Spezifikationen und kann dadurch der vertraglich geschuldete Werkerfolg nicht erreicht werden, da mit den Vorgaben und Vorleistungen des Bestellers ein funktionstaugliches Werk nicht hergestellt werden kann, ist zu untersuchen, welche Rechte dem Besteller in dieser Situation zustehen können.

a) Rechte des Bestsellers vor Abnahme

Wurde die Leistung vom Unternehmer nicht ordnungsgemäß erbracht, da Mängel vorliegen, steht dem Besteller vor Abnahme grundsätzlich ein Leistungsverweigerungsrecht zu.[726] Er kann in dieser Situation die Abnahme der Bauleistung verweigern, wenn der vertraglich geschuldete Werkerfolg nicht erreicht wurde.[727] Der Besteller ist nur verpflichtet, das vertragsmäßig hergestellte, d.h. mangelfreie Werk abzunehmen. Ob das Werk vertragsgemäß errichtet wurde, bestimmt sich nach dem Inhalt des zwischen den Parteien vereinbarten Bauvertrages.[728] Weicht die Ist-Beschaffenheit negativ von der Sollbeschaffenheit ab, liegt ein mangelhaftes Werk vor. Wie bereits ausgeführt, schuldet der Unternehmer bei einer detaillierten Leistungsbeschreibung mit funktionaler Zielrichtung, die Erstellung eines funktionstauglichen Werkes. Ein funktionsuntaugliches Werk genügt der Erfolgsverpflichtung des Unternehmers nur dann, wenn die Parteien dies ausdrücklich vereinbart haben.[729]

Das Recht des Bestellers die Abnahme zu verweigern, erlischt nur dann, wenn am Werk lediglich unwesentliche Mängel bestehen (§ 640 Abs. 1 S. 2 BGB). Ein unwesentlicher Mangel liegt vor, wenn es dem Besteller nach den Umständen des Einzelfalles unter Abwägung der wechselseitigen Interessen zumutbar ist, das Werk abzunehmen und nicht mehr auf den Rechtsvorteilen zu bestehen, welche ihn vor der Abnahme begünstigen.[730] Bei einem funktionsuntauglichen Werk liegt dieser Ausnahmefall in der Regel nicht vor. Verweigert der Besteller berechtigt die Abnahme, endet das Erfüllungsstadium nicht. Der Besteller kann weiterhin die Erfüllung des Vertrages verlangen und wird nicht auf seinen Nacherfüllungsanspruch bzw. seine Gewährleistungsansprüche beschränkt. Da die Abnahme Voraussetzung für

726 *Kniffka* in: Kniffka/Koeble, 5. Teil Rn. 259 ff.; Nomos/*Raab*, § 641 BGB Rn. 36 ff.; Motzke/Bauer/Seewald/*Seewald*, § 5 Rn. 725 ff.

727 BGH, Urteil vom 29.06.1993 – X ZR 60/92, NJW-RR 1993, 1461; Kniffka/*Pause/Vogel*, § 640 BGB Rn. 23.

728 Vgl. 2. Teil V. 1. b) dd).

729 Vgl. 2. Teil V. 1. b) dd) (1).

730 BGH, Urteil vom 25.01.1996 – VII ZR 26/95, BauR 1996, 390; BGH, Urteil vom 26.02.1981 – VII ZR 287/79, BauR 1981, 284; *Thode*, ZfBR 1999, 116; *Kniffka*, ZfBR 2000, 227.

den Vergütungsanspruch des Unternehmers ist, wird dieser nicht fällig, solange der Besteller das Werk nicht abgenommen hat.

In dieser Situation ist jedoch fraglich, ob dem Besteller sein Leistungsverweigerungsrecht auch dann zustehen kann, wenn der Bedenkenhinweis des Unternehmers mangels Erkennbarkeit pflichtwidrig nicht erteilt wurde. Im Hinblick auf das Bestehen eines Leistungsverweigerungsrechts des Bestellers vor Abnahme stellt sich die Frage, ob dem Besteller sein Leistungsverweigerungsrecht auch dann zustehen kann, wenn die mangelnde Vertragsgemäßheit des Werks auf eine eigene Mitwirkungshandlung des Bestellers zurückzuführen ist, der Bedenkenhinweis des Unternehmers jedoch mangels Erkennbarkeit nicht pflichtwidrig unterlassen wurde. Ob dem Besteller ein Leistungsverweigerungsrecht zusteht, spielt auf der Leistungsebene eine Rolle. Es ist daher zu untersuchen, ob die Erkennbarkeit auf der Leistungsebene als eine eigenständige Kategorie anzusehen ist, welche im Rahmen der Reichweite der Bedenkenhinweispflicht eine Rolle spielt.[731] Zunächst ist in diesem Zusammenhang zu berücksichtigen, dass das Hindernis, welches dazu führt, dass die Leistung des Unternehmers nicht ordnungsgemäß ist, aus der Sphäre des Bestellers stammt und dieser für Risiken, welche sich aus seinen mangelhaften Vorgaben und Vorleistungen ergeben, einstehen muss. Es ist daher zu fragen, ob für den Risikoübergang maßgebend ist, dass der Besteller in einer solchen Konstellation von der Warnfunktion eines tatsächlich ausgesprochenen Bedenkenhinweises erreicht wird, oder ob bereits die unzureichende Mitwirkungshandlung aus der Sphäre des Bestellers zu einem Risikoübergang führt, welcher allein im Fall einer hinzutretenden Obliegenheitsverletzung des Unternehmers nicht zum Tragen kommt.

Nach obigen Ausführungen ist die Bedenkenhinweispflicht janusköpfig ausgestaltet und auf der Leistungsebene als Enthaftungstatbestand anzusehen.[732] Die rechtliche Einordnung der Bedenkenhinweispflicht als Enthaftungstatbestand hat zur Folge, dass der Unternehmer zunächst uneingeschränkt für den vertraglich geschuldeten Erfolg einstehen muss, unabhängig von der Frage, ob sich Risiken aus der Sphäre des Bestellers verwirklicht haben. Erst in einem zweiten Schritt ist es dem Unternehmer möglich, sich von seiner uneingeschränkten Erfolgshaftung zu befreien und zwar dann, wenn er den Besteller auf die Fehler seiner Vorleistungen und Vorgaben hingewiesen hat.

Spielte in dieser Konstellation die Kategorie der Erkennbarkeit der fehlerhaften Vorgaben und Vorleistungen des Bestellers im Rahmen der Bedenkenhinweispflicht auf der Leistungsebene eine Rolle, würde ein Verschuldenselement in die werkvertragliche Erfolgshaftung des Unternehmers eingeführt werden. Dies würde zu Wertungswidersprüchen mit dem wesentlichen Grundgedanken des Werkvertragsrechts, dass der Unternehmer verschuldensunabhängig für den werkvertraglichen Erfolg einstehen muss, führen. Auf der Leistungsebene spielt die Kategorie der Erkennbarkeit somit keine Rolle. Es kommt für die Enthaftung des Unternehmers

731 Vgl. 5. Teil II. 1. b) aa).
732 4. Teil III. 2. a) ff) (c) (iv.).

nur darauf an, ob er dem Besteller einen Bedenkenhinweis erteilt hat. Hat er den Bedenkenhinweis nicht ausgesprochen, geht das Risiko einer unzureichenden Mitwirkungshandlung des Bestellers auch in dieser Konstellation nicht auf den Besteller über, da sich der Unternehmer auf der Leistungebene nicht enthaften kann.

Sind die Planvorgaben des Bestellers mangelhaft und kann dies der Unternehmer nicht erkennen, kann dieser sich auf der Leistungsebene nicht darauf berufen, dass er den Fehler mangels Erkennbarkeit nicht verhindern konnte. Dies hat zur Folge, dass dem Besteller ein Leistungsverweigerungsrecht auch in dieser Situation zusteht.

b) Leistungsverweigerungsrecht des Bestellers nach Abnahme

Nach der Abnahme steht dem Besteller nach § 320 Abs. 1 BGB ebenfalls ein Leistungsverweigerungsrecht zu,[733] sofern die Leistung des Unternehmers mangelhaft erbracht wurde. Übt der Besteller sein Leistungsverweigerungsrecht aus, führt dies nach der Abnahme der Leistung dazu, dass der Vergütungsanspruch des Unternehmers nur Zug-um-Zug gegen Beseitigung der Mängel bezahlt werden muss.[734] Ob ein Mangel vorliegt, muss anhand der vertraglichen Vereinbarungen, welche die Parteien miteinander getroffen haben, untersucht werden. Wie bereits dargelegt,[735] spielt die Frage der Erkennbarkeit der fehlerhaften Vorgaben des Bestellers auf der Leistungsebene keine Rolle. Der Unternehmer muss, um seiner werkvertraglichen Erfolgsverpflichtung zu genügen, ein mangelfreies Werk errichten. Solange dies nicht der Fall ist, kann der Besteller auch nach der Abnahme die Bezahlung der Vergütung, verweigern, bis der Unternehmer ein mangelfreies Werk errichtet hat.

c) Kündigung des Bestellers

Der Besteller kann den Bauvertrag während der Ausführungsphase jederzeit kündigen.[736] Es steht ihm frei, den Bauvertrag unabhängig von einem etwaigen Kündigungsgrund zu kündigen. Für die Geltendmachung der Kündigung spielt es daher keine Rolle, ob der vertraglich geschuldete Werkerfolg eingetreten ist oder nicht.

Umfasst der geschuldete Werkerfolg die Errichtung eines funktionalen Bauwerkes, so ist das Werk erst vollendet, wenn dieser Erfolg eingetreten ist. Der Besteller kann den Bauvertrag somit auch dann kündigen, wenn der Unternehmer die vom Besteller vorgegebenen Spezifikationen abgearbeitet hat, der geschuldete Erfolg jedoch nicht eingetreten ist. In zeitlicher Hinsicht erlischt das Kündigungsrecht des

---

733 BGH, Urteil vom 22.02.1971 – VII ZR 243/69, BauR 1971, 126; Urteil vom 07.06.2006 – VIII ZR 209/05, NJW 2006, 2839.

734 *Kniffka* in: Kniffka/Koeble, 5. Teil Rn. 260; Glöckner/von Berg/*Mayr*, § 641 BGB Rn. 61.

735 Vgl. 5. Teil II. 1. b) aa).

736 Vgl. Kniffka/*Schmitz*, § 649 BGB Rn. 1 ff.; *Kniffka* in: Kniffka/Koeble, 7. Teil Rn. 27; Messerschmidt/Voit/*Oberhauser*, § 649 BGB Rn. 2.

Bestellers erst mit der Abnahme und diese kann der Besteller solange verweigern, bis der Unternehmer ein funktionstaugliches Werk errichtet hat.[737]

d) Mängelansprüche des Bestellers gegenüber dem Unternehmer

Führt die Ausführung des Werkes anhand der Vorgaben und Vorleistungen des Bestellers zu einem mangelhaften Bauwerk, liegt ungeachtet der Einhaltung der vorgegebenen Spezifikationen bei einem detaillierten Vertrag mit funktionaler Zielrichtung ein Mangel vor, welcher den Unternehmer zur Beseitigung der Mängel verpflichtet und dem Besteller im Ausgangspunkt die werkvertraglichen Gewährleistungsansprüche verschafft. In dieser Konstellation besteht nämlich die Vermutung, dass der Unternehmer ein funktionstaugliches Werk schuldet, um den vereinbarten Erfolg zu bewirken.

Im Rahmen seiner Gewährleistungsansprüche steht dem Besteller nach § 635 BGB in erster Linie ein Anspruch auf Nacherfüllung zu.

Der Nacherfüllungsanspruch des Bestellers umfasst alle Arbeiten, welche zur Herstellung eines mangelfreien und somit funktionalen Bauwerkes erforderlich sind. Fraglich ist, wer die Kosten der Leistungen, welche zum Zwecke der Nacherfüllung erforderlich sind, zu tragen hat. Erkennt der Unternehmer während der Ausführungsphase die Fehlerhaftigkeit der Planung des Bestellers und weist er den Besteller auf diese Fehler hin, so hat er grundsätzlich einen Anspruch auf Anpassung seiner Vergütung, wenn er zusätzliche Leistungen erbringen muss, welche ursprünglich nicht geschuldet waren.[738] Dieser Anspruch ergibt sich, wie oben ausgeführt, aus einer ergänzenden Auslegung des zwischen den Parteien geschlossenen Vertrages.[739]

Ausweislich des Wortlauts des § 635 Abs. 2 BGB muss der Unternehmer hingegen bei der Mangelbeseitigung im Rahmen der Nacherfüllung für die gesamten Kosten einstehen, welche notwendig sind, um den funktionalen Werkerfolg zu erreichen. Dies erscheint auf den ersten Blick widersprüchlich.

aa) Sowieso-Kosten

Es ist somit zu untersuchen, ob der Besteller diejenigen Kosten übernehmen muss, welche er auch dann zusätzlich hätte bezahlen müssen, wenn das Werk von vornherein mangelfrei erstellt worden wäre. Es ist somit zu prüfen, ob der Besteller Vorteile, welche er allein durch die Mängelhaftung außerhalb ohnehin schon bestehender vertraglicher Verpflichtungen erlangt, dem Unternehmer gegenüber auszugleichen hat. Solche Vorteile kann er dadurch erlangen, dass er durch die Mängelbeseitigung

737 PWW/*Leupertz*, § 649 BGB Rn. 3; Ingenstau/Korbion/*Vygen*, Vor §§ 8 und 9 VOB/B Rn. 5.
738 Vgl. 2. Teil IV. 3. b) bb).
739 Vgl. 2. Teil IV. 4. b) dd).

ein mangelfreies Werk zu einem Preis erhält, der bei vertragsgemäßem Verhalten der Parteien bei Vertragsschluss höher gewesen wäre.[740]

Grundsätzlich muss der Unternehmer nach § 635 Abs. 2 BGB die zum Zwecke der Nacherfüllung erforderlichen Aufwendungen tragen. In diesem Zusammenhang ist zu prüfen, ob der Unternehmer auch mit den Kosten solcher Maßnahmen belastet werden darf, die er nach dem Vertrag gar nicht zu erbringen hatte, jedoch erforderlich sind, um den geschuldeten Werkerfolg zu erreichen und um die das Werk bei ordnungsgemäßer Ausführung von vornherein teurer gewesen wäre.[741]

Wurde zwischen den Parteien eine bestimmte Art der Ausführung vertraglich vereinbart und kann auf diese Weise ein mangelfreies Werk nicht hergestellt werden, hat der Besteller diese erforderlichen Mehrkosten („Sowieso-Kosten") zu tragen. Die Einstandspflicht für Sowieso-Kosten im Rahmen der Nacherfüllung bei Bauverträgen wird von der Rechtsprechung und der Literatur allgemein anerkannt.[742]

Die Sowieso-Kosten stellen eine Fallgruppe der Kostenbeteiligungspflicht des Bestellers im Rahmen der Nachbesserung eines Mangels dar.[743] Bei den Sowieso-Kosten handelt sich um Mehrkosten für bestimmte Leistungen, welche zur mangelfreien Herstellung des Werkes zusätzlich erforderlich geworden sind.[744] Es geht um diejenigen Kosten, welche für die ordnungsgemäße und mangelfreie Ausführung des Werkes notwendig gewesen wären, von den Parteien im ursprünglichen Vertrag jedoch nicht berücksichtigt wurden. Diese Kosten hätte der Besteller nämlich bei richtiger, fehlerfreier Bauplanung somit von vornherein tragen müssen.[745] Sie fallen daher nicht unter die vom Unternehmer im Rahmen des § 635 Abs. 2 BGB zu tragenden Aufwendungen.

In der Regel können Sowieso-Kosten nur entstehen, wenn die Planung der Werkleistung in den Händen des Bestellers liegt. Dies trägt dem Umstand Rechnung, dass der Besteller, der die Planung übernommen hat, auf der Vergütungsebene insoweit das Planungsrisiko zu tragen hat. Durch die Vereinbarung einer bestimmten Ausführungsart verpflichtet sich der Unternehmer, den Erfolg in der festgelegten Art

740 Kniffka/Koeble, 6. Teil Rn. 55.

741 Vgl. Glöckner/von Berg/*Irl*, § 635 BGB Rn. 36; BGH, Urteil vom 17.05.1984 – VII ZR 169/82, BauR 1984, 510, 512; BGH, Urteil vom 13.09.2001 – VII ZR 392/00, BauR 2002, 86.

742 BGH, Urteil vom 17.05.1984 – VII ZR 169/82, BauR 1984, 510, 512; BGH, Urteil vom 12.10.1989 – VII ZR 140/88; BGH, Urteil vom 13.09.2001 – VII ZR 392/00, NJW 2002, 141; Messerschmidt/Voit/*Moufang/Groß*, § 635 BGB Rn. 97 ff., Kniffka/*Krause-Allenstein*, § 634 BGB Rn. 70 ff.; *Kniffka* in: Kniffka/Koeble, 6. Teil Rn. 55 f.; *Jagenburg*, NJW 1992, 148; *Früh*, S. 62 ff.; *Janisch*, S. 41 f.; *Groß* in: FS Korbion, S. 123; *Zielmann*, Rn. 167; *Siegburg* in: FS Korbion, S. 411; *Bühl*, BauR 1985, 502; *Brandt*, BauR 1982, 524.

743 BGH, Urteil vom 13.09.2001 – VII ZR 392/00, NJW 2002, 141; *Früh*, S. 17; Kniffka/*Krause-Allenstein*, § 637 BGB Rn. 54.

744 *Haerendel*, S. 5.

745 *Haerendel*, S. 20.

und Weise zu verwirklichen. Die vereinbarte Vergütung umfasst jedoch nur die geschuldete Ausführungsart und geht nicht darüber hinaus. Entsprechen sich Leistung und Gegenleistung nicht, liegt eine Störung des Äquivalenzverhältnisses vor, da die Herstellungspflicht des Unternehmers synallagmatisch mit der Vergütungspflicht des Bestellers verknüpft ist. Aus diesem Grund ist es sachgerecht, das insoweit gestörte Äquivalenzverhältnis wieder herzustellen und dem Besteller die Kosten für die zunächst nicht bepreisten, aber für die Verwirklichung des Bauvorhabens von Anfang an notwendigen Bauleistungen aufzubürden.[746] Der Besteller muss die Risiken tragen, welche sich aus einer unvollständigen oder mangelhaften Planung ergeben. Möchte der Besteller ein funktionstaugliches Werk erhalten, muss er die hierfür notwendigen Mehraufwendungen somit tragen.

Plant und führt der Unternehmer die versprochene Leistung selbst aus, ist er für das Erreichen des funktionalen Werkerfolges selbst verantwortlich. Ihm steht in dieser Konstellation kein Anspruch gegenüber dem Besteller auf eine zusätzliche Vergütung zu, wenn er während der Ausführungsphase entdeckt, dass er zusätzliche, nicht von ihm ursprünglich eingeplante Leistungen erbringen muss. Er bleibt an seine Zusage, einen bestimmten Erfolg zu einem bestimmten Preis zu verwirklichen, gebunden, auch wenn sich die beabsichtigte Ausführungsart nachträglich als unzureichend erweist und aufwendigere Maßnahmen erforderlich werden.[747]

Sowieso-Kosten können daher nur im Zusammenhang mit Planungsfehlern und Vorgaben des Bestellers auftreten. Unterlaufen dem Besteller Fehler bezüglich von Vorgaben und Vorleistungen und führt dies zum Nichterreichen des funktional geschuldeten Werkerfolges, trägt der Besteller somit auch das Kostenrisiko für erforderliche Mehraufwendungen im Rahmen der Nacherfüllung.

bb) Vorteilsausgleich

Erlangt der Besteller infolge des schädigenden Ereignisses nicht nur Nachteile, sondern auch Vorteile, ist fraglich, ob diese ausgeglichen werden müssen.[748] Nach Auffassung des BGH besteht das vorrangige Ziel der Gewährleistungsvorschriften darin, dem Besteller zumindest nachträglich zu einem vertragsgemäßen Werk zu verhelfen.[749] Zu untersuchen ist daher, ob der Unternehmer auch für solche Aufwendungen einstehen muss, durch die sich die Vermögenslage des Bestellers über die Beseitigung der Mangelhaftigkeit des Werkes hinaus verbessert.[750] Dies ist nicht der Fall. Der Unternehmer muss grundsätzlich nicht für solche Aufwendungen einstehen, durch die sich die Vermögenslage des Bestellers über die Beseitigung der Mangelhaftigkeit des Werkes hinaus verbessert.[751] Der Vorteilsausgleich ermöglicht eine

---

746 Vgl. 2. Teil IV. 3. b).
747 Kniffka/Koeble, 6. Teil Rn. 56.
748 MüKoBGB/*Oetker*, § 249 BGB Rn. 228 m.w.N.
749 BGH, Urteil vom 17.05.1984 VII ZR 169/82, NJW 1984, 2457.
750 Vgl. Glöckner/von Berg/*Irl*, § 635 BGB Rn. 38.
751 Glöckner/von Berg/*Irl*, § 635 BGB Rn. 38.

interessengerechte Verteilung der anfallenden Zusatzkosten, da der Besteller nicht besser gestellt werden soll, wie er ohne das schädigende Ereignis stehen würde.[752]

Der Rechtsgedanke der Vorteilsausgleichung ist gesetzlich nicht verankert, sondern folgt aus dem in § 242 BGB normierten Grundsatz von Treu und Glauben.[753]

Eine derartige Einstandspflicht des Bestellers für die erlangten Vorteile ist unter zwei Voraussetzungen gegeben.[754] Zum einen muss der Vorteil mit dem schädigenden Ereignis in einem adäquaten Kausalzusammenhang stehen.[755] Zum anderen muss die Berücksichtigung des Vorteils dem Geschädigten zumutbar sein und darf den Schädiger nicht unangemessen entlasten.[756]

Ein Vorteilsausgleich findet jedoch nicht statt, wenn gerade ein bestimmter Erfolg unabhängig von der Art seiner Erreichung geschuldet wird und sich der Unternehmer sonst seiner werkvertraglichen Haftung für den geschuldeten Erfolg entziehen würde, denn in diesem Fall trägt der Unternehmer das Risiko zusätzlich erforderlicher Arbeiten und Kosten. Dies ist dann der Fall, wenn der Unternehmer sich verpflichtet hat, ein funktionstauglichen Werkes zu erreichten, nicht jedoch in der vorliegend besprochenen Konstellation einer detaillierten Leistungsbeschreibung mit funktionaler Zielrichtung. In dieser Situation gehen die Parteien nämlich davon aus, dass die vereinbarten Spezifikationen genügen, um den funktionalen Erfolg zu erreichen.

III. Der Unternehmer erteilt dem Besteller den Bedenkenhinweis

Der Unternehmer kann von seiner Mangelverantwortung frei werden, wenn er die Vorgaben und Vorleistungen des Bestellers ordnungsgemäß geprüft hat und, sollte er Fehler in den Vorgaben und Vorleistungen des Bestellers entdecken, diesem daraufhin den erforderlichen Bedenkenhinweis erteilt.

Kommt der Unternehmer seiner Prüfungs- und Bedenkenhinweispflicht nach und weist den Besteller auf vorhandene Fehler in dessen Planung hin, so ist der Besteller in der Verantwortung. Ihn trifft die Obliegenheit, eine Entscheidung in Bezug auf die weitere Ausführung zu treffen und diese dem Unternehmer zeitnah mitzuteilen. Unterlässt der Besteller die erforderliche Entscheidung, macht er sich gegenüber dem Unternehmer jedoch nicht schadensersatzpflichtig, sondern kann

752 BGH, Urteil vom 28.06.2007 – VII ZR 81/06, NJW 2007, 2695; BGH, Urteil vom 28.06.2007 – VII ZR 8/06, NJW 2007, 677.

753 BGH, Urteil vom 17.05.1984 – VII ZR 169/82, NJW 1984, 2457; BGH, Urteil vom 07.11.1996 – VII ZR 23/95, NJW-RR 1997, 402; BGH, Urteil vom 28.06.2007 – VII ZR 81/06, NJW 2007, 2695.

754 Vgl. *Weyers*, NZBau 2007, 695, 697.

755 BGH, Urteil vom 07.05.2004 – V ZR 77/03, NJW 2004, 2526; Müko-BGB/*Oetker*, § 249 BGB Rn. 233.

756 BGH, Urteil vom 17.05.1984 – VII ZR 169/82, NJW 1984, 2457; BGH, Urteil vom 28.06.2007 – VII ZR 81/06.

allenfalls auf eine angemessene Entschädigung in Anspruch genommen werden, da es sich bei der Reaktion des Bestellers um eine Obliegenheit handelt. Darüber hinaus besteht für den Unternehmer die Möglichkeit, den Vertrag unter den Voraussetzungen des § 643 BGB zu kündigen.

Erteilt der Unternehmer dem Besteller den Bedenkenhinweis, stehen dem Besteller verschiedene Reaktionsmöglichkeiten offen. Der Besteller kann an den vertraglich vereinbarten Spezifikationen festhalten und den Unternehmer anzuweisen, wie geplant zu bauen.[757] Er kann die erforderlichen Änderungen partiell verweigern[758] oder vom Unternehmer eine Änderung der Leistung verlangen, welche ihn auf der Vergütungsseite am wenigsten belastet.[759] Ebenso kann er den Unternehmer anweisen, die für die Verwirklichung des Bauerfolges zusätzlich erforderlichen Leistungen auszuführen.[760]

1. Der Besteller weist den Unternehmer an, wie geplant zu bauen

Hält der Besteller, trotz des eindeutigen Bedenkenhinweises des Unternehmers, an den im Vertrag vereinbarten Spezifikationen fest und weist den Unternehmer an, wie ursprünglich geplant zu bauen, so darf der Unternehmer keine eigenmächtige Leistungsänderung vornehmen und die geplante Bauausführung einseitig entgegen dem Willen des Bestellers ändern. Dem Unternehmer ist es in dieser Situation nämlich nicht gestattet, einseitig in die Planungshoheit des Bestellers einzugreifen.

In diesem Zusammenhang ist zu untersuchen, ob dieser Grundsatz ausnahmslos gilt, oder ob der Unternehmer gegebenenfalls verpflichtet sein kann, dennoch in die Planungshoheit des Bestellers einzugreifen und dieser Grundsatz daher eingeschränkt werden muss, um einer drohenden Eigenhaftung zu entgehen.

Hält der Besteller an der ursprünglichen Ausführungsart fest, ist darin eine Änderung der Sollbeschaffenheit zu sehen, indem der Besteller vom Erreichen eines funktionalen Werkerfolgs abweicht. Es ist daher zu untersuchen, ob dies zu einer vollständigen Haftungsbefreiung des Unternehmers führen kann und dieser für das Nichterreichen eines funktionalen Werkerfolges nicht mehr einstehen muss. Fraglich in dieser Konstellation ist darüber hinaus, ob es sich bei der Abkehr vom Erreichen eines funktionalen Werkerfolges um eine Teilkündigung des ursprünglich geschlossenen Vertrages handeln kann.

a) Einvernehmliche Änderung der Sollbeschaffenheit

Weist der Unternehmer den Besteller auf die zu erwartende Verfehlung des funktionalen Werkerfolges hin und erteilt ihm einen entsprechenden Bedenkenhinweis und

757 Vgl. 5. Teil III. 1.
758 Vgl. 5. Teil III. 2.
759 Vgl. 5. Teil III. 3.
760 Vgl. 5. Teil III. 3.

besteht der Besteller in Kenntnis der Folgen für das Bauwerk auf der Einhaltung der ursprünglich vereinbarten Spezifikationen und errichtet der Unternehmer anhand den ursprünglichen Spezifikationen das Bauwerk, ist darin eine einvernehmliche Änderung der Sollbeschaffenheit zu sehen. Die Parteien weichen gemeinsam vom ursprünglichen Vertragsziel, einen funktionalen Werkerfolg zu erreichen ab, indem sie die geschuldete Leistung des Unternehmers beschränken.

Diese Abweichung und die daraus resultierende Anpassung der Sollbeschaffenheit auf die Abarbeitung der konkreten Bestellervorgaben ist sowohl im Rahmen eines VOB/B-Vertrages, als auch eines BGB-Bauvertrages stets möglich. Bei Widerspruch zwischen dem funktionalen Werkerfolg und der Detailplanung besteht nämlich lediglich die Regelannahme, dass der funktionale Erfolg vorgeht.[761] Diese Regelannahme kann jedoch durchbrochen werden, indem sich die Parteien darauf einigen, dass der Unternehmer lediglich die Bestellervorgaben abarbeiten soll. Die Parteien beschränken insoweit den geschuldeten Erfolg. Dies ist auch noch während der Herstellungsphase jederzeit möglich. Diese einvernehmliche Beschränkung hat jedoch zur Folge, dass der Unternehmer in diesem Umfang von seiner Erfolgshaftung frei wird. Er hat den Besteller in dieser Konstellation auf seine Bedenken hingewiesen und der Besteller hat, in Kenntnis der Folgen, an seinen ursprünglichen detaillierten Leistungsvorgaben festgehalten und damit in Kauf genommen, dass der funktionale Erfolg nicht erreicht werden kann.[762] Dies führt dazu, dass sich der Unternehmer insoweit von seiner Mangelhaftung freizeichnen kann und gegenüber dem Besteller nicht in Anspruch genommen werden kann.

Da die Vergütungspflicht für die vereinbarte Ausführungsart festgesetzt wurde und diese nicht verändert wird, bleibt der ursprünglich bestehende Vergütungsanspruch des Unternehmers erhalten.

b) Teilkündigung

Erteilt der Unternehmer dem Besteller den Hinweis, dass mit den vereinbarten Leistungsspezifikationen der geschuldete Werkerfolg nicht erreicht werden kann und weist der Besteller den Unternehmer daraufhin an, die für den funktionalen Bauerfolg erforderlichen zusätzlichen Leistungen nicht auszuführen, muss der Unternehmer diese Anweisung des Bestellers befolgen.[763]

Dies führt zu einer Änderung des zwischen den Parteien geschlossenen Vertrages. Die Parteien beschränken den ursprünglich vereinbarten Werkerfolg, indem sie die Leistung des Unternehmers auf die Abarbeitung der Ausführungsvorgaben des Bestellers reduzieren und insoweit die Reichweite der Erfolgsverpflichtung beschränken.[764]

---

761 Vgl. 2. Teil V. 1. dd) (3) (c).
762 Vgl. Kniffka/Koeble, 6. Teil Rn. 53.
763 *Leupertz*, BauR 2010, 273, 277.
764 Vgl. *Leupertz*, BauR 2010, 273, 277, 278.

Fraglich ist, ob dies in der vorliegenden Konstellation als eine Teilkündigung des Vertrages hinsichtlich derjenigen Leistungen, die zusätzlich für das Erreichen des funktionalen Werkerfolges erforderlich sind, anzusehen ist[765] Ohne eine gegenständliche Reduzierung der Verpflichtung fällt es jedoch bereits nach dem allgemeinen Sprachgebrauch schwer, von einer Teilkündigung zu sprechen.

Gemäß § 649 Satz 1 BGB kann der Besteller den Vertrag jederzeit kündigen. Das Gesetz lässt es durch diese Formulierung offen, ob die Kündigung auch nur in Bezug auf einzelne Teile des Werkes ausgesprochen werden kann.[766] Der Gesetzeswortlaut enthält weder einen Ausschluss der Teilkündigung noch deren Beschränkung.[767] Grundsätzlich ist nach der Rechtsprechung des Bundesgerichtshofs eine Teilkündigung nur bei in sich geschlossenen Teilleistungen möglich.[768] Mit diesem Erfordernis soll eine klare Trennung zwischen dem gekündigten und dem fortbestehenden Bereich erreicht werden und verhindert werden, dass es bei Leistungsteilen innerhalb eines Gewerks zu unterschiedlichen Rechtsfolgen kommen kann.[769] Bereits des Normzweck des § 649 BGB spricht jedoch für die Zulässigkeit einer Teilkündigung.[770] Es ist dem Besteller während der Herstellungsphase jederzeit möglich, den gesamten Werkvertrag ohne Angabe von Gründen zu kündigen.[771] Wenn der Besteller es jedoch schon in der Hand hat, den gesamten Vertrag zu kündigen, und der Unternehmer dies hinzunehmen hat, muss die Teilkündigung als Minus zulässig sein.[772] Die Teilkündigung des Vertrages durch den Besteller bewirkt zweierlei. Zum einen grenzt die Teilkündigung den Umfang der vom Unternehmer geschuldeten Werkleistung für die Zukunft ein. Der Unternehmer muss nur noch diejenigen Leistungen erbringen, welche von der Kündigung nicht betroffen sind. Hinsichtlich dieser Ausführungsvorgaben des Bestellers bleibt der Unternehmer verpflichtet, diese mangelfrei zu erbringen. Die vorliegende Konstellation betrifft jedoch nicht den Fall, dass es innerhalb eines Gewerkes zu unterschiedlichen Rechtsfolgen kommen könnte, sondern den Fall, dass der Besteller den Unternehmer anweist, nach den bisherigen Ausführungsvorgaben weiter zu bauen und die zusätzlichen Leistungen, welche aus Sicht der Unternehmers erforderlich sind, nicht auszuführen.

Es ist daher fraglich, ob in Bezug auf den geschuldeten funktionalen Werkerfolg von einer Teilkündigung gesprochen werden kann, wenn lediglich die Leistungspflicht des Unternehmers beschränkt wird und dieser nur noch verpflichtet ist, die nunmehr geschuldeten Leistungsvorgaben des Bestellers abzuarbeiten. In dieser Konstellation ist nicht von einer Teilkündigung des Vertrages zu sprechen, sondern

---

765 *Leupertz*, BauR 2010, 273, 277, 278.

766 BeckOGK/*Reiter*, § 649 BGB Rn. 19.

767 BeckOGK/*Reiter*, § 649 BGB Rn. 20.

768 BGH, Urteil vom 20.08.2009 – VII ZR 212/07, NJW 2009, 3717.

769 Vgl. BeckOGK/*Kober*, § 634 BGB Rn. 415.

770 BeckOGK/*Reiter*, § 649 BGB Rn. 20.

771 Vgl. Kniffka/*Schmitz*, § 649 BGB Rn. 1 ff.; Kniffka in: Kniffka/*Koeble*, 7. teil Rn. 27; Messerschmidt/Voit/*Oberhauser*, § 649 BGB Rn. 2.

772 BeckOGK/*Reiter*, § 649 BGB Rn. 20.

von einer Beschränkung der Erfolgsverpflichtung des Werkunternehmers, da dieser nicht mehr verpflichtet ist, einen über die detaillierten Leistungsvorgaben des Bestellers hinausgehenden funktionalen Werkerfolg herbeizuführen und somit seine Verpflichtung auf der Leistungebene beschränkt wird.

Auch bei einer Beschränkung des Vertrages auf der Leistungsebene bleibt die ursprünglich zwischen den Parteien vereinbarte Vergütung bestehen. Bepreist wurden nämlich nur die detaillierten Vorgaben des Bestellers.

c) *Haftung des Unternehmers für etwaige Mängel*

Weist der Besteller den Unternehmer an, wie ursprünglich geplant zu bauen und verfehlt der Unternehmer auf Grund dieser für ihn bindenden Anweisung des Bestellers den funktionalen Werkerfolg, da der Erfolg mit der vorgegebenen Planung und der vorgegebenen Ausführungsart des Bestellers nicht erreicht werden kann, wird der Unternehmer von seiner Mangelhaftung insoweit frei, da er sich enthaften kann[773] Dem Besteller ist in dieser Konstellation bekannt, dass auf Grundlage seiner Vorgaben der funktionale Erfolg nicht eintreten kann. Die Verantwortung für Baufehler auf Grund der Verfehlung des funktionalen Werkerfolges trägt in dieser Situation der Besteller.[774] Die Werkplanung und die Vorgaben stammen aus seiner Sphäre. Er trägt daher auch die Risiken, die sich verwirklichen, wenn der geschuldete Leistungserfolg nicht eintritt und der Unternehmer ihn hierauf ausdrücklich und ausreichend hingewiesen hat.

d) *Reaktionsmöglichkeiten des Unternehmers*

aa) Leistungsverweigerungsrecht

Hält der Besteller an der Durchführung des Bauvorhabens nach seinen unzureichenden Spezifikationen fest, ist der Unternehmer grundsätzlich verpflichtet, die Leistungen enstprechend den Vorgaben auszuführen. Nur in engen Grenzen kann der Unternehmer die Ausführung der Arbeiten verweigern.

Dieses Leistungsverweigerungsrecht steht dem Unternehmer gemäß § 4 Abs. 1 Nr. 4 VOB/B zu, wenn der Herstellung des Werkes gesetzliche oder behördliche Bestimmungen entgegenstehen oder wenn durch die Fortsetzung der Arbeiten Gefahren für Leib und Leben geschaffen werden.[775] Auch im Rahmen eines BGB-Bauvertrages steht dem Unternehmer in dieser Situation stets ein Leistungsverweigerungsrecht nach § 242 BGB zu.

Darüber hinaus kann der Unternehmer von seinem Leistungsverweigerungsrecht gegenüber den Besteller Gebrauch machen, wenn er dem Besteller nicht nur ordnungsgemäß die Bedenken mitgeteilt hat, sondern wenn seine Prüfung darüber

773 *Kniffka* in: Kniffka/Koeble, 6. Teil Rn. 53.
774 *Nicklisch* in: Nicklisch/Weick, § 4 VOB/B Rn. 67.
775 OLG Karlsruhe, Urteil vom 20.07.2004 – 17 U 262/01, BauR 2005, 729.

hinaus ergeben hat, dass der Eintritt eines erheblichen Leistungsmangels oder eines sonstigen, nicht nur geringfügigen Schadens zu befürchten ist.[776]

Es widerspricht dem Grundsatz von Treu und Glauben, wenn die Art der Ausführung, die Verwendung der vom Besteller gelieferten Stoffe oder Bauteile oder die Vorleistung anderer Unternehmer zu einem erheblichen Schaden an der Leistung des Unternehmers führen würde und der Unternehmer in dieser Situation selbst gezwungen wäre, diesen Schaden herbeizuführen. Dies gilt insbesondere dann, wenn durch die mangelhafte Leistung mit Gewissheit eine unmittelbare Gefahr für Leib und Leben Dritter droht.[777] Das Weisungsrecht des Bestellers endet dort, wo der Unternehmer Zustände schaffen würde, bei denen eine konkrete Gefahr für Leib oder Leben Dritter droht, wenn er die Anordnung des Bestellers umsetzten wurde. In diesen Fällen würde den Unternehmer auch eine ordnungsgemäße Bedenkenanzeige nicht entlasten. Dem Unternehmer steht in dieser Situation auch deshalb ein Leistungsverweigerungsrecht zu, da er wider besserer Erkenntnis bewusst eine Pflichtwidrigkeit begeht und auch von Dritten in Anspruch genommen werden könnte.

bb) Kündigung des Vertrages

Darüber hinaus kann der Unternehmer den Vertrag aus wichtigem Grund kündigen. Besteht durch die Anweisung des Bestellers, wie geplant zu bauen, die hohe Wahrscheinlichkeit, dass sicherheitsrelevante oder besonders schwerwiegende Mängel entstehen und hierdurch eine Gefahr für Leib und Leben Dritter droht, stellt dies einen Kündigungsgrund dar, da dem Unternehmer ein Festhalten am Vertrag nicht zugemutet werden kann.

e) Kündigungsrecht des Bestellers

Der Besteller kann die nachträglich notwendige Abweichung von den vereinbarten Spezifikationen ablehnen. Er kann in dieser Situation auch den gesamten Bauvertrag gemäß § 649 BGB kündigen. Fraglich ist, ob die Kündigung des Vertrages in dieser Situation eine freie oder eine außerordentliche Kündigung darstellt.

aa) Freie Kündigung

Das Recht zur freien Kündigung kann der Besteller jederzeit ausüben, ohne dass hierfür ein spezieller Kündigungsgrund vorliegen muss.[778] Die Ausführung des Werkes liegt im Interesse des Bestellers. Aus diesem Grund soll er auch die Möglichkeit haben, den Vertrag beenden zu können, wenn dieses Interesse nicht mehr gegeben

---

776 Ingenstau/Korbion/*Oppler*, § 4 Abs. 3 VOB/B Rn. 79; *Nicklisch* in: Nicklisch/Weick, § 4 VOB/B Rn. 67; Kapellmann/Messerschmidt/*Merkens*, § 4 VOB/B Rn. 109.

777 OLG Hamm, Urteil vom 28.10.1997 – 24 U 45/97, IBR 1998, 201; OLG Karlsruhe, Urteil vom 20.07.2004 – 17 U 262/01, BauR 2005, 729.

778 Vgl. Kniffka/*Schmitz*, § 649 BGB Rn. 1 ff.; *Kniffka* in: Kniffka/Koeble, 7. Teil Rn. 27; Messerschmidt/Voit/*Oberhauser*, § 649 BGB Rn. 2.

ist.[779] Das Recht des Bestellers der freien Vertragskündigung korrespondiert mit seiner Pflicht die vereinbarte Vergütung zu entrichten. Dieser in § 649 S. 2 BGB normierte Anspruch umfasst sowohl die Vergütung für erbrachte Leistungen, als auch für nicht erbrachte Leistungen.[780] Der Unternehmer muss sich lediglich seine ersparten Aufwendungen anrechnen lassen.

bb) Außerordentliche Kündigung

Das Recht zur außerordentlichen Kündigung wurde gesetzlich nicht geregelt, es besteht jedoch nach ständiger Rechtsprechung, wenn dem Kündigenden die Fortsetzung des Vertragsverhältnisses unter Berücksichtigung aller Umstände des Einzelfalls und unter Abweichung der beiderseitigen Interessen unzumutbar ist.[781] Voraussetzung der außerordentlichen Kündigung des Vertrages ist somit zunächst, dass ein Kündigungsgrund vorliegt. Kündigt der Besteller den Vertrag nämlich aus wichtigem Grund, so entfällt der Vergütungsanspruch des Unternehmers für den nicht erbrachten Teil der Werkleistung.[782]

Fraglich ist, ob in der vorliegenden Konstellation ein wichtiger Grund gegeben ist, welcher es dem Besteller ermöglicht, den Vertrag außerordentlich zu kündigen. Ein solcher Grund liegt nach ständiger Rechtsprechung des Bundesgerichtshofes nur dann vor, wenn durch ein schuldhaftes Verhalten eines Vertragspartners der Vertragszweck so gefährdet ist, dass der vertragstreuen Partei die Fortsetzung des Vertragsverhältnisses nicht mehr zugemutet kann.[783]

Vorliegend kommt als Kündigungsgrund nur die gestörte Kalkulation des Bestellers in Betracht. Ob dies vorliegend als Kündigungsgrund ausreicht, erscheint fraglich. In der vorliegenden Konstellation trägt der Besteller die Planungshoheit. Er ist dafür verantwortlich, dass auf Grundlage seiner Planung der vereinbarte Erfolg erreicht werden kann. Der Unternehmer ist auf Grund seiner werkvertraglichen Erfolgsverpflichtung bei einem detaillierten Vertrag mit funktionaler Zielrichtung gehalten, die verbindlichen Vorgaben des Bestellers zu überprüfen und Bedenken anzumelden, sollte aus seiner Sicht die Vorgaben und Vorleistungen nicht genügen, um den Erfolg zu erreichen. Zusätzliche Leistungen, welche zur Erreichung des Werkerfolges notwendig sind, sind nur erforderlich, weil die ursprüngliche Planung, welche von Besteller stammt, mangelhaft bzw. unvollständig ist. Der Fehler hat seinen Ursprung in der Sphäre des Bestellers, wofür dieser einstehen muss.

---

779 Glöckner/von Berg/*Lubojanski*, § 649 BGB Rn. 1; Kniffka/*Schmitz*, § 649 BGB Rn. 1.

780 Vgl. Kniffka/*Schmitz*, § 649 BGB Rn. 53; *Kniffka* in: Kniffka/Koeble, 9. Teil Rn. 9.

781 OLG Brandenburg 16.03.2011 – 13 U 5/10, BeckRS 2011, 20829; OLG Schleswig 09.03.2010 – 3 U 55/09, BeckRS 2011, 06563; BGH, Urteil vom 23.05.1996 – VII ZR 140/95, NJW-RR 1996, 1108; BGH, Urteil vom 30.06.1983 – VII ZR 293/82, NJW 1983, 2439.

782 Glöckner/von Berg/*Lubojanski*, § 649 BGB Rn. 54.

783 BGH, Urteil vom 23.05.1996 – VII ZR 140/95, NJW-RR 1996, 1108; BGH, Urteil vom 30.06.1983 – VII ZR 293/82, NJW 1983, 2439.

Der Besteller kann sich in dieser Situation somit nicht darauf berufen, dass seine Kalkulation gestört und ihm deswegen ein Festhalten am Vertrag unzumutbar sei.

Verweigert der Besteller, trotz Bedenkenhinweises des Unternehmers, die Anpassung des Vertrages und kündigt den Vertrag, liegt somit gerade kein wichtiger Grund in der Person des Unternehmers, sondern in der des Bestellers selbst, vor. Es steht dem Besteller in dieser Situation somit kein außerordentliches Kündigungsrecht zu.

2. Die partielle Verweigerung der notwendigen Änderungen durch den Besteller

a) „Automatische" Anpassung der Vergütung des Unternehmers

Wahrt der Unternehmer seine Hinweispflicht und teilt dem Besteller seine Bedenken mit, so muss der Besteller auf den Hinweis des Unternehmers reagieren, wenn er das Erreichen des Erfolges nicht gefährden will.[784] Der Unternehmer darf nicht einseitig die Leistungsspezifikationen des Bestellers abändern und in dessen Dispositionsfreiheit eingreifen.

In dieser Situation werden in der Regel zusätzliche Leistungen erforderlich, welche der Unternehmer erbringen muss, um den vereinbarten Erfolg bewirken zu können. Diese zusätzlich zu erbringenden Leistungen des Unternehmers, welche nicht in der Leistungsbeschreibung enthaltenen sind, werden vom vertraglich verpreisten Leistungsumfang der Parteien nicht erfasst.[785] Sie werden auch dann nicht vom bepreisten Leistungsumfang umfasst, wenn sie für die Verwirklichung des geschuldeten Bauerfolges unabdingbar sind.[786] Ist der Unternehmer verpflichtet, weitere Leistungen zu erbringen, um den geschuldeten funktionalen Werkerfolg erreichen zu können, wird dadurch das vertragliche Äquivalenzgefüge gestört.[787] Um das vertragliche Äquivalenzgefüge wieder herzustellen, wird die Vergütung des Unternehmers in dieser Situation angepasst.[788] Durch eine nun erforderliche andere Ausführungsart, als im Vertrag ursprünglich vorgesehen war, wird ein Anspruch des Unternehmers auf eine Zusatzvergütung begründet, welche die Kalkulation des Bestellers beeinträchtigen und diesen finanziell erheblich belasten kann.

Nach Erteilung des Bedenkenhinweises durch den Unternehmer muss es dem Besteller daher möglich sein, die Änderung des Vertrages partiell zu verweigern, indem er eine Anpassung des Vertrages in einer Weise verlangt, welche keine Zusatzkosten verursacht oder ihn auf der Kostenseite am geringsten belastet. Dieses Verlangen des Bestellers stellt oftmals auch eine Änderung des vereinbarten Werkerfolges auf der Leistungsebene dar, da von der Regelannahme abgewichen wird, dass

784 Vgl. 5. Teil III. 4. a).
785 Vgl. 5. Teil III. 4 d).
786 Vgl. 5. Teil III. 4 d).
787 Vgl. 2. Teil IV. 3. b).
788 Vgl. 2. Teil IV. 3 b) bb).

der Unternehmer einen funktionalen Erfolg schuldet. In der vorliegenden Situation werden die Leistungen, welche für den ursprünglich geschuldeten funktionalen Werkerfolg erforderlich sind, nämlich spezifiziert und in der Regel eingeschränkt. Dies hat in dieser Konstellation zur Folge, dass der geschuldete Leistungsumfang (die Soll-Beschaffenheit) angepasst werden muss. Ob eine derartige Anpassung des Vertrages einseitig geschehen kann, ist jedoch fraglich.

Zunächst gilt es zu bedenken, dass die Herstellung des Werkes im alleinigen Interesse des Bestellers liegt. Daher muss es diesem grundsätzlich möglich sein, die zusätzlich erforderlichen Leistungen einseitig bestimmen zu können. Der Besteller muss die Wahl zwischen mehreren technisch möglichen Arten der Ausführung treffen können.

b) Anpassung der Leistungsseite

aa) Einseitiges Anordnungsrecht des Bestellers im Rahmen eines VOB/B-Bauvertrages

Wurden zwischen den Vertragsparteien die Regelungen der VOB/B vereinbart, so ist eine Anpassung der Soll-Beschaffenheit durch eine einseitige Anordnung des Bestellers ohne weiteres möglich. Nach § 1 Abs. 3, 4 VOB/B steht dem Besteller ein solches Recht zu. Das Recht zur einseitigen Vertragsanpassung hält einer Inhaltskontrolle gemäß den §§ 307 ff. BGB stand, unabhängig von welchem Vertragspartner die VOB/B gestellt wurde.[789]

Der Besteller kann somit auf Grundlage der § 1 Abs. 3, 4 VOB/B einseitig anordnen, dass der vertraglich geschuldete Leistungsumfang nachträglich geändert wird.

bb) Übereinstimmende Änderung der vertraglichen Vereinbarungen im Rahmen eines BGB-Bauvertrages

Demgegenüber kennen die werkvertraglichen Regelungen im Bürgerlichen Gesetzbuch kein einseitiges Anordnungsrecht des Bestellers. Soll die vertraglich vereinbarte Sollbeschaffenheit im Rahmen eines BGB-Bauvertrages geändert oder angepasst werden, so geht dies grundsätzlich nur durch eine übereinstimmende Änderung des Vertrages.

Nach Erteilung des Bedenkenhinweises durch den Unternehmer ist der Besteller verpflichtet, entsprechend zu reagieren. Weist der Besteller den Unternehmer an, nach seinen ursprünglichen Vorgaben zu bauen und kommt der Unternehmer

---

789 Dies ist bei Verwendung durch den Auftragnehmer unbedenklich; bei Verwendung durch den Auftraggeber umstritten: Kapellmann/Messerschmidt/*von Rintelen*, § 1 VOB/B Rn. 101a; Ingenstau/Korbion/*Keldungs*, § 1 Abs. 3 VOB/B Rn. 15; Wolf/Lindacher/Pfeifer/*Dammann*, Klauseln Rn. V 431; *Schulze-Hagen* in: FS Thode, S. 167, 171; *Quack* in: FS Ganten, S. 211 ff.; a.A.: *Vygen*, BauR 2002, 23; *Vygen* in: FS Ganten, S. 243, 254 f.; *Bruns*, ZfBR 2005, 525, 526 f.; *Anker/Klingenfuß*, BauR 2005, 1377, 1381 f.; Korbion/Locher/Sienz/*Sienz*, Teil F Rn. 24.

der Anweisung des Bestellers nach, so haben sich Besteller und Unternehmer vertraglich darauf geeinigt, den geschuldeten Werkerfolg anzupassen. Ein derartiges Verlangen ist gerade nicht als einseitige Anordnung anzusehen. Der Erfolg wird nun auf die Umsetzung der Ausführungsvorgaben des Bestellers begrenzt. Der dem ursprünglichen Vertrag zu Grunde liegende Bauerfolg wird vom Unternehmer nicht mehr geschuldet. Eine derartige übereinstimmende Änderung des Leistungsziels können die Parteien während der Ausführungsphase jederzeit vereinbaren.

Weist der Besteller den Unternehmer an und fordert er eine Änderung, welche ihn auf der Vergütungsseite am wenigsten belastet und ist der Unternehmer mit diesem Vorgehen einverstanden, so ändern die Parteien einvernehmlich den ursprünglich vereinbarten Werkerfolg. Diese übereinstimmende Vertragsanpassung können die Parteien im Rahmen eines BGB-Bauvertrages jederzeit vereinbaren.

cc) *Einseitiges Anordnungsrecht des Bestellers im Rahmen eines BGB-Bauvertrages*

Problematisch wird die Änderung der vertraglich vereinbarten Sollbeschaffenheit, wenn der Unternehmer dem Verlangen des Bestellers, nach seinen geänderten Vorgaben zu bauen, auf Grund seiner Bedenken nicht nachkommen will.

Es ist zu untersuchen, ob der Besteller in dieser Situation vom Unternehmer verlangen kann, dass sich dieser seinen Vorgaben beugt und diese umsetzt.

Bei der Beantwortung der Frage, ob der Besteller die vereinbarte Sollbeschaffenheit einseitig ändern kann, ist zunächst zwischen zusätzlich zu erbringenden und geänderten Leistungen zu differenzieren. Muss der Unternehmer zur Erreichung des ursprünglichen Bauzieles Leistungen erbringen, welche den bestehenden Ausführungsumfang übersteigen, spricht man von zusätzlichen Leistungen. Diese können dann notwendig werden, wenn die ursprünglichen Planungen nicht vollständig oder nicht korrekt sind. Demgegenüber liegen geänderte Leistungen vor, wenn der Besteller vom ursprünglich vereinbarten Bauziel abweichen möchte und hierfür weitere Leistungen erbracht werden müssen.

Es ist zunächst zu prüfen, ob es sich in der Konstellation, dass sich der geschuldete funktionale Werkerfolg durch die Bestellervorgaben nicht verwirklichen lässt, überhaupt um eine rechtsgeschäftliche Änderung des Leistungsziels handelt. Denn nur dann stellt sich überhaupt die Frage, ob der Besteller ein einseitiges Anordnungsrecht „benötigt", um die Änderung partiell verweigern zu können.

Ist die Reaktion des Bestellers lediglich als Konkretisierung des Bauvertrages betreffend seiner Vorgaben während der Ausführungsphase zu sehen, hätte dies zur Folge, dass die Aufforderung des Bestellers nach seinen überarbeiteten Vorgaben zu bauen, keine einseitige Anordnung darstellt und daher auch im BGB-Werkvertragsrecht eine derartige Konkretisierung der ursprünglichen Ausführungsvorgaben durch den Besteller möglich ist.

Sinn und Zweck des Abschlusses eines detaillierten Werkvertrages mit funktionaler Zielrichtung ist das Erreichen des geschuldeten Werkerfolges durch die vertraglich vereinbarten Leistungsvorgaben. Kann dieses Ziel nicht erreicht werden, muss es zwangsläufig zu einer Anpassung des Vertrages kommen. Die widerstreitenden Vorgaben müssen miteinander in Einklang gebracht werden.

Nach obigen Ausführungen geht bei einem Widerspruch zwischen dem funktionalen geschuldeten Erfolg und den detaillierten Bestellervorgaben in der Regel die Funktionalitätsabrede vor.[790] Begründet wird dieser Vorrang damit, dass der Besteller kein Interesse daran hat, durch seine Vorgaben die Erfolgsverpflichtung des Unternehmers einzuschränken und möglicherweise ein unbrauchbares Werk zu erhalten. Die Bestellerspezifikationen sind allein von diesem gesetzte Markierungen auf dem Weg zum funktionalen Bauerfolg.

Diese Regelannahme ist jedoch nicht zwingend. Sie dient in erster Linie dem Schutz des Bestellers vor einem mangelhaft errichteten Bauwerk. Dieser Schutz ist jedoch nicht grenzenlos, sondern wird von berechtigten Interessen der Parteien eingeschränkt. Übernimmt der Besteller die Planung, so steht ihm das Recht zu, die zusätzlich erforderlichen Leistungen einseitig bestimmen zu können, da er auf Grund seiner vertraglichen Stellung verpflichtet ist, die Ausführungsvorgaben zu konkretisieren, sollten diese fehlerhaft sein. Hat der Besteller die Planungsverantwortung bei Vertragsschluss übernommen, so geht diese Pflicht im Laufe der Ausführungsphase nicht auf den Unternehmer über. Werden Änderungen und Erweiterungen der Leistung während der Bauausführungsphase erforderlich, so obliegt die Planungsverantwortung weiterhin allein dem Besteller. Er ist grundsätzlich verpflichtet, die für den funktionalen Leistungserfolg zusätzlich notwendigen Ausführungen zu planen und seine Planung dem Unternehmer zur Verfügung zu stellen. Der Besteller kann im Hinblick auf verschiedene Planungsmöglichkeiten zur mangelfreien Erstellung des Werkes diejenige auswählen, welche ihn auf der Kostenseite am geringsten belastet. Dieses Entscheidungsrecht des Bestellers kann durch den Unternehmer nicht einseitig eingeschränkt werden, indem dieser die Planungsvorgaben ohne Rücksprache mit dem Besteller ändert.

Wird in dieser Situation die geschuldete Sollbeschaffenheit angepasst, handelt es sich daher nicht um die Ausübung eines einseitigen Anordnungsrechts durch den Besteller im engeren Sinn, sondern um eine Konkretisierung der ursprünglichen Leistungsvorgaben des Bestellers.

Der Änderung des vertraglich geschuldeten Erfolges geht ein Bedenkenhinweis des Unternehmers voraus, welchen dieser auf Grund seiner Prüfungspflicht erteilt hat. Auf einen zu Recht erteilten Bedenkenhinweis hat der Besteller binnen einer angemessenen Frist zu reagieren und dem Unternehmer mitzuteilen, ob er die zusätzlich erforderlichen Leistungen wünscht oder nicht. Es steht dem Besteller in dieser Situation frei, die Sollbeschaffenheit des Werkes zu konkretisieren und eine Änderung des Vertrages zu verlangen, welche keine zusätzlichen Kosten verursacht. In dieser Konstellation geht der Besteller jedoch das Risiko ein, dass ein funktionaler Werkerfolg verfehlt wird und der Unternehmer hierfür nicht haftbar gemacht

790 Vgl. 2. Teil V 1. dd) (c).

werden kann. Die umfassende Erfolgshaftung des Unternehmers wird beschränkt auf die Abarbeitung der konkretisierten Planung des Bestellers.

Der Besteller hat auf Grund seiner Planungshoheit das Recht die Entscheidung zu treffen, ob er den funktionalen Werkerfolg verwirklicht wissen oder es bei seinen Leistungsvorgaben belassen und die Leistungspflicht des Unternehmers beschränken will. Übt er dieses ihm zustehende Recht aus, ist der Unternehmer grundsätzlich verpflichtet, dieser Konkretisierung der ursprünglichen Vereinbarung Folge zu leisten. Das Recht des Bestellers eine „unfunktionale" Werkerstellung zu bestellen, ist nur dort einzuschränken, wo es dem Unternehmer nicht zumutbar ist, diese auszuführen. Dies ist dann der Fall, wenn der Unternehmer sich gegebenenfalls einem Dritten gegenüber haftbar machen würde, oder wo öffentliche Interessen betroffen sind. Ein Verweigerungsrecht steht ihm darüber hinaus auch zu, wenn sein Betrieb die zusätzlich anfallenden Arbeiten nicht erbringen kann oder wenn Gründe des Allgemeinwohles dagegen sprechen.

Ist die Ausführung der Zusatzplanung dem Unternehmer zumutbar, so muss er diese zusätzlichen Leistungen grundsätzlich erbringen. Die Beurteilung der Zumutbarkeit erfordert eine umfassende Abwägung der Interessen beider Vertragsparteien. An die Unzumutbarkeit des Unternehmers sind erhöhte Anforderungen zu stellen. Der Unternehmer kann die Ausführung der zusätzlich anfallenden Leistungen grundsätzlich nur in engen Grenzen verweigern, da er auf Grund der Risikoverteilung des Werkvertragsrechts, mangels anderweitiger Abreden, für den Werkerfolg einstehen muss, unabhängig davon, ob dieser während der Ausführungsphase eingeschränkt wurde.

c) Planungsreduzierung

Der Bedenkenhinweis kann auch zu einer Planungsreduzierung führen, wenn nur hierdurch die Funktionalität des Bauwerkes gewahrt werden kann. Ebenso wie zusätzlich zu berücksichtigende Leistungen zu einer Änderung des Vertrages führen, muss dieser auch angepasst werden, wenn es zu einer Leistungsreduzierung kommt.

3. Der Besteller weist den Unternehmer an, die für die Verwirklichung des Bauerfolges erforderlichen Leistungen auszuführen

Erteilt der Unternehmer einen erforderlichen Bedenkenhinweis und wird er vom Besteller sodann angewiesen, die für die Verwirklichung des Bauerfolges erforderlichen zusätzlichen Leistungen auszuführen, findet eine Anpassung des Vertrages statt. Fraglich ist, ob der Bauvertrag in dieser Situation sowohl auf der Leistungs- als auch auf der Vergütungsseite angepasst werden muss, um die zusätzlich vom Unternehmer zu erbringenden erforderlichen Leistungen zu berücksichtigen.

a) Vertragsanpassung im Hinblick auf die geschuldete Primärleistung

Im Hinblick auf die geschuldete Primärleistung des Unternehmers findet eine Anpassung des Vertrages jedoch nicht statt. Der Besteller nimmt zwar von seiner ursprünglich fehlerhaften Planung Abstand, indem er vom Unternehmer zusätzliche Arbeiten verlangt, welche erforderlich sind, um den funktionalen Werkerfolg erreichen zu können. Auf der Leistungsebene schuldet der Unternehmer bei einem detaillierten Vertrag mit funktionaler Zielrichtung die Herstellung eines funktionalen Werkes.

Eine Änderung des ursprünglichen Bauzieles liegt in dieser Konstellation somit gerade nicht vor. Das Ziel, ein funktionales Bauwerk zu erstellen, bleibt unverändert bestehen, lediglich der Weg zum Ziel wird durch die Anweisung des Bestellers angepasst. Die Änderung der geschuldeten Ausführung der Leistung geht mit dem Bedenkenhinweis des Unternehmers einher, sie stellt jedoch keine Anpassung der Leistungsebene dar Aus diesem Grund ist die Leistungsanordnung des Bestellers auch im Rahmen des Bauvertrages, welchem die Vorschriften des Bürgerlichen Gesetzbuches zugrunde liegen, ohne weiteres möglich.

Der Besteller ist verpflichtet, auf den Hinweis des Unternehmers zu reagieren. Ihm muss in dieser Situation das Recht zustehen, den Unternehmer anzuweisen, die für die Verwirklichung des Bauerfolges erforderlichen Leistungen zu erbringen. Bei einem detaillierten Vertrag mit funktionaler Zielrichtung liegt die Planung des Werkes in den Händen des Bestellers. Diese von den Parteien bewusst gewählte Trennung der Planung und Ausführung darf durch die Bedenkenhinweispflicht des Unternehmers nicht umgangen werden. Dem Besteller obliegt weiterhin die Planungshoheit der Werkleistung. Um diese wahrnehmen zu können, muss es ihm daher möglich sein, auf den Bedenkenhinweis des Unternehmers zu reagieren und eine Anpassung des Vertrages verlangen zu können, durch welche der funktionale Werkerfolg erreicht werden kann.

Weist der Besteller den Unternehmer an, die für die Verwirklichung des Bauerfolges erforderlichen zusätzlichen Leistungen auszuführen, muss der Unternehmer diese mangelfrei erbringen, da er sich ansonsten gegenüber dem Besteller Gewährleistungsansprüchen ausgesetzt sieht.

b) Bei fachgerechter Umsetzung der Leistungsvorgaben des Bestellers ist das Werk des Unternehmers mangelfrei

Trägt der Besteller dem Bedenkenhinweis des Unternehmers Rechnung und weist er den Unternehmer an, die zusätzlich erforderlichen Arbeiten auszuführen, entsteht bei fachgerechter Umsetzung der zusätzlich erforderlichen Leistungsvorgaben ein mangelfreies Bauwerk.[791]

791 Vgl. *Leupertz*, BauR 2010, 273, 280.

Durch die zusätzlichen Arbeiten wird der funktionale Werkerfolg erreicht.

Stammt die Änderungsplanung vom Besteller, so muss der Unternehmer auch diese untersuchen und prüfen, ob mit den jetzigen Ausführungsvorgaben ein funktionstaugliches Bauwerk erbracht werden kann.[792] Seine Bedenkenhinweispflicht erschöpft sich nicht in einem einmaligen Hinweis, sondern besteht während der gesamten Ausführungsphase fort. Hat der Unternehmer Bedenken gegen die geänderte Planung, so muss er diese dem Besteller erneut mitteilen, um seiner Haftung zu entgehen.[793]

c) Vertragsanpassung im Hinblick auf die Vergütung

Auf Grund der Störung des Äquivalenzgefüges wird der Vertrag im Hinblick auf die Vergütung angepasst. Bisher nicht von der vereinbarten Vergütung bepreiste Leistungen müssen vom Besteller zusätzlich vergütet werden.[794]

Da die Planung vom Besteller stammt und der Fehler somit dessen Risikosphäre zugeordnet werden muss, kann der Unternehmer für die zusätzlich erforderlichen Leistungen daher eine angemessene Vergütung verlangen. Der Vergütungsanspruch des Unternehmers ergibt sich aus einer Anpassung des Vertrages auf der Vergütungsseite, welche durch Auslegung zur ermitteln ist.[795] Maßstab der Anpassung sind hierbei nicht die Selbstkosten des Unternehmers, sondern in erster Linie das Vertragspreisniveau. Lassen sich aus den vertraglichen Vereinbarungen Anhaltspunkte für die zusätzlich geschuldete Vergütung finden, so sind in erster Linie diese heranzuziehen. Dies können beispielsweise Berechnungen sein, welche an anderer Stelle im Vertrag Berücksichtigung gefunden haben und nun zu Grunde gelegt werden können. Finden sich derartige Anhaltspunkte für die Zusatzvergütung nicht, so wird die Vorschrift des § 632 Abs. 2 BGB relevant. Diese Norm ist anwendbar für den Fall, dass die Parteien eine Vergütungspflicht dem Grunde nach vereinbart, die Höhe der Vergütung jedoch nicht festgelegt haben.[796] Die Höhe der zusätzlich anfallenden Vergütung ist im Wege der ergänzenden Vertragsauslegung zu ermitteln. Sie muss auf den hypothetischen Willen der Vertragsparteien unter Berücksichtigung der erkennbaren Interessen der Parteien ermittelt werden.[797]

---

792 *Leupertz*, BauR 2010, 273, 280.

793 *Leupertz* in: FS Kapellmann, S. 253, 264; BGH, Urteil vom 29.11.1973 – VII ZR 179/71, BauR 1974, 128.

794 Vgl. 2. Teil IV. 3.

795 Vgl. 2. Teil IV. 3. b) bb) (4).

796 Glöckner/von Berg/*Dören*, § 632 BGB Rn. 313; Kniffka/*von Rintelen*, § 632 BGB Rn. 27.

797 BGH, Urteil vom 09.04.2006 - X ZR 122/05, BauR 2006, 1341, 1343.

d) *Vertragsanpassung im Hinblick auf die Leistungszeit*

Vereinbaren die Parteien eine Ausführungszeit mit einer Vertragsstrafenregelung und wird durch die Leistungsänderung die vereinbarte Zeit überschritten, muss der Vertrag jedoch auch im Hinblick auf die Leistungszeit angepasst werden. Der Besteller ist nicht schutzwürdig, wenn auf Grund seiner fehlerhaften Planung und fehlerhaften Vorgaben und Vorleistungen, zusätzliche Leistungen erforderlich werden, welche die Leistungszeit verlängern. Ist der Unternehmer darüber hinaus, entgegen der ursprünglichen Vereinbarung, nunmehr für die Änderungsplanung verantwortlich, so muss ihm eine angemessene Planungszeit zugestanden werden. Diese ist neben der zusätzlichen Ausführungszeit zu gewähren. Wie lange diese Zeit ist, ist eine Frage des Einzelfalles und je nach Art und Umfang der Änderungsplanung und des zu errichtenden Bauwerkes festzulegen.

4. Der Bedenkenhinweis wird erteilt; der Besteller reagiert nicht

a) *Die Obliegenheit des Bestellers zu reagieren*

Erteilt der Unternehmer dem Besteller einen Bedenkenhinweis, so ist dieser grundsätzlich verpflichtet, auf den Hinweis zu reagieren, um die weitere Bauausführung nicht zu gefährden und die weitere Vertragsdurchführung nicht zu gefährden. Der Besteller muss zusätzliche Leistungen, welche erforderlich sind, um den funktionalen Erfolg zu verwirklichen, nicht anordnen, da diese bei einem detaillierten Vertrag mit funktionaler Zielrichtung bereits zum geschuldeten Leistungsumfang des Unternehmers gehören. Der Besteller muss allerdings entscheiden, ob er gegen Zahlung einer Mehrvergütung den funktionalen Erfolg will oder ob er, bei gleich bleibendem Preis, das Risiko einer nicht funktionierenden Leistung hinnimmt. Diese Entscheidung, auf den erteilten Bedenkenhinweis des Unternehmers entsprechend zu reagieren, stellt eine Obliegenheit im Sinne des § 642 BGB dar, welcher der Besteller nachkommen muss.

b) *Folgen der „Nicht-Reaktion"*

Welche Folgen sich im Einzelnen ergeben können, wenn der Besteller seiner Mitwirkungsobliegenheit nicht nachkommt, ist fraglich.

aa) Leistungsseite

(1) Der Leistungsumfang des Unternehmers

In einem ersten Schritt ist zu untersuchen, ob sich die unterbliebene Mitwirkungshandlung des Bestellers auf den vertraglich geschuldeten Leistungsumfang des Unternehmers auswirken kann und eventuell zusätzlich zu den Leistungsvorgaben des Bestellers erforderliche Leistungen geschuldet sind. Es ist zunächst zu prüfen, ob der Unternehmer in dieser Situation lediglich die Abarbeitung der Bestellervorgaben schuldet, oder ob er zwingend einen funktionalen Werkerfolg erbringen muss, obwohl dieser möglicherweise dem Willen des Bestellers nicht entspricht und von den Parteien im Rahmen des zwischen ihnen geschlossenen Vertrages nicht bepreist wurde.

Ob der Unternehmer zusätzlich erforderliche Leistungen erbringen muss, welche im Vertrag nicht aufgeführt wurden, bestimmt sich nach dem vertraglich geschuldeten Leistungsumfang. Der Unternehmer ist verpflichtet, den geschuldeten Werkerfolg zu erreichen, welcher sich aus den Vereinbarungen, welche die Parteien miteinander getroffen haben, ergibt.[798]

Schuldet der Unternehmer lediglich die Abarbeitung der Bestellervorgaben, wird seine Erfolgsverpflichtung hierauf beschränkt. Er muss in dieser Vertragskonstellation keinen funktionalen Werkerfolg erbringen. Daher muss er Leistungen, welche für das Erreichen eines funktionalen Werkes erforderlich sind, nicht erbringen.[799] Eine Anpassung des Vertrages auf der Leistungs- bzw. der Vergütungsseite findet nicht statt.

Liegt dem Vertrag ein funktionales Leistungsverzeichnis zu Grunde, muss der Unternehmer unabhängig von der Bedenkenhinweispflicht alle Leistungen erbringen, welche notwendig sind, um den funktionalen Werkerfolg zu erreichen. Es gibt keine Leistungen, welche zusätzlich für die Verwirklichung des vertraglich festgelegten Erfolges erforderlich sind. Weder die Leistungs- noch die Vergütungsseite muss angepasst werden.

Der Bedenkenhinweispflicht und der darauf zu erfolgenden Reaktion des Bestellers kommt daher nur dann Bedeutung zu, wenn der Besteller die Art der Ausführung vorgegeben hat und gleichzeitig ein funktionaler Werkerfolg geschuldet wird, welcher mit der vereinbarten Ausführungsart nicht erreicht werden kann. In dieser Konstellation muss der Unternehmer den Besteller auf Unzulänglichkeiten der Planung und/oder der Leistungsbeschreibung hinweisen, wenn mit den Bestellervorgaben der funktionale Werkerfolg nicht erreicht werden kann.[800] Wie bereits dargelegt,[801] besteht die Regelannahme, dass die zu erbringende Leistung des Unternehmers funktionstauglich sein muss. Dies hat zur Folge, dass der Unternehmer ein funktionstaugliches Bauwerk erbringen muss, auch wenn dies die Erweiterung der Leistungsvorgaben des Bestellers nach sich zieht.

Es ist nunmehr fraglich, ob eine derartige Regelannahme auch gelten kann, wenn der Besteller auf den Bedenkenhinweis des Unternehmers nicht reagiert. Es ist zu prüfen, ob sich in der Situation, dass der Besteller den Bedenkenhinweis des Unternehmers ignoriert, die geschuldete Bauleistung des Unternehmers automatisch auf die Ausführung der unzureichenden Leistungsvorgaben beschränkt.[802]

798 Vgl. 2. Teil III. 1.
799 Vgl. 2. Teil V. 1. b) dd) (1).
800 Vgl. 4. Teil III. 2. a) ee) (3) (c).
801 Vgl. 2. Teil V. 1. b) dd) (3) (c).
802 *Leupertz*, BauR 2010, 273, 279; *Fuchs*, BauR 2009, 404, 410.

Die vom Besteller vorgegebenen Spezifikationen sollen weder die dem Unternehmer obliegende Ausführungsplanung noch dessen Erfolgsbewirkungspflicht einschränken. Sie dienen lediglich dazu, Punkte auf dem Weg zum funktionalen Erfolg zu markieren, um die Wünsche des Bestellers im Rahmen der Bauausführung zu berücksichtigen. Eine Einschränkung des geschuldeten Leistungsumfanges des Unternehmers soll durch die Vorgaben der Ausführung im Rahmen eines detaillierten Leistungsverzeichnisses durch den Besteller grundsätzlich gerade nicht erfolgen.

Diese Regelannahme zugunsten eines funktionalen Werkes gilt somit auch in der Konstellation, dass der Bedenkenhinweis durch den Unternehmer erfolgt ist und der Besteller sich hierzu nicht äußert. Das Sollprogramm des Vertrages wird durch die mangelnde Mitwirkung des Bestellers nicht reduziert. Somit schuldet der Unternehmer alle erforderlichen Leistungen, welche nötig sind, um den funktionalen Werkerfolg zu erbringen. Bei Leistungen, welche nicht im Leistungsverzeichnis aufgeführt sind, aber für den funktionalen Werkerfolg von Bedeutung sind, handelt es sich um zusätzlich erforderliche Leistungen. Im Gegensatz zu geänderten Leistungen muss der Besteller zusätzlich erforderliche Leistungen nicht anordnen, da diese, obwohl sie nicht verpreist sind, vom ursprünglichen Leistungsumfang gedeckt sind. Auf der Leistungsseite wird daher durch die Verletzung der Obliegenheit durch den Besteller der geschuldete Leistungsumfang nicht eingeschränkt. Der Unternehmer bleibt verpflichtet, den funktionalen Werkerfolg zu bewirken, auch wenn das Erreichen dieses Erfolges zusätzliche Leistungen erfordert. Der Unternehmer ist allein berechtigt, die eigenen Leistungen zu verweigern, für die Dauer der Verzögerung eine Entschädigung gemäß § 642 BGB zu verlangen und gegebenenfalls unter den weiteren Voraussetzungen der Vorschrift des § 643 BGB den Vertrag zu kündigen.

(2) Enthaftung für auftretende Mängel, wenn der Unternehmer nur die Vorgaben ausführt

Eine Enthaftung für aufgetretene Mängel, wenn der Unternehmer nur die Vorgaben des Bestellers ausführt, kommt nach den obigen Ausführungen nicht in Betracht.

Die Ansicht, dass der Unternehmer sich in dieser Situation darauf beschränken darf, die Bauleistung entsprechend den Leistungsvorgaben des Bestellers auszuführen, ist abzulehnen.[803] Dies obwohl der Wortlaut des § 13 Abs. 3 VOB/B für eine derartige Enthaftungsmöglichkeit spricht, da diese Norm allein an die Erteilung des Bedenkenhinweises anknüpft und nicht an die Reaktion des Bestellers. Sinn und Zweck der Bedenkenhinweispflicht ist es jedoch, den Besteller auf Fehler in seinen Vorgaben und Vorleistungen hinzuweisen und ihm die Möglichkeit zu eröffnen, diese Fehler zu korrigieren und über die weitere Art der Bauausführung zu bestimmen. Dies würde umgangen werden, wenn allein die Mitteilung des Bedenkenhinweises zu einer Reduzierung des geschuldeten Leistungsumfanges des Unternehmers führen würde. Arbeitet der Unternehmer auf Grund der Nichtäußerung des Bestellers

---

803 *Fuchs*, BauR 2009, 404, 409.

lediglich dessen Vorgaben ab, so führt dies zu einer mangelhaften Werkleistung mit der Folge, dass der Besteller Gewährleistungsansprüche gegenüber dem Unternehmer geltend machen kann.

bb) Vergütungsseite

Wurde die Änderung des Leistungsumfanges vom Besteller nicht genehmigt, ist zu untersuchen, ob der Unternehmer, wenn er zusätzlich erforderliche Leistungen erbracht hat, eine gesonderte Vergütung vom Besteller verlangen kann, oder ob er in dieser Situation die zusätzlich anfallenden Kosten selbst tragen muss und lediglich einen Aufwendungsersatzanspruch bezüglich der zusätzlich zu erbringenden Leistungen gegenüber dem Besteller geltend machen kann.

Den Interessen des Unternehmers muss auf der Vergütungsseite Rechnung getragen werden, indem die zwischen den Parteien vereinbarte Vergütung angepasst wird. Kommt der Unternehmer seiner Bedenkenhinweispflicht nach, so fällt die fehlerhafte Planung des Bestellers nicht mehr in seine Risikosphäre und er muss entsprechend für die zusätzlich anfallenden Mehrkosten entschädigt werden.

Diese Anpassung basiert auf der Äquivalenzerwartung der Parteien, welche zur Grundlage des Vertrages gehört.[804] Die Vertragsparteien gehen bei Abschluss des Vertrages davon aus, dass die von ihnen zu erbringende Leistung durch eine entsprechende Gegenleistung der anderen Partei „gedeckt ist". Stimmen Leistung und Gegenleistung nicht überein, wird die Äquivalenzerwartung der Parteien gestört. Dem Unternehmer steht für die zusätzlich zu erbringenden Leistungen daher ein Mehrvergütungsanspruch zu. Auf welche Grundlage ein derartiger Anspruch gestützt werden kann, ist umstritten.[805] Nach obigen Ausführungen leitet sich ein derartiger Anspruch aus der Auslegung (§§ 133, 157 BGB) des zwischen den Parteien geschlossenen Bauvertrages ab.[806]

Ob diese Anspruchsgrundlage auch im Falle der „Nichtreaktion" des Bestellers in Betracht kommt, ist fraglich, da deren Heranziehung den übereinstimmenden Willen der Anpassung des Vertrages durch die Parteien voraussetzt[807] und ein derartiger Wille gerade nicht besteht.

(1) Der Anspruch des Unternehmers auf eine zusätzliche Vergütung durch ergänzende Vertragsauslegung

Reagiert der Besteller hingegen nicht auf den Bedenkenhinweis des Unternehmers findet eine Anpassung des Vertrages auf der Vergütungsseite nicht statt. Eine derartige „Anpassung" verlangt nach den Grundsätzen der Rechtsgeschäftslehre zwei übereinstimmende Willenserklärungen zwischen den Parteien, welche jedoch gerade nicht

---

804 Vgl. *Leupertz*, BauR 2010, 273, 280.
805 Vgl. 2. Teil IV. 3. b) bb).
806 Vgl. 2. Teil IV. 3. b) bb) (4).
807 Vgl. 2. Teil IV. 3. b) bb) (4).

vorliegen. Ein vertraglich vereinbarter Anspruch auf eine Zusatzvergütung steht dem Unternehmer daher nicht zu.

Auch eine Anpassung der Vergütung durch eine ergänzende Vertragsauslegung nach §§ 133, 157 BGB kommt nicht in Betracht. Der Auslegung des zwischen den Parteien geschlossenen und wirksamen Vertrages ist zwar zu entnehmen, dass sich die vereinbarte Vergütung allein auf die gemeinsam zugrunde gelegten Ausführungsmaßnahmen bezieht, und dass im Fall zusätzlicher Ausführungsmaßnahmen grundsätzlich eine Zusatzvergütung geschuldet wird. Ein derartiger Vergütungsanspruch setzt aber voraus, dass der Besteller mit der Erbringung der zusätzlich anfallenden Leistungen einverstanden ist. Bei Verträgen, denen eine detaillierte Planung des Bestellers zu Grunde liegt, obliegt dem Besteller die Planungshoheit, in welche der Unternehmer nicht einseitig eingreifen darf. Dem Besteller steht es in dieser Situation frei, die zusätzlich erforderlichen Leistungen zu verlangen oder den funktionalen Werkerfolg zu reduzieren.[808] Auf Grund der Trennung zwischen Planung und Ausführung ist es dem Unternehmer daher nicht gestattet, einseitig den „Weg zum funktionalen Werk“ zu ändern, ohne dem Besteller die Gelegenheit zu geben, auf den Bedenkenhinweis zu reagieren.

In Betracht kommt jedoch möglicherweise ein Aufwendungsersatzanspruch.

(2) Der Anspruch des Unternehmers auf eine zusätzliche Vergütung anhand der Grundsätze der Geschäftsführung ohne Auftrag

Dem Unternehmer steht in dieser Konstellation kein Aufwendungsersatzanspruch aus dem Gesichtspunkt der Geschäftsführung ohne Auftrag zu. Wie bereits erläutert, handelt der Unternehmer nicht ohne Auftrag, wenn er bei einem detaillierten Bauvertrag mit funktionaler Zielvorgabe, die zusätzlich erforderlichen Leistungen als zum vertraglich geschuldeten Leistungsumfang gehörend erbringen muss.[809] Diese sind bereits Teil seiner Leistungspflicht.

(3) Der Anspruch des Unternehmers auf eine zusätzliche Vergütung nach den Grundsätzen der Störung der Geschäftsgrundlage

Fraglich ist, ob eine Anpassung der Vergütung nach den Grundsätzen der Störung der Geschäftsgrundlage gemäß § 313 Abs. 2 BGB in Betracht kommen kann. Ein derartiger Anspruch erfordert zunächst eine Störung des Äquivalenzgefüges. Es entspricht dem Wesen eines vertraglichen Austauschgeschäfts, dass die rechtsgeschäftlichen Leistungen und Gegenleistungen nach den Vorstellungen der Vertragsparteien grundsätzlich gleichwertig sein sollen.[810] Deckt sich der auf der Leistungsseite geschuldete Umfang nicht mit der vereinbarten Vergütung liegt eine Störung des Äquivalenzgefüges vor. Da der Unternehmer, um seiner Erfolgshaftung

---

808 Vgl. 5. Teil III.

809 Vgl. 2. Teil IV. 3. b) bb) (3).

810 *Leupertz*, BauR 2010, 273, 280.

zu genügen, zusätzlich erforderliche Leistungen erbringen muss, ohne hierfür eine Vergütung zu erhalten, liegt eine derartige Störung vor.[811]

Ein Anspruch auf Anpassung der Vergütung kommt jedoch nur in Betracht, wenn ein Festhalten am Vertrag den Parteien unzumutbar ist. Das Festhalten am Vertrag ist dann unzumutbar, wenn die weitere Durchführung zu untragbaren, mit Recht und Gerechtigkeit nicht mehr zu vereinbarenden Ergebnissen führen würde.[812] Auf Grund dieser hohen Hürde kommt ein Rückgriff auf den Wegfall der Geschäftsgrundlage zur Begründung der Vertragsanpassung im Regelfall nicht in Betracht.[813] Das Rechtsinstitut der Störung der Geschäftsgrundlage wurde für Fälle geschaffen, in denen ein Festhalten am Vertrag für die Parteien schlechterdings untragbar war.[814] Diese Hürde kann in der vorliegenden Konstellation in der Regel nicht überwunden werden, so dass ein Anspruch des Unternehmers auf Vertragsanpassung nach § 313 Abs. 2 BGB nicht hergeleitet werden kann.

(4) Zusammenfassung

Der Unternehmer ist verpflichtet, die Reaktion des Bestellers auf den Bedenkenhinweis abzuwarten. Erbringt er dennoch Leistungen, welche erforderlich waren, um den funktionalen Werkerfolg herbeiführen zu können, obwohl diese nicht bepreist waren, steht ihm daher kein Anspruch auf eine zusätzliche Vergütung gegenüber dem Besteller zu.

c) Rechtsfolgen des Verstoßes der Mitwirkungshandlung durch den Besteller

Grundsätzlich stellt die unterlassene Mitwirkung des Bestellers eine Obliegenheitsverletzung dar.[815] Den Parteien steht es im Rahmen des Bauvertrages jedoch frei, Mitwirkungshandlungen des Bestellers als Pflichtverletzungen zu qualifizieren.[816]

---

811 Vgl. 2. Teil IV. 3. b).

812 BGH, Urteil vom 29.04.1982 - III ZR 154/80, NJW 1982, 2184; BGH, Urteil vom 04.07.1996 - I ZR 101/94, NJW 1997, 320.

813 Vgl. 2. Teil IV. 3. b) bb) (3).

814 Vgl. 2. Teil IV. 3. b) bb) (3).

815 *Leupertz*, BauR 2010, 1999; *Leupertz*, BauR 2014, 381, 386; *Peters*, NZBau 2011, 641; *Kapellmann*, NZBau 2011, 193; Palandt/*Sprau*, § 642 BGB Rn. 1; Messerschmidt/Voit-*Strickler*, § 642 BGB Rn. 10; BGH, Urteil vom 27.11.2008 – VII ZR 206/06, NJW 2009, 582; zum Meinungsstand: *Scheube* in: Jahrbuch Baurecht 2006, S. 83, 86 ff.

816 *Stamm*, BauR 2002, 1, 6; *Armbrüster/Binkert*, NZBau 2006, 153, 154; MüKoBGB/*Busche*, § 642 BGB Rn. 2 ff.; *Hofmann* in: FS von Craushaar, S. 223; BGH, Urteil vom 21.10.1999 – VII ZR 185/09, NJW 2000, 1336; Palandt/*Sprau*, § 642 BGB Rn. 3; Messerschmidt/Voit/*Strickler*, § 642 BGB Rn. 10.

aa) Der Besteller verstößt gegen eine Mitwirkungsobliegenheit

Im Zuge der Ausführung eines Bauvertrages sind eine Vielzahl von Handlungen des Bestellers erforderlich, damit der Unternehmer in die Lage versetzt wird, seine Leistungen ordnungsgemäß zu erbringen. Es geht um Handlungen, welche für die vertragsgemäße Herstellung des Werkes von Bedeutung sind, da von ihrer Durchführung durch den Besteller die geplante Ausführung abhängt.[817] Derartige Mitwirkungshandlungen des Bestellers haben ihren Grund vor allem im Charakter des Bauvertrages als individuellem Langzeitvertrag mit Rahmencharakter. Das Bauwerk wird den Bedürfnissen des Bestellers individuell angepasst und stellt in aller Regel ein Unikat dar, welches vom Unternehmer nur einmal errichtet wird. Um den Anforderungen und Wünschen des Bestellers zu entsprechen, kommt im Rahmen des Bauvertrages der vertrauensvollen Zusammenarbeit der Vertragsparteien daher eine gesteigerte Bedeutung zu.

Mitwirkungshandlungen des Bestellers können sowohl im Rahmen der Planungs- als auch der Ausführungsphase erforderlich werden, damit der geschuldete Werkerfolg überhaupt verwirklicht werden kann. Der Unternehmer ist während der Herstellungsphase des Bauwerkes häufig auf die Mitwirkung des Bestellers angewiesen.[818]

Welche Rechtsnatur Mitwirkungshandlungen des Bestellers haben, ist durch Auslegung des zwischen den Parteien vereinbarten Vertrages zu ermitteln (§§ 133, 157 BGB).[819] In Betracht kommt, dass es sich bei der Mitwirkungshandlung des Bestellers um eine Vertragspflicht in Form einer Nebenleistungspflicht handelt. Es kann aber auch eine nicht einklagbare Obliegenheit vorliegen.[820]

Die Mitwirkungshandlungen des Bestellers stellen, ohne eine entsprechende Vereinbarung zwischen den Parteien, in der Regel Obliegenheiten dar.[821] Bei einer Obliegenheit steht es dem Besteller als „Obliegenheitsbelasteten" frei, die gebotene Handlung vorzunehmen oder zu unterlassen.[822] Die Befolgung der Obliegenheit liegt ausschließlich in seinem eigenen Interesse, da die Rechtsfolgen, welche sich aus der mangelnden Mitwirkung ergeben, ihn alleine treffen. Nur er selbst erleidet durch seine „Nichtmitwirkung" einen rechtlichen Verlust oder einen rechtlichen Nachteil.[823]

Reagiert der Besteller auf den erteilten Bedenkenhinweis daher nicht oder zu spät, so geht dies ausschließlich zu seinen Lasten. Der Unternehmer ist bis zum Ablauf der Bedenkenfrist gezwungen, abzuwarten, um sich keinen Gewährleistungsansprüchen seitens des Bestellers ausgesetzt zu sehen, oder gar seinen Vergütungsanspruch zu verlieren. Der Unternehmer kann in dieser Situation die weitere

817 MüKoBGB/*Busche*, § 642 BGB Rn. 6.
818 MüKoBGB/*Busche*, § 642 BGB Rn. 1.
819 MüKoBGB/*Busche*, § 642 BGB Rn. 2.
820 MüKoBGB/*Busche*, § 642 BGB Rn. 2.
821 BGH, Urteil vom 27.11.2008 – VII ZR 206/06, NJW 2009, 582.
822 *Kapellmann*, NZBau 2011, 193.
823 *Kapellmann*, NZBau 2011, 193, 194.

Bauausführung einstellen, ohne dass er sich Forderungen seitens des Bestellers ausgesetzt sieht.

Wollen die Parteien die Mitwirkungshandlungen des Bestellers als vertragliche Nebenpflichten klassifizieren, so müssen sie dies individualvertraglich vereinbaren, da ohne eine entsprechende vertragliche Abrede lediglich eine Gläubigerobliegenheit vorliegt. Ist der Unternehmer für die Fortführung seiner Werkleistung auf eine Entscheidung des Bestellers über die in Ansehung des Bedenkenhinweises gewünschte Art der Ausführung angewiesen, handelt es sich bei der „Nichtreaktion des Bestellers" um eine Obliegenheitsverletzung. Verletzt der Besteller seine Mitwirkungsobliegenheit, kann hieraus keine Pflichtverletzung abgeleitet werden. Dies hat zur Folge, dass der Unternehmer im Fall der Verletzung von gebotenen Handlungen des Bestellers keine Schadensersatzansprüche gegenüber dem Besteller geltend machen kann, sondern möglicherweise auf sein Leistungsverweigerungsrecht beschränkt bleibt.

Auf Grund der Trennung zwischen Planung und Ausführung muss der Unternehmer eine Entscheidung des Bestellers über den weiteren Fortgang der Bauarbeiten herbeiführen und abwarten. Bleibt der Besteller in dieser Situation untätig und trifft er die gebotene Entscheidung nicht, kann der Unternehmer gemäß § 642 BGB unter den dort genannten Voraussetzungen[824] eine angemessene Entschädigung beanspruchen oder den Vertrag kündigen (§ 643 BGB).[825]

bb) Reaktionsmöglichkeiten des Unternehmers bei einer unterlassenen Mitwirkung des Bestellers

Insbesondere bei der Abwicklung von Bauprojekten kommt der Mitwirkung des Bestellers durch eigene Handlungen eine große Bedeutung zu. Das Unterlassen einer derartigen Mitwirkung durch den Besteller zwingt den Unternehmer zu einer Reaktion in Bezug auf die weitere Ausführung des Bauvorhabens.[826] Der Unternehmer kann nach §§ 642, 643 BGB in erster Linie die weitere Bauausführung verweigern und den Vertrag kündigen.[827] Will der Unternehmer sich vom Vertrag lösen, so muss er den Besteller zur Vornahme der gebotenen Mitwirkungshandlung in einer angemessenen Frist auffordern und für den fruchtlosen Fristablauf die Kündigung androhen. Nach fruchtlosem Fristablauf ist der Vertrag nach § 643 BGB dann aufgehoben.[828]

Es steht ihm jedoch auch frei, am Vertrag festzuhalten.

(1) Leistungsverweigerungsrecht des Unternehmers

Dem Unternehmer steht in der Situation, dass der Besteller auf den Bedenkenhinweis nicht reagiert, ein vorübergehendes Leistungsverweigerungsrecht zu. Der

824 Auf diesen Aspekt wird im Rahmen der vorliegenden Arbeit nicht eingegangen.
825 MüKoBGB/*Busche*, § 642 BGB Rn. 6 ff.; vgl. Kniffka/*Pause/Vogel*, § 642 BGB Rn. 13 ff.
826 Vgl. *Skauradszun/Eix*, NZBau 2010, 86.
827 Vgl. 5. Teil III. 1. d).
828 Vgl. *Kniffka* in: Kniffka/Koeble, 8. Teil Rn. 37.

Unternehmer ist verpflichtet, dem Besteller eine Reaktionsfrist zu setzen, damit dieser seine Planungsvorgaben entsprechend anpassen kann oder den Unternehmer auffordern, an der ursprünglich vereinbarten Ausführungsart festzuhalten. Der Unternehmer kann während dieser „Fristsetzungsphase" seine Leistung verweigern. wenn diese mangels einer Reaktion des Bestellers auf den Bedenkenhinweis nicht fortgeführt werden kann.

(2) Werkunternehmer kündigt den Vertrag

Reagiert der Besteller auch nach Ablauf der Frist nicht, so gerät der Besteller in Annahmeverzug und der Unternehmer kann seine Leistung nach Kündigung des Vertrages endgültig verweigern.

(a) Kündigung des Vertrages durch den Unternehmer gemäß §§ 642, 643 BGB

Der Unternehmer kann den Bauvertrag nach § 643 BGB kündigen, wenn der Besteller seine Mitwirkungsobliegenheit nach § 642 BGB verletzt hat und er mit der erforderlichen Handlung in Annahmeverzug geraten ist.[829] Der Unternehmer muss dem Besteller eine angemessene Frist zur Erbringung der Mitwirkungshandlung setzen und gleichzeitig die Vertragsauflösung androhen. Nach Ablauf der Frist tritt die Kündigungswirkung automatisch ein und der Unternehmer kann einen der geleisteten Arbeit entsprechenden Teil der Vergütung und Ersatz der in der Vergütung nicht inbegriffenen Auslagen verlangen, § 645 Abs. 1 S. 1 BGB i.V.m. § 645 Abs. 1 S. 2 BGB.[830]

(b) Anspruch auf eine angemessene Entschädigung gemäß § 642 BGB

Der Unternehmer kann über die bereits verdiente Vergütung hinaus eine angemessene Entschädigung beanspruchen.[831] Der Entschädigungsanspruch nach § 642 BGB ist verschuldensunabhängig und besteht, sobald der Besteller in Annahmeverzug geraten ist.[832] Die Höhe der Entschädigung bestimmt sich nach der Dauer des Verzuges und der Höhe der zwischen den Parteien vereinbarten Vergütung.[833]

---

829 MüKoBGB/*Busche*, § 643 BGB Rn. 3; Messerschmidt/Voit/*Strickler*, § 643 BGB Rn. 4; Palandt/*Sprau*, § 643 BGB Rn. 2; Kniffka/*Pause/Vogel*, § 643 BGB Rn. 5; *Vogel*, BauR 2011, 313, 325.

830 *Vogel*, BauR 2011, 313, 326; Palandt/*Sprau*, § 643 BGB Rn. 2; Messerschmidt/Voit/*Strickler*, § 643 BGB Rn. 16; MüKoBGB/*Busche*, § 643 BGB Rn. 10; Kniffka/*Pause/Vogel*, § 643 BGB Rn. 14.

831 *Sienz*, BauR 2014, 390 f.; Messerschmidt/Voit/*Stickler*, § 642 BGB Rn. 34; MüKoBGB/*Busche*, § 642 BGB Rn. 16; Kniffka/*Pause/Vogel*, § 642 Rn. 52.

832 Kniffka/*Pause/Vogel*, § 642 BGB Rn. 52; Messerschmidt/Voit/*Strickler*, § 642 BGB Rn. 36; *Leupertz*, BauR 2014, 381, 388; *Roskosny/Bolz*, BauR 2006, 1804, 1807.

833 MüKoBGB/*Busche*, § 642 BGB Rn. 17 f.; Kniffka/*Pause/Vogel*, § 642 BGB Rn. 54; Messerschmidt/Voit/*Stickler*, § 642 BGB Rn. 40 ff.

(3) Schadensersatzanspruch des Unternehmers nach §§ 280 Abs. 1, 280 Abs. 2, 286 BGB

Die für die erfolgreiche Durchführung des Bauvertrages notwendigen Mitwirkungshandlungen stellen in der Regel lediglich eine Gläubigerobliegenheit dar. Den Vertragsparteien steht es jedoch auch frei, diese Handlungen des Bestellers als Mitwirkungspflichten zu qualifizieren mit der Folge, dass dem Unternehmer gegenüber dem Besteller Schadensersatzansprüche zustehen können. Eine derartige Einordnung und die Konsequenzen, welche sich hieraus ergeben, müssen im Bauvertrag unzweifelhaft zum Ausdruck kommen. Es genügt nicht, die dem Besteller obliegenden Mitwirkungshandlungen pauschal als vertragliche Nebenpflichten zu klassifizieren. Dies würde in Allgemeinen Geschäftsbedingungen gegenüber einem „Verbraucherbesteller" gegen wesentliche Grundgedanken der gesetzlichen Regelung verstoßen und wäre daher unwirksam. Die Parteien müssen daher für jede Mitwirkungshandlung bestimmen, ob der Unternehmer im Falle eines Verstoßes Schadensersatz verlangen kann, da der Besteller eine vertragliche Nebenpflicht verletzt hat. Soweit in der unterbliebenen Mitwirkung des Bestellers ein Verstoß gegen eine vertragliche Nebenpflicht gesehen werden kann, kann der Unternehmer seinen weitergehenden Schaden in diesem Fall daher nach §§ 280 Abs. 1, 2, 286 BGB ersetzt verlangen.

cc) Der Werkunternehmer hält am Vertrag fest und errichtet ein mangelhaftes Werk

Nach den Grundsätzen der Privatautonomie ist der Unternehmer nicht verpflichtet, den Vertrag aufzulösen. Es steht ihm auch frei, an der zwischen ihm und dem Besteller geschlossenen Vereinbarung festzuhalten und seine ursprünglich vereinbarte Bauleistung zu erbringen. Die Tatsache, dass diese Leistung an einem Mangel leidet, führt in der Regel nicht dazu, dass es dem Unternehmer unmöglich ist, seine Arbeiten fortzuführen.[834] Die Bedenkenhinweispflicht und die Reaktion des Bestellers dienen in erster Linie dazu, etwaige Mängel bereits während der Bauerrichtungsphase zu vermeiden und das Werk vertragsgerecht zu errichten. Durch den erteilten Bedenkenhinweis hat der Unternehmer dem Besteller vor Augen geführt, dass mit den Vorgaben des Bestellers ein funktionstaugliches Werk nicht errichtet werden kann und ihn ausreichend gewarnt. Nach Ablauf der Reaktionsfrist steht es dem Unternehmer frei, seine Arbeiten auch wieder aufzunehmen und auf Grundlage der unverändert bestehenden Planung das Werk zu errichten. In dieser Situation ist es jedoch erforderlich, dass der Unternehmer seine Arbeitsaufnahme nochmals gesondert ankündigt und dem Unternehmer mitteilt, dass er nun ein mangelhaftes Werk errichten wird.[835] Da der Unternehmer in dieser Konstellation seiner Bedenkenhinweispflicht ordnungsgemäß nachgekommen ist, kann er für den späteren Mangel

834 *Hummel*, BauR 2015, 329, 343.
835 *Hummel*, BauR 2015, 329, 343.

nicht haftbar gemacht werden. Der Besteller trägt daher bei einer „Nicht-Reaktion" das Risiko, dass das Werk mangelhaft errichtet wurde und er den Unternehmer nicht mehr in Anspruch nehmen kann.

dd) Der Werkunternehmer hält am Vertrag fest und ändert eigenmächtig die Vorgaben des Bestellers

Der Wunsch des Unternehmers an dem Vertrag festzuhalten, kann beispielsweise dann der Fall sein, wenn die Ausführungsarbeiten weitgehend abgeschlossen sind oder das Bauwerk für den Unternehmer ein Prestigeobjekt darstellt und er dieses funktionstauglich fertigstellen möchte.

Besteht in dieser Konstellation ein Interesse des Werkunternehmers am Festhalten des Vertrages, so ist zu fragen, welche Rechtsfolgen sich hieraus ergeben können, wenn der Besteller seine Mitwirkungshandlung unterlässt, der Unternehmer ein mangelfreies Bauwerk jedoch nur mit einer Änderung der Ausführungsvorgaben des Bestellers erreichen kann. Der Unternehmer wird grundsätzlich von seiner Mängelhaftung frei, wenn er den Besteller ordnungsgemäß auf seine Bedenken hingewiesen hat und er aus dem Verhalten des Bestellers den Schluss ziehen durfte, dass dieser an seinen Ausführungsvorgaben festhalten wolle.[836]

Der Unternehmer befindet sich in der vorliegenden Konstellation in einer Zwickmühle. Hält er an den Bestellervorgaben fest, so produziert er einen Mangel, da der geschuldete Erfolg nicht verwirklicht wird. Ändert er eigenmächtig die Vorgaben des Bestellers, so läuft er Gefahr, für seine zusätzlich anfallenden Ausgaben keine Kompensation zu erhalten.[837]

In dieser Pattsituation muss der Unternehmer dem Besteller nach Erteilung des Bedenkenhinweises eine weitere angemessene Reaktionsfrist setzen und nochmals nachfragen, bevor er eine untaugliche Leistung erbringt. Schweigt der Besteller nach Ablauf der zweiten Reaktionsfrist auch auf diesen erneuten Hinweis ist fraglich, welche Folgen sich daraus ergeben, wenn der Unternehmer am Vertrag festhalten will. Ist der Unternehmer in dieser Situation gezwungen, ein mangelhaftes Werk zu errichten oder kann er einseitig Änderungen an den Ausführungsvorgaben des Bestellers vornehmen, um den geschuldeten Erfolg erreichen zu können.

Fraglich ist daher, ob es vorliegend ausnahmsweise zulässig sein kann, dass der Unternehmer einseitig in die Planungshoheit des Bestellers eingreift und diesem einen Alternativvorschlag unterbreitet, durch welchen der Vertrag angepasst wird, und so die bestehende Pattsituation, dass der Unternehmer entweder ein mangelhaftes Werk erstellt oder seinen Anspruch auf zusätzliche Vergütung verliert, aufgelöst wird.

---

836 *Kniffka* in: Kniffka/Koeble, 6. Teil Rn. 53.
837 Vgl. 5. Teil III.

(a) Die Anpassung des Vertrages durch stillschweigende Annahme des Alternativvorschlages des Unternehmers bei einem „Verbraucherbesteller"

Wurde der Bauvertrag zwischen einem Unternehmer und einem „Verbraucherbesteller" geschlossen, so ist es dem Unternehmer nicht gestattet, einseitig in die Planungshoheit des Bestellers einzugreifen.

Reagiert der Besteller bis zum Ablauf der ihm gesetzten Frist nicht, so steht dem Unternehmer nur das Recht zu, die Leistung zu verweigern oder nach entsprechender Androhung den Vertrag zu kündigen. Eine Anpassung des Vertrages durch die stillschweigende Annahme des Alternativvorschlages des Unternehmers kommt in dieser Situation nicht in Betracht. Der „Verbraucherbesteller" ist insoweit gegenüber einem Unternehmer schutzwürdig.

(b) Die Anpassung des Vertrages durch stillschweigende Annahme des Alternativvorschlages des Unternehmers bei einem „Unternehmerbesteller"

Ob eine Anpassung des Vertrages durch eine stillschweigende Annahme des Alternativvorschlages des Unternehmers bei einem „Unternehmerbesteller" in Betracht kommen kann, erscheint auf den ersten Blick äußerst fraglich. Es gilt der Grundsatz „pacta sunt servanda", welcher es dem Unternehmer nicht ermöglicht, einen geschlossenen Vertrag einseitig zu ändern.

Würde man eine derartige einseitige Anpassungsmöglichkeit bejahen, wäre die von den Parteien vertraglich festgelegte Trennung zwischen Planung und Ausführung durchbrochen. Die Planungshoheit steht zunächst uneingeschränkt dem Besteller zu, in diese darf der Unternehmer nur unter äußerst engen Voraussetzungen eingreifen, etwa wenn durch die Ausführungsunterbrechung Gefahr für Leib oder Leben droht. Liegt eine derartige Ausnahmesituation nicht vor, muss der Unternehmer die Reaktion des Bestellers grundsätzlich abwarten und kann die Planungsleistung des Bestellers nicht einseitig ändern.

Fraglich ist, ob sich hieran etwas ändert, wenn der Besteller auf den Bedenkenhinweis des Unternehmers innerhalb der ihm gesetzten Frist nicht reagiert. Die Reaktion des Bestellers stellt in aller Regel lediglich eine Obliegenheit dar mit der Konsequenz, dass ein Verstoß keine Schadensersatzansprüche des Unternehmers gegenüber dem Besteller begründet. Es ist daher zu untersuchen, ob die „Nichthandlung" des Bestellers zu einer stillschweigenden Änderung des ursprünglich geschlossenen Vertrages führen kann.

Möchte der Unternehmer am Bauvertrag festhalten und den vereinbarten Erfolg realisieren, obwohl hierfür zusätzliche Leistungen notwendig sind, so muss er dem Besteller zunächst eine weitere, zweite Frist setzen. Diese zweite Fristsetzung muss dem Besteller die Konsequenzen seiner Nichtreaktion auf den Bedenkenhinweis des Unternehmers deutlich vor Augen führen und keine Zweifel an den eintretenden Rechtsfolgen offen lassen. Der Unternehmer muss diese zweite Frist mit einem

Alternativvorschlag verbinden und dem Besteller die daraus resultierenden Mehrkosten exakt darlegen. In dieser konkreten Situation besteht nach Treu und Glauben die Möglichkeit, dass der Unternehmer einseitig in die Planungshoheit des Bestellers eingreifen kann. Durch diese erneute Fristsetzung wird dem Unternehmerbesteller deutlich vor Augen geführt, dass nach Ablauf dieser Frist die einseitige Änderung des ursprünglichen Vertrages herbeigeführt werden kann und der Unternehmer die Planungsvorgaben des Bestellers einseitig ändern kann, und er dann eventuell auftretende Mehrkosten zu tragen hat, sollte er innerhalb der zweiten Fristsetzung nicht reagieren.

Durch die zweifache Fristsetzung wird einem Unternehmerbesteller ausreichend Gelegenheit gegeben zu reagieren und damit seiner Obliegenheit nachzukommen, um einen Eingriff in seine Planungshoheit und die daraus resultierenden Folgen zu verhindern. Kommt er innerhalb dieser doppelten Fristsetzung seiner Obliegenheit nicht nach, indem er weder auf den rechtmäßig erteilten Bedenkenhinweis noch auf den Alternativvorschlag reagiert, so ist der Unternehmerbesteller gegenüber dem Unternehmer nicht schutzwürdig. In dieser Situation kann daher der Vertrag zu Lasten des Bestellers einseitig angepasst und verhindert werden, dass ein mangelhaftes Werk entsteht, ohne dass der Unternehmer seinen Mehrvergütungsanspruch verliert.

(c) Verlust des Rügerechts des „Unternehmerbestellers“

Muss der Unternehmer von den Vorgaben des Bestellers einseitig abweichen, um den geschuldeten Werkerfolg verwirklichen zu können, so kann dieser die Abnahme der, ohne seine Zustimmung, geänderten Leistung grundsätzlich verweigern und vom Unternehmer eine Änderung nach seinen Vorstellungen verlangen.[838]

Ein derartiges Verweigerungsrecht steht dem „Unternehmerbesteller“ jedoch nur zu, wenn der Unternehmer einseitig in die Planungshoheit des Bestellers eingegriffen hat. Ändert der Unternehmer nach zweimaliger Aufforderungsfrist die Vorgaben des Bestellers, so liegt ein Eingriff in die Planungshoheit des „Unternehmerbestellers“ jedoch gerade nicht mehr vor. Dieser verliert durch seine „Nichtreaktion“ in diesem Punkt sein Planungsrecht und kann daher die Änderung der Ausführung durch den Unternehmer nicht mehr rügen und damit auch eine Änderung nach seinen Vorstellungen nicht mehr verlangen.

838 Vgl. 5. Teil III.

(d) Vergütungsanspruch des Unternehmers gegenüber dem „Unternehmerbesteller"

Die Anpassung des Vertrages durch die stillschweigende Annahme des Alternativvorschlages des Unternehmers hat zur Folge, dass dem Unternehmer gegenüber dem Besteller ein zusätzlicher Vergütungsanspruch zusteht. Dieser Anspruch bemisst sich nach der dem Vertrag zugrunde gelegten Vergütung, welche durch Auslegung zu ermitteln ist.[839]

839 Vgl. 2. Teil III. 3. b) bb) (4).

6. Teil: Ergebnis

Der geschuldete Erfolg bestimmt sich nach den vertraglichen Vereinbarungen, welche die Parteien getroffen haben.

Es steht den Parteien im Rahmen ihrer Vertragsautonomie frei, den geschuldeten Erfolg funktional oder detailliert oder detailliert mit funktionaler Zielrichtung zu bestimmen.

Kommt der Unternehmer seiner Bedenkenhinweispflicht nicht nach und errichtet das Bauwerk mangelhaft, muss der Unternehmer gegenüber dem Besteller bereits nach den Vorschriften der §§ 633 ff. BGB einstehen, ohne dass es darauf ankommt, ob der Unternehmer seiner Prüfungs- und Bedenkenhinweispflicht ordnungsgemäß nachgekommen ist oder nicht. Der Prüfungs- und Bedenkenhinweispflicht kommt in diesem Zusammenhang keine eigenständige Bedeutung zu.

Die Erteilung des ordnungsgemäßen und rechtzeitigen Bedenkenhinweises führt auf der Leistungsebene zu einer Enthaftung des Unternehmers. Die Reichweite der Bedenkenhinweispflicht ist objektiv zu bestimmen. Subjektive Komponenten können den Umfang der Bedenkenhinweispflicht nicht einschränken. Verfügt der Unternehmer über Spezialkenntnisse, erweitert sich seine Bedenkenhinweispflicht entsprechend.

Wird der funktionale Erfolg durch detaillierte Vorgaben des Bestellers beschrieben und stehen diese Positionen in Widerspruch zueinander, so ist grundsätzlich von einem Vorrang der funktionalen Erfolgsabrede auszugehen. Lediglich in dieser Konstellation kommt der Bedenkenhinweispflicht eine eigenständige Bedeutung zu. Der Unternehmer ist in dieser Situation verpflichtet, alle Leistungen zu erbringen, welche notwendig sind, um den funktionalen Werkerfolg zu verwirklichen. Der Interessenausgleich erfolgt auf der Vergütungsseite, indem der Vergütungsanspruch des Unternehmers angepasst wird. Er unterliegt bezüglich seines Anspruches auf angepasste Vergütung einer selbstständigen Hinweispflicht gemäß § 241 Abs. 2 BGB. Verletzt der Unternehmer in dieser Situation seine Bedenkenhinweispflicht, begeht er gegenüber dem Besteller eine selbstständige Pflichtverletzung und macht sich im Ausgangspunkt schadensersatzpflichtig.

Die Bedenkenhinweispflicht ist somit januskopfig ausgestaltet. Sie kann auf der Leistungsseite eine Enthaftung des Unternehmers bewirken, während sie auf der Vergütungsseite als selbstständige Nebenleistungspflicht des Unternehmers, welche zu einem Schadensersatzanspruch des Bestellers nach §§ 280 Abs. 1, 242 Abs. 2 BGB führen kann, ausgestaltet ist.

Das Merkmal der Erkennbarkeit der Fehlerhaftigkeit der Vorgaben des Bestellers, dessen Planung oder den Leistungen anderer Baubeteiligter spielt auf der Leistungsebene keine Rolle. Der Unternehmer muss für den vereinbarten Erfolg unabhängig davon einstehen, ob er etwaige Mängel erkennen konnte oder nicht. Ob dem Unternehmer die Mangelhaftigkeit der Planung erkennbar war, spielt jedoch auf der Vergütungsseite eine Rolle, indem sich der Unternehmer in dieser Situation keinem Schadensersatzanspruch des Bestellers ausgesetzt sieht, mit welchem dieser die Aufrechnung gegen den Anspruch des Unternehmers auf eine angepasste Vergütung erklären kann.

Erteilt der Unternehmer einen formal und inhaltlich tauglichen Bedenkenhinweis, ist das weitere Vorgehen abhängig von der Reaktion des Bestellers, da es dem Unternehmer nicht gestattet ist, einseitig in die Planungshoheit des Bestellers einzugreifen. Reagiert der Besteller auf den berechtigten Hinweis des Unternehmers kann er im Ausgangspunkt den Bedenken entweder abhelfen oder den Bedenkenhinweis als unbegründet zurückweisen. Er kann aber auch die Bedenken des Unternehmers teilen, diesen aber anweisen, die Leistung wie ursprünglich geplant auszuführen. Daneben steht dem Besteller aber auch das Recht zu, den Unternehmer anzuweisen, eine Leistungsanpassung herbeizuführen, welche ihn auf der Vergütungsseite am wenigsten belastet.

Reagiert der Besteller auf den Bedenkenhinweis des Unternehmers nicht, ist zunächst zu berücksichtigen, dass dem Schweigen des Bestellers keine rechtsgeschäftliche Bedeutung zukommt. Hierin kann weder eine Abhilfe noch eine Zurückweisung des Bedenkenhinweises gesehen werden. Der Unternehmer ist in dieser Situation zunächst verpflichtet, eine Reaktion des Bestellers abzuwarten. Nach Ablauf dieser Frist kann der Unternehmer den Vertrag kündigen oder am Vertrag festhalten. Hält er am Vertrag fest, stehen ihm zwei Möglichkeiten zur Verfügung. Er kann entweder das Werk mangelhaft errichten oder die Vorgaben des Bestellers einseitig ändern. Dieses einseitige Änderungsrecht kann jedoch nur bei einem „Unternehmerbesteller" ausgeübt werden und ist strengen Anforderungen unterworfen.

Literaturverzeichnis

Acker/Roquette, Detaillierter versus funktionaler Leistungsbeschrieb, BauR 2010, 293

Anker/Klingenfuß, Kann das praktisch Erforderliche stets wirksam vereinbart werden, BauR 2005, 1377

Armbrüster/Binkert, Unzulängliche Mitwirkung des Auftraggebers beim Bau- und Architektenvertrag, NZBau 2006, 153

Bamberger/Roth, Kommentar zum Bürgerlichen Gesetzbuch: BGB, Band 1, München, 3. Auflage 2012 (Zitiert: Bamberger/Roth/*Bearbeiter*)

Bamberger/Roth, Kommentar zum Bürgerlichen Gesetzbuch: BGB, Band 2, München, 3. Auflage 2012 (Zitiert: Bamberger/Roth/*Bearbeiter*)

BeckOK BGB, Bamberger, Voit (Hrsg.), Stand 01.02.2017 (Zitiert: BeckOK BGB/*Bearbeiter*)

BeckOK VOB/B, Preussner, Kandel, Jansen (Hrsg.), Stand 15.04.2017 (Zitiert: BeckOK VOB/B/*Bearbeiter*)

Beck'scher VOB- und Vergaberechts-Kommentar, Ganten, Jagenburg, Motzke (Hrsg.), München, 2. Auflage 2008 (Zitiert: *Bearbeiter* in: Ganten/Jagenburg/Motzke)

Beck-online. GROSSKOMMENTAR, Gsell/Krüger/Lorenz/Mayer (GesamtHrsg.), Stand 01.02.2017 (Zitiert: BeckOGK/*Bearbeiter*)

Bolz, Die Erfolgshaftung des Werkunternehmers, Jahrbuch Baurecht 2011, 107

Brandt, Zum Leistungsumfang beim schlüsselfertigen Bauen nach Baubeschreibung in bezug auf technisch notwendige, aber nicht ausdrücklich vereinbarte Teilleistungen, insbesondere bei der Nachbesserung, BauR 1982, 524

Bruns, Schluss mit einseitigen Änderungen des Bauentwurfs nach § 1 Nr. 3 VOB/B, ZfBR 2005, 525

Bühl, Der Kostenzuschußanspruch des Auftragnehmers, BauR 1985, 502

Bühl, Grenzen der Hinweispflicht, BauR 1992, 26

Clemm, Die rechtliche Einordnung der Prüfungs- und Hinweispflicht des Auftragnehmers im Bauvertrag (§ 4 Nr. 3 VOB/B) und die Rechtsfolgen ihrer Verletzung, BauR 1987, 609

von Craushaar, Risikotragung bei mangelhafter Mitwirkung des Bauherrn, BauR 1987, 14

von Craushaar, Die Rechtsprechung zu Problemen des Baugrundes, in: Festschrift für Horst Locher zum 65. Geburtstag, Peter Löffelmann, Hermann Korbion (Hrsg.), Düsseldorf 1990, Seite 9

Cuypers, Leistungsbeschreibung, Ausschreibung und Bauvertrag, BauR 1997, 27

Dähne, Einige Einzelprobleme zu § 4 Nr. 3 VOB/B, BauR 1976, 225

Dernburg, Lehrbuch des preußischen Privatrechts und der Privatrechtsnormen des Reichs, Halle, 5. Auflage 1897 (Zitiert: *Dernburg*)

Dertmann, LZ 1914, 515

Döbereiner, Schallschutz im Hochbau – Regeln der Technik in Literatur und Rechtsprechung (unter Berücksichtigung der DIN 4109 Entwurf Februar 1979), BauR 1980, 296

Endemann, Lehrbuch des Bürgerlichen Rechts, 1 Bd. 9. Auflage 1903 (Zitiert: *Endemann*)

Enders, VOB/B und BGB-Bauvertrag im Rechtsvergleich unter besonderer Berücksichtigung des Vergütungsrechts, Köln 1995 (Zitiert: *Enders*)

Enders, Existenz und Umfang eines Abänderungsrechts des Bestellers beim BGB-Bauvertrag, BauR 1982, 534

Engbers, Das Mitverschulden des Bauherrn im Verhältnis zu seinem Architekten und sonstigen Sonderfachleuten, NZBau 2013, 618

Erman, BGB, Band 1, Köln, 15. Auflage 2017 (Zitiert: Erman/*Bearbeiter*)

Esser/Schmidt, Schuldrecht Band I: Allgemeiner Teil/1. Teilband, Heidelberg, 8. Auflage 1995 (Zitiert: *Esser/Schmidt*)

Franke/Kemper/Zanner/Grünhagen, VOB-Kommentar, Köln, 5. Auflage 2013 (Zitiert: *Bearbeiter* in: Franke/Kemper/Zanner/Grünhagen)

Franzen, „Heininger" und die Folgen: Ein Lehrstück zum Gemeinschaftsprivatrecht, JZ 2003, 321

Früh, Die „Sowieso-Kosten" Eine Fallgruppe des allgemeinen Werkvertragsrechts?, Köln 1991 (Zitiert: *Früh*)

Fuchs, Bastian, Die Prüf- und Hinweispflicht des Werkunternehmers und die Reaktion des Bestellers im Bauvertrag, Jahrbuch Baurecht 2009, 43

Fuchs, Heiko, Der Schürmannbau-Beschluss: Der Anfang vom Ende der Kooperationspflichten der Bauvertragsparteien, NZBau 2004, 65

Fuchs, Heiko, Der Dreiklang aus Werkerfolg, Leistungsbeschreibung und Mehrvergütungsanspruch, BauR 2009, 404

Geck, Die Transparenz der VOB/B für den Verbraucher, ZfBR 2008, 436

Glöckner/von Berg, Bau- und Architektenrecht Kommentar, Köln, 2. Auflage 2015 (Zitiert: Glöckner/von Berg/*Bearbeiter*)

Glöckner, § 649 Satz 2 BGB – ein künstlicher Vergütungsanspruch, BauR 1998, 669

Glöckner, Der neue alte Sachmangelbegriff – Begründung und Folgen, BauR 2009, 302

Grieger, Die Kooperationspflichten der Bauvertragsparteien im Bauvertrag, BauR 2000, 969

Gross, Vorteilsausgleichung im Gewährleistungsrecht, in: Festschrift für Hermann Korbion zum 60. Geburtstag, Walter Pastor (Hrsg.), Düsseldorf 1986, Seite 123

Haerendel, Sowieso-Kosten und weitere zusätzliche Kosten infolge Fehlplanung, Köln 1999 (Zitiert: *Haerendel*)

Heiermann/Riedl/Rusam, Handkommentar zur VOB, München, 13. Auflage 2013 (Zitiert: Heiermann/Riedl/Rusam/*Bearbeiter*)

Hillesheim, Risikoverteilung im Bauvertrag bei Verwendung von neuen Bautechniken, München 1992 (Zitiert: *Hillesheim*)

Hochstein, Zur Systematik der Prüfungs- und Hinweispflicht des Auftragnehmers im VOB-Bauvertrag, in: Festschrift für Hermann Korbion zum 60. Geburtstag, Walter Pastor (Hrsg.), Düsseldorf 1986, Seite 165

Hofmann, Die rechtliche Einordnung der Mitwirkungspflichten des Auftraggebers beim Bauvertrag, in: Dem Baurecht ein Forum. Festschrift für Götz von Craushaar zum 65. Geburtstag, Klaus Vygen, Peter Böggering (Hrsg.), Düsseldorf 1997, Seite 219

Ingenstau/Korbion/Kratzenberg/Leupertz (Hrsg.), VOB – Teile A und B, Köln, 20. Auflage 2016 (Zitiert: Ingenstau/Korbion/*Bearbeiter*)

Jagenburg, Die Entwicklung des privaten Bauvertragsrechts im Jahr 1977, NJW 1978, 2485

Jagenburg, Die Entwicklung des Architekten – und Ingenieurrechts seit 1980/90, NJW 1992, 148

Janisch, Haftung für Baumängel und Vorteilsausgleich, Marburg, 1992 (Zitiert: *Janisch*)

Jansen, Zur Vergütung von Leistungen, die für den Werkerfolg funktional notwendig, im Leistungsverzeichnis aber nicht ausgeschrieben sind, BauR 2012, 411

Jensen, Das Dilemma der Bauverträge, Baden-Baden 2006 (Zitiert: *Jensen*)

Kaiser, Die Prüfungs- und Anzeigepflichten des Auftragnehmers nach § 4 VOB, BauR 1981, 311

Kapellmann, Der BGH und die „Konsoltraggerüste" – Bausollbestimmung durch die VOB/C oder die „konkreten Verhältnisse", NJW 2005, 182

Kapellmann, Die erforderliche Mitwirkung nach §§ 642 BGB, 6 VI VOB/B – Vertragspflichten und keine Obliegenheiten, NZBau 2011, 193

Kapellmann/Messerschmidt, VOB Teile A und B: Vergabe- und Vertragsordnung für Bauleistungen mit Vergabeordnung (VgV), München, 5. Auflage 2015 (Zitiert: Kapellmann/Messerschmidt/*Bearbeiter*)

Kapellmann/Schiffers, Vergütung, Nachträge und Behinderungsfolgen beim Bauvertrag, Band 1, Köln, 6. Auflage 2011 (Zitiert: *Kapellmann/Schiffers*)

Keldungs/Brück, Der VOB-Vertrag, Köln, 9. Auflage 2008 (Zitiert: *Keldungs/Brück*)

Kirberger, Die Kündigung – Einführung in den ersten Veranstaltungstag, 24. September 2010 – BauR 2011, 311

Kleine-Möller, Die einseitig durchsetzbare Änderung vereinbarter Festpreise bei einem Bauvertrag gem. § 313 BGB, in: Vom Bau-Soll zum Bau-Ist. Festschrift für Klaus Dieter Kapellmann zum 65. Geburtstag, Klaus Englert, Klaus Eschenbruch, Werner Langen, Klaus Vygen (Hrsg.), Köln 2007, Seite 187

Kleine-Möller/Merl/Glöckner, Handbuch des privaten Baurechts, München, 5. Auflage 2014 (Zitiert: Kleiner-Möller/Merl/Glöckner/*Bearbeiter*)

Kniffka, ibr-online-Kommentar Bauvertragsrecht, Stand: 12.12.2017 (Zitiert: Kniffka/*Bearbeiter*)

Kniffka, Das Gesetz zur Beschleunigung fälliger Zahlungen – Neuregelung des Bauvertragsrechts und seine Folgen, ZfBR 2000, 227

Kniffka/Koeble, Kompendium des Baurechts, Privates Baurecht und Bauprozess, München, 4. Auflage 2014 (Zitiert: *Bearbeiter* in: Kniffka/Koeble)

Kohlhammer, Wer trägt das Baugrundrisiko, BauR 2012, 845

Korbion (Hrsg.), Baurecht, Köln 2004 (Zitiert: Korbion/*Bearbeiter*)

Korbion/Locher/Sienz, AGB und Bauerrichtungsverträge, Neuwied, 4. Auflage 2006 (Zitiert: Korbion/Locher/Sienz/*Bearbeiter*)

Kraus, Baurechtlicher Ergänzungsentwurf zum Schuldrechtsmodernisierungsgesetz des Instituts für Baurecht Freiburg e.V. (IfBF), ZfBR 2001, 513

Kraus, Da wird sich mancher die Augen reiben ... Die 6 augenfälligsten Negativauswirkungen der Schuldrechtsreform auf das private Baurecht, BauR 2002, 524

Kraus/Kraus, Zur Rechtsnatur der Prüfungs- und Hinweispflicht im Bauvertragsrecht, in: Vom Bau-Soll zum Bau-Ist. Festschrift für Klaus Dieter Kapellmann zum 65. Geburtstag, Klaus Englert, Klaus Eschenbruch, Werner Langen, Klaus Vygen (Hrsg.), Köln 2007, Seite 223

Kuffer, Baugrundrisiko und Systemrisiko, NZBau 2006, 1

Kuffer, Unklare Leistungsbeschreibung – ein Damoklesschwert, in: Baurecht als Herausforderung. Festschrift für Horst Franke zum 65. Geburtstag, Wolfgang Heiermann, Klaus Englert (Hrsg.), Köln 2009, Seite 219

Larenz, Lehrbuch des Schuldrechts Band 1: Allgemeiner Teil, München, 14. Auflage 1987 (Zitiert: *Larenz*)

Leitzke, Vergütungsänderung bei unverändertem Werkerfolg – Versuch einer theoretischen Begründung, BauR 2008, 914

Leupertz, Der Anspruch des Unternehmers auf Bezahlung unbestellter Bauleistungen beim BGB-Bauvertrag, BauR 2005, 775

Leupertz, Der verpreiste Leistungsumfang und der geschuldete Erfolg, BauR 2010, 273

Leupertz, Mitwirkung und Obliegenheit im Bauvertragsrecht, BauR 2010, 1999

Leupertz, § 642 BGB – Tatbestand und dogmatische Grundlagen, BauR 2014, 381

Leupertz, Vom Mangel über den Bedenkenhinweis zum Nachtrag, in: Vom Bau-Soll zum Bau-Ist. Festschrift für Klaus Dieter Kapellmann zum 65. Geburtstag, Klaus Englert, Klaus Eschenbruch, Werner Langen, Klaus Vygen (Hrsg.), Köln 2007, Seite 253

Leupertz, Mitwirkungshandlungen und Mitwirkungspflichten des Bestellers, in: Planerverträge, Haftung der Planer und Mitverantwortung der Besteller, Partner im Gespräch Band 98, 2015

Leupertz/Vygen, Der Bauvertrag und sein gesetzliches Leitbild, in: Baurecht als Herausforderung. Festschrift für Horst Franke zum 65. Geburtstag, Wolfgang Heiermann, Klaus Englert (Hrsg.) Köln 2009, Seite 229

Locher, Das private Baurecht, München, 8. Auflage 2012 (Zitiert: *Locher*)

Lucenti, Der „funktionale" Sachmangelbegriff des § 633 II BGB und die Aussichten auf eine Haftungsentschärfung der Beschaffenheitsvereinbarung, NJW 2008, 962

Markus, Ansprüche des Auftragnehmers nach wirksamer Zuschlagserteilung bei „unklarer Leistungsbeschreibung" des Auftraggebers, Jahrbuch Baurecht 2004, 1

Markus, Bausoll, objektive Auslegung und vorvertragliche (Hinweis-)Pflichten beim Bauvertrag, in: Vom Bau-Soll zum Bau-Ist. Festschrift für Klaus Dieter Kapellmann zum 65. Geburtstag, Klaus Englert, Klaus Eschenbruch, Werner Langen, Klaus Vygen (Hrsg.), Köln 2007, Seite 291

Merl, Mangelbegriff und Hinweispflicht des Auftragnehmers, in: Recht und Gerechtigkeit am Bau. Festschrift für Gerd Motzke zum 65. Geburtstag, Ganten, Gross, Englert (Hrsg.), München 2006, Seite 262

Merkens, Die „berechtigte Funktionalitätserwartung des Bestellers": eine Chimäre des 3. Deutschen Baugerichtstags, NZBau 2010, 604

Messerschmidt/Voit, Privates Baurecht, München, 2. Auflage 2012 (Zitiert: Messerschmidt/Voit/*Bearbeiter*)

Michael/Payandeh, Richtlinienkonforme Rechtsfortbildung zwischen Unionsrecht und Verfassungsrecht, NJW 2015, 2392

Motzke, Prüfungs-, Aufklärungs- und Überwachungspflichten des Unternehmers, ZfBR 1988, 244

Motzke, Parameter für Zusatzvergütung bei zusätzlichen Leistungen. Eine Auseinandersetzung mit dem Urteil „Konsoltraggerüst" des BGH, NZBau 2002, 641

Motzke, Aufgabenzuweisung bei durch Planungsfehler und unterlassene Prüfung und Bedenkenmitteilung verursachten Mängeln, BauR 2011, 153

Motzke, Die werkvertragliche Erfolgsverpflichtung – leistungserweiternde oder leistungsergänzende Funktion, NZBau 2011, 705

Motzke/Bauer/Seewald, Prozesse in Bausachen, Baden-Baden, 2. Auflage 2014 (Zitiert: Motzke/Bauer/Seewald/*Bearbeiter*)

Münchener Kommentar zum Bürgerlichen Gesetzbuch: BGB, Band 1: Allgemeiner Teil, München, 7. Auflage 2015 (Zitiert: MüKoBGB-*Bearbeiter*)

Münchener Kommentar zum Bürgerlichen Gesetzbuch: BGB, Band 2: Schuldrecht Allgemeiner Teil §§ 321–432, München, 7. Auflage 2016 (Zitiert: MüKoBGB/*Bearbeiter*)

Münchener Kommentar zum Bürgerlichen Gesetzbuch: BGB, Band 3: Schuldrecht Besonderer Teil I, München, 7. Auflage 2016 (Zitiert: MüKoBGB/*Bearbeiter*)

Münchener Kommentar zum Bürgerlichen Gesetzbuch: BGB, Band 4: Schuldrecht Besonderer Teil II, München, 7. Auflage 2016 (Zitiert: MüKoBGB/*Bearbeiter*)

Mundt, Baumängel und der Mangelbegriff des BGB-Werkvertragsrechts nach dem Schuldrechtsmodernisierungsgesetz, NZBau 2003, 73

Nicklisch, Empfiehlt sich eine Neukonzeption des Werkvertragsrechts? – unter besonderer Berücksichtigung komplexer Langzeitverträge, JZ 1984, 757

Nicklisch, Risikoverteilung im Werkvertragsrecht bei Anweisungen des Bestellers, in: Festschrift für Friedrich Wilhelm Bosch, Friedrich Wilhelm Gaul, Walther J. Habscheid, Paul Mikat (Hrsg.), Bielefeld 1976, Seite 731

Nicklisch, Vorteile einer Dogmatik für komplexe Langzeitverträge in: Nicklisch (Hrsg.), Der komplexe Langzeitvertrag – Strukturen und Internationale Schiedsgerichtsbarkeit 1987 (Zitiert: *Nicklisch*)

Nicklisch/Weick, VOB Verdingungsordnung für Bauleistungen, München, 3. Auflage 2001 (Zitiert: *Bearbeiter* in: Nicklisch/Weick)

Nomos Kommentar, Dauner-Lieb, Langen (Hrsg.), BGB Schuldrecht, Band 2/1, Baden-Baden, 3. Auflage 2016 (Zitiert: NK/*Bearbeiter*)

Nomos Kommentar, Dauner-Lieb, Langen (Hrsg.), BGB Schuldrecht, Band 2/2, Baden-Baden, 3. Auflage 2016 (Zitiert: NK/*Bearbeiter*)

Palandt, Bürgerliches Gesetzbuch: BGB-Kommentar, München, 77. Auflage 2018 (Zitiert: Palandt/*Bearbeiter*)

Peters, Die fehlerhafte Planung des Bestellers und ihre Folgen, NZBau 2008, 609

Peters, Das Gebot wirtschaftlichen Arbeitens beim Stundenlohnvertrag und beim Einheitspreisvertrag, NZBau 2009, 673

Peters, Die Mitwirkung des Bestellers bei der Durchführung eines Bauvertrages, NZBau 2011, 641

Planck, Kommentar zum BGB: nebst Einführungsgesetz Band 2, Recht der Schuldverhältnisse (Besonderer Teil), Berlin, 4. Auflage 1928 (Zitiert: *Planck*)

Popescu, Mangel durch Verwendung über dem Mindeststand der Technik liegender Baustoffe, NZBau 2009, 692

PWW, BGB-Kommentar, München, 12. Auflage 2017 (Zitiert: PWW-*Bearbeiter*)

Quack, Methodische Überlegungen zum Gegenstand der Inhaltskontrolle der Nachtragstatbestände der VOB/B (§ 1 Nr. 3 und 4, § 2 Nr. 5 und 6 VOB/B), in:

Rechtshandbuch des ganzheitlichen Bauens. Festschrift für Hans Ganten, Jochem (Hrsg.) Wiesbaden 2007, Seite 211

Rehbein, Auftraggeberanordnungen und Risikoverteilung beim Bauvertrag und VOB-Vertrag, Köln 2008 (Zitiert: *Rehbein*)

Raiser, Das Werkvertragsrecht nach dem Regierungsentwurf eines Schuldrechtsmodernisierungsgesetzes, NZBau 2001, 598

Roskosny/Bolz, Die Rechtsnatur des Entschädigungsanspruchs aus § 642 BGB und seine Berechnung, BauR 2006, 1804

Roth, Die Reform des Werkvertragsrechts, JZ 2001, 543

Sass, Das Funktionalitätsdogma in der „Blockheizkraftwerk"-Entscheidung, NZBau 2013, 132

Scheube, Die rechtliche Einordnung der Auftraggebermitwirkung im VOB/B-Bauvertrag und ihre Folgen, Jahrbuch Baurecht 2006, 83

Schulze-Hagen, Diskussion über die Privilegierung der VOB/B, in: Festschrift für Reinhold Thode zum 65. Geburtstag, Rolf Kniffka, Friedrich Quack, Thomas Vogel, Klaus-R. Wagner (Hrsg.), München 2005, Seite 167

Schwarze, Das Kooperationsprinzip des Bauvertragsrechts, Berlin 2003 (Zitiert: *Schwarze*)

Seibel, Die Bedeutung der Funktionstauglichkeit für die Beurteilung der Qualität einer Bauleistung, ZfBR 2009, 107

Siegburg, Handbuch der Gewährleistung beim Bauvertrag, Köln, 4. Auflage 2000 (Zitiert: *Siegburg*)

Siegburg, Baumängel aufgrund fehlerhafter Vorgaben des Bauherr, in: Festschrift für Hermann Korbion zum 60. Geburtstag, Walter Pastor (Hrsg.), Düsseldorf 1986, Seite 411

Sienz, Die Neuregelungen im Werkvertragsrecht nach dem Schuldrechtsmodernisierungsgesetz, BauR 2002, 181

Sienz, Die Anwendung des § 642 BGB in der Praxis, BauR 2014, 390

Sienz, Anmerkungen zu einer richtlinienkonformen Auslegung der §§ 633 Abs. 2, 651 Satz 1 n.F., in: Festschrift für Reinhold Thode zum 65. Geburtstag, Rolf Kniffka, Friedrich Quack, Thomas Vogel, Klaus-R. Wagner (Hrsg.), München 2005, Seite 627

Skauradszun/Eix, „Unterlassene Mitwirkung des Bestellers: Alternativen zur Kündigung", NZBau 2010, 86

Soergel, Die quotenmäßige Mangelverantwortung der Bauvertragsparteien, ZfBR 1995, 165

Stamm, Die Frage nach der Eigenschaft des Vorunternehmers als Erfüllungsgehilfe des Bauherrn im Verhältnis zum Nachunternehmer – Ein Problem der Abgrenzung von Schuldner und Annahmeverzug, BauR 2002, 1

Staudinger, Kommentar zum Bürgerlichen Gesetzbuch, Buch 2, Recht der Schuldverhältnisse §§ 241–243, Berlin, 15. Auflage 2015 (Zitiert: Staudinger(2009)/*Bearbeiter*)

Staudinger, Kommentar zum Bürgerlichen Gesetzbuch, Buch 2: Recht der Schuldverhältnisse §§ 305–310; UKlaG (Recht der Allgemeinen Geschäftsbedingungen), Berlin, 15. Auflage 2013 (Zitiert: Staudinger/*Bearbeiter*)

Staudinger, Kommentar zum Bürgerlichen Gesetzbuch, Buch 2: Recht der Schuldverhältnisse §§ 631–651, Berlin, 13. Auflage 1994 (Zitiert: Staudinger (1994)/ *Bearbeiter*)

Staudinger, Kommentar zum Bürgerlichen Gesetzbuch, Buch 2: Recht der Schuldverhältnisse §§ 631–651 (Werkvertragsrecht), Berlin, 15. Neubearbeitung 2013 (Zitiert: Staudinger/*Bearbeiter*)

Steffen, Die unvollständige Leistungsbeschreibung – Vergütungsansprüche für nicht beschriebene aber zwingend erforderliche Leistungen, BauR 2011, 579

Steffen/Hofmann, Vertragsgegenstand vs. Geschäftsgrundlage – Preisanpassungsanspruch bei unerwarteten Umständen, BauR 2012, 1

Stretz, Die Funktionalitätshaftung des Bauunternehmers im BGB-Bauvertrag, Eine Untersuchung der dogmatischen Grundlagen unter besonderer Berücksichtigung der Fallgruppe fehlerhafter Auftraggeberanordnungen, München 2013 (Zitiert: *Stretz*)

Teichmann, Kauf- und Werkvertrag in der Schuldrechtsreform, ZfBR 2002, 13

Thode, Werkleistung und Erfüllung im Bau- und Architektenrecht, ZfBR 1999, 116

Thode, Die wichtigsten Änderungen im BGB-Werkvertragsrecht: Schuldrechtsmodernisierungsgesetz und erste Probleme – Teil 1, NZBau 2002, 297

Thode, Die wichtigsten Änderungen im BGB-Werkvertragsrecht: Schuldrechtsmodernisierungsgesetz und erste Probleme – Teil 2, NZBau 2002, 360

Thode/Quack, Abnahme und Gewährleistung im Bau- und Bauvertrag, München 2003 (Zitiert: *Thode/Quack*)

Ulmer/Brandner/Hensen, AGB-Recht, Köln, 12. Auflage 2016 (Zitiert: Ulmer/ Brandner/Hensen/*Bearbeiter*)

Vogel, Auswirkungen und Einfluss des Gemeinschaftsrechts auf das private Baurecht, BauR 2006, 744

Vogel, Mängelprobleme nach neuester Rechtsprechung des VII. Zivilsenats des BGH, IBR 2009, 1450

Vogel, Die gesetzlichen Kündigungstatbestände, BauR 2011, 313

Voit, Gedanken zum gesetzlichen Leitbild des Bauvertrages bei der AGB-Kontrolle, in: Rechtshandbuch des ganzheitlichen Bauens. Festschrift für Hans Ganten, Rudolf Jochem (Hrsg.), Wiesbaden 2007, Seite 261

Vorwerk, Mängelhaftung des Werkunternehmers und Rechte des Bestellers nach neuem Recht, BauR 2003, 1

Vygen, Die VOB/B und ihre Zukunft bei zunehmender Bedeutung des Verbraucherschutzes, in: Rechtshandbuch des ganzheitlichen Bauens. Festschrift für Hans Ganten, Rudolf Jochem (Hrsg.), Wiesbaden 2007, Seite 243

Vygen/Joussen, Bauvertragsrecht nach VOB und BGB, München, 5. Auflage 2013 (Zitiert: *Vygen/Joussen*)

Wahl, Die Haftung des Auftraggebers im Bauwerkvertrag bei verzögerter, unterlassener und fehlerhafter Mitwirkung nach BGB und VOB/B, Tübingen 2004 (Zitiert: *Wahl*)

Werner/Pastor, Der Bauprozess, Köln, 16. Auflage 2017 (Zitiert: *Bearbeiter* in: Werner/Pastor)

Weyer, Schadensberechnung und Vorteilsausgleich beim Schadensersatz wegen Mängel in der werkvertraglichen Leistungskette, NZBau 2007, 695

Weyers, Werkvertragsrecht, in Bundesminister der Justiz (Hrsg.), Gutachten und Vorschläge zur Überarbeitung des Schuldrechts, Bd. II, 1981, Seite 1115

Weyers, Typendifferenzierung im Werkvertragsrecht AcP 182 (1982), 60

Wirth, Das Problem der Nachträge besteht weiter, Jahrbuch Baurecht 2002, 87

Wirth/Galda, Die überschätzte Bedeutung der §§ 4 Nr. 3 und 13 Nr. 3 VOB/B, in: Vom Bau-Soll zum Bau-Ist. Festschrift für Klaus Dieter Kapellmann zum 65. Geburtstag, Klaus Englert, Klaus Eschenbruch, Werner Langen, Klaus Vygen (Hrsg.), Köln 2007, Seite 475

Wolf/Lindacher/Pfeiffer, AGB-Recht, München, 6. Auflage 2013 (Zitiert: *Wolf/Lindacher/Pfeiffer/Bearbeiter*)

Zielmann, Vergütung, Zahlung und Sicherheitsleistung nach VOB: Handbuch für die Praxis, Stuttgart, 3. Auflage 2007 (Zitiert: *Zielmann*)

Schriften zum Deutschen und Internationalen Bau-, Umwelt- und Energierecht

Herausgegeben von Axel Wirth

Band 1 Sebastian Ulbrich: Leistungsbestimmungsrechte in einem künftigen deutschen Bauvertragsrecht vor dem Hintergrund, der Funktion und der Grenzen von §§ 1 Nr. 3 und Nr. 4 VOB / B. 2007.

Band 2 Alice Müller: Nachhaltigkeit im öffentlichen Baurecht unter besonderer Berücksichtigung energieeffizienten Bauens und des Einsatzes erneuerbarer Energien. 2008.

Band 3 Petra Christiansen-Geiss: Voraussetzungen und Folgen des Koppelungsverbotes Art. 10 § 3 MRVG. 2009.

Band 4 Johannes Kuffer: Heilung unwirksamer Bauvertragsklauseln. 2009.

Band 5 Stefan Schifferdecker: Bindungswirkung städtebaulicher Wettbewerbe. Rechtliche und soziale Bindungen im Abwägungsprozess. 2009.

Band 6 Christian Felix Fischer: Die zweifelhafte Abnahmefiktion des § 640 Abs. 1 S. 3 BGB. Eine Untersuchung der Voraussetzungen und Rechtsfolgen, ihres Sinn und Zwecks sowie der Folgen für die Praxis. 2010.

Band 7 Jan-Bertram A. Hillig: Die Mängelhaftung des Bauunternehmers im deutschen und englischen Recht. 2010.

Band 8 Hajo Willner: Zahlungsansprüche von Bauunternehmern bei Störungen des Bauablaufs. Eine Untersuchung in Bezug auf VOB / B-Verträge. 2010.

Band 9 Kathrin Susanne Jansen: Die Mangelrechte des Bestellers im BGB-Werkvertrag vor Abnahme. 2010.

Band 10 Franz Weinberger: *Alliancing Contracts* im deutschen Rechtssystem. 2010.

Band 11 Mathias Schäfer: Leistungspakete im Eigenheimbau. Ein Rechtsvergleich USA – Deutschland. 2011.

Band 12 Andreas Schmidt: Abschlagszahlungen nach gesetzlichem Werkvertragsrecht. Analyse und Reformvorschlag unter besonderer Berücksichtigung des Bauvertrags. 2011.

Band 13 Robert Bach: Die Abwägung gemäß § 1 Abs. 7 BauGB nach Erlass des EAG Bau. 2012.

Band 14 Axel Wirth (Hrsg.): Fragen zum Öffentlichen und Privaten Baurecht im Internationalen Ländervergleich. Seminar zum Internationalen Baurecht. 2013.

Band 15 Stephanie Englert-Dougherty: Baulärm und Sozialadäquanz. 2016.

Band 16 Julian Linz: Die Haftung des Bausachverständigen – Tätigkeitsfeld und Haftungsausschluss. 2017.

Band 17 Jan D. Sommer: Die Duldung rechtswidriger Zustände im öffentlichen Baurecht. 2017.

Band 18 Gerrit Krupp: Rechtsnatur und Rechtswirkungen des Flächennutzungsplans. 2017.

Band 19 Marthe-Louise Fehse: Die Auswirkungen der EU-Bauproduktenverordnung auf das nationale Recht. Regelungsdefizite und Haftungsrisiken für Wirtschaftsakteure und Verwender von Bauprodukten. 2017.

Band 20 Jenny Patzig: Streitlösungsmodell für die Bauprojektabwicklung. Konfliktmanagement mithilfe bedarfsoptimierter Adjudikation. 2017.

Band 21 Viviane McCready: Die Abnahme des Gemeinschaftseigentums im Rahmen von Bauträgerverträgen. 2018.

Band 22 Grete Langjahr: Die Risikoverteilung und die Bedenkenhinweispflicht im Bauvertrag. 2019.

www.peterlang.de

www.ingramcontent.com/pod-product-compliance
Ingram Content Group UK Ltd.
Pitfield, Milton Keynes, MK11 3LW, UK
UKHW021851290926
8980IPUK00005B/763

9 783631 747803